Neues Design
für alte Möbel

Habit de Jardinier
La Confiseuse
Habit de Jardinier
La Confiseuse

Neues Design für alte Möbel

Kreative Ideen und Techniken

Der Text dieses Buches entspricht den Regeln der neuen deutschen Rechtschreibung.

Originaltitel: The Ultimate Book of Doing Up Old Junk

Übersetzung: Inge Uffelmann, Bayreuth
Redaktion: Robert Hamacher und René Zey
Satz und Herstellung: Königsdorfer Medienhaus, Frechen

817 2635 4453 6271

1107101X03 02 01

SICHERHEIT GEHT VOR

Belüftung

Bei der Verwendung von Klebern, Lacken und Farben, die mit Lösungsmitteln versetzt sind, sollte man stets für gute Belüftung sorgen. Am besten bei offenem Fenster arbeiten und offenes Feuer, zum Beispiel von Zigaretten, während der Arbeit meiden. Bei der Arbeit im Freien einen Mund-Nasen-Schutz tragen.

Elektrizität

Bevor man anfängt, ein nicht funktionierendes elektrisches Gerät zu reparieren, immer erst den Netzstecker ziehen! Elektrische Geräte immer von Wasser fern halten und immer die Sicherung herausschrauben, ehe man in der Nähe von elektrischen Leitungen oder Wandanschlüssen arbeitet.

Heißluftgeräte

Wer zum Aufweichen alter Farbschichten eine Heißluftpistole oder eine Lötpampe verwenden möchte, sollte eine Schutzbrille und feuerfeste Handschuhe tragen und auf fest sitzende Kleidung achten. Offene lange Haare bedecken und alles aus dem Weg räumen, was Feuer fangen könnte. Das Arbeitsumfeld mit nicht brennbarem Material schützen. Glas und Plastik mit Reflektoren schützen, wenn man die Heißluftpistole an Fensterrahmen o. Ä. einsetzen möchte.

Kinderzimmer

Bei der Arbeit an Objekten für das Kinderzimmer sollten alle Materialien, insbesondere Farben und Lacke, absolut ungiftig sein. Auch sollten an Gegenständen, die sich in Reichweite von Säuglingen und Kleinkindern befinden, keinerlei lose oder lockere kleine Teile angebracht sein. Sowohl Werkzeuge und Materialien als auch die noch unfertigen Objekte sind unbedingt außerhalb des Zugriffs von Kindern aufzubewahren.

Schneidewerkzeuge

Bei der Arbeit mit einem Cutter oder Skalpell immer eine Schneidematte oder dicke Pappe unterlegen, um die Arbeitsfläche zu schützen. Den Schnitt immer vom Körper weg führen, damit man sich nicht verletzt, falls die Klinge abgleitet. Die Hand, die das Werkstück hält, nicht in die Schnittlinie der Schneide legen.

Schutzbrille

Bei allen Arbeiten, die lose fliegende Partikel wie Staub, Sägespäne, Farbabschilferungen u. Ä. erzeugen, immer eine Schutzbrille tragen, damit keine Fremdkörper in die Augen geraten.

Schutzhandschuhe

Bei der Anwendung von ätzenden Substanzen wie beispielsweise Säuren oder Abbeizmitteln immer Handschuhe tragen, um die Haut zu schützen. Falls die handelsüblichen Haushaltshandschuhe als hinderlich empfunden werden, kann man die leichteren Chirurgenhandschuhe nehmen. Bei der Arbeit mit Hitzequellen oder offenem Feuer niemals Gummihandschuhe anziehen! Für solche Fälle immer Handschuhe aus feuerfestem Material wählen.

Stehleitern

Bei einer Stehleiter immer darauf achten, dass sie eben steht und nicht wackelt oder gar umfallen kann, wenn man darauf steht. Keine gewagten Türme aus Tischen und Stühlen aufbauen; auch Leitern nicht auf Tische stellen, sondern lieber eine Leiter in der benötigten Höhe kaufen oder ausleihen. Farbtöpfe und Werkzeuge von der Leiter entfernen, ehe man sie weiter bewegt.

Inhalt

Einleitung

TRÖDEL UND ALTEN KREMPEL ZU SAMMELN und dann fantasievoll aufzuarbeiten hat sich zu einem neuen Hobby entwickelt. Längst ist es keine Tätigkeit mehr, der sich nur Exzentriker widmen oder zu der finanzielle Engpässe zwingen. Die Renovierung von sperrmüllreifem Plunder ist ein Geschäft, das Innenarchitekten ebenso fasziniert wie Antiquitätenhändler und alle, die einen Blick für das Besondere haben.

Es gibt verschiedene Gründe, warum jemand alten Trödel aufarbeitet: Der eine ist in den Besitz eines alten Familienstücks gekommen und bringt es einfach nicht übers Herz, es zum Sperrmüll zu geben; andere haben beim Entrümpeln des Dachbodens ein schlechtes Gewissen und wollen wenigstens den einen reparaturbedürftigen Stuhl noch behalten; wieder andere bewundern die handwerkliche Geschicklichkeit, mit der Freunde oder Nachbarn ein altes Stück aufgemöbelt haben, und wollen es ihnen gleichtun.

Was immer einen verleitet haben mag, ein erstes Stück zu bearbeiten – meist entwickelt sich daraus rasch eine neue Leidenschaft. Wer ihr verfällt, macht sich auf die Suche nach Krempel und Plunder aller Art, streift über Flohmärkte, durchstöbert bei Freunden und Bekannten die Keller und Dachböden, sucht in den Zeitungen nach Annoncen, die Wohnungsauflösungen ankündigen. Oft findet man dabei sehr praktische Dinge, aus denen sich dann wunderbare kleine Geschenke machen lassen.

Es scheint die persönliche Note zu sein, die dem neuen Hobby seine Faszination verleiht. Jedes Stück kann anders aufgearbeitet werden; die Art der Renovierung spiegelt den Charakter des Menschen, der das Stück benutzt. Wie die Farben, die man für Wandanstriche,

Teppiche und Vorhänge in seiner Wohnung wählt, spiegeln auch die Möbel und die Accessoires die Persönlichkeit wider. Die individuelle Aufarbeitung alter Stücke ermöglicht es jedem, seinen eigenen Stil zu verwirklichen. Statt vergeblich durch die teuren Möbelgeschäfte zu streifen, kann man Möbel jetzt einfach selbst gestalten. Ein hässliches, ausrangiertes Stück in ein originelles, ganz persönliches Kleinod zu verwandeln, spart Geld, beflügelt die Kreativität und macht eine Menge Freude. Nicht zuletzt tut die Aufarbeitung alten Trödels der Umwelt ebenso gut wie dem eigenen Geldbeutel.

Die größte persönliche Hürde ist die Überwindung der eigenen Unsicherheit. Mit nicht geringem Neid wird oft bewundert, was andere zustande gebracht haben. Sie sind überzeugt, selbst weder die Fähigkeiten noch die Geduld zu haben, um Ähnliches zu Wege zu bringen. Und Experten schüren diese Ängste nur zu gern, denn so können sie ihre eigenen Fähigkeiten mit dem Mäntelchen des Geheimnisvollen umgeben.

Dieses Buch will zeigen, dass die Renovierung und Verschönerung alter Sachen keine außergewöhnlichen Fähigkeiten erfordert: Ein wenig Übung und ein bisschen Geduld genügen. Dazu bietet dieses Buch Rat und Tipps zu allen Aspekten der bevorstehenden Arbeit, es liefert Ideen für Anfänger und Fortgeschrittene und hilft, den eigenen Stil zu finden und zu entwickeln. Mit einigen wenigen Utensilien, etwas Übung und viel Begeisterung kann jeder aus dem Müll des einen das Gold des anderen schaffen.

Trödel aufspüren

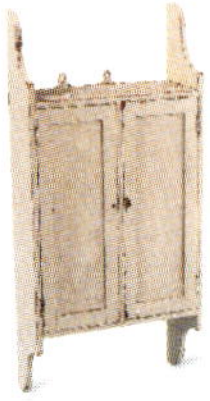

Die billigste und oft reichhaltigste Fundgrube für Trödel und alten Krempel sind die eigenen vier Wände. Viele Leute haben im Keller, auf dem Dachboden oder in der Garage ausrangierte Möbel und anderen Kleinkram stehen. Von den vielen unbenutzten Gegenständen in der Wohnung, die einem irgendwie lieb sind, die aber trotzdem nicht recht gefallen, ganz zu schweigen. So stehen sie im Weg herum und sind nur Staubfänger; dabei könnte ohne viel Aufwand etwas Gutes, Schönes und obendrein Nützliches aus ihnen gemacht werden.

Es ist erstaunlich, wie wunderbar sich selbst das hässlichste alte Stück verwandeln lässt. Hat man erst einmal mit dem Aufarbeiten begonnen, kommen meist Freunde und Verwandte und bieten ihren Trödel an: Stücke, für die sie keine rechte Verwendung haben, von denen sie sich aber dennoch nicht endgültig trennen möchten. Solchen Stücken ein neues Heim zu geben oder sie entsprechend zu überholen kann sehr viel Freude bereiten.

Verkäufe

Hat man die unmittelbar zugänglichen Quellen erschöpft oder kann man das gesuchte Stück in der Familie oder bei Freunden nicht finden, wird man sich in der weiteren Umgebung auf die Suche machen. Wohltätigkeitsbasare sind eine erste Anlaufstelle. Hier kann man gute Schnäppchen machen, auch wenn die Stücke häufig viel Vorarbeit und manchmal auch Reparaturen erfordern. Solche Basare bieten allerdings eher kleine Stücke und selten Möbel.

Auch Wohnungsauflösungen sind oft eine gute Fundgrube: Die Dinge müssen rasch verkauft werden, sind also entsprechend billig, oder die Verkäufer sind bereit, einen Preisnachlass zu gewähren.

Eine ausrangierte Kinderwiege, aus der eine Puppenwiege wurde (siehe Seite 220).

Oft sind bei solchen Auflösungsverkäufen auch Werkzeuge und kleine Accessoires im Angebot, die genau dem Gewünschten entsprechen. Einzelne Holzbretter, vielleicht Einlegeböden nicht mehr vorhandener Regale, können manchmal zur Reparatur anderer Stücke verwendet werden.

Als Nächstes bieten sich Flohmärkte an. Hier lohnt es sich oft, ein ausgesuchtes Stück nicht sofort zu erwerben, sondern zu warten. Die meisten Verkäufer sind kurz vor Marktende bereit, den Preis noch einmal zu senken, weil ein geringerer Preis immer noch günstiger ist als der erneute Transport der Stücke. Aber auch andere Käufer sind schlau ...!

Aus diesem alten Stück wurde ein eleganter Damenschreibtisch (siehe Seite 170).

Trödelläden

Spezielle Trödelläden und Secondhandshops sind eine weitere beliebte Fundgrube; sie unterscheiden sich aber von gediegenen Antiquitätengeschäften, in denen hochwertige alte Stücke zu entsprechenden Preisen verkauft werden. Solche wertvollen Stücke könnten durch unsachgemäße Bearbeitung und Reparaturarbeiten entwertet, wenn nicht gar ruiniert werden. Dementsprechend beschäftigen wir uns hier auch nicht mit Antiquitäten, sondern nur mit altem Kram und Krempel. Wer viele Stücke bearbeitet, sollte mit den Trödelhändlern am Ort Verbindung halten, dort nach bestimmten Stücken oder Ersatzteilen fragen und die Händler bitten, danach Ausschau zu halten, wenn sie nichts Entsprechendes auf Lager haben. Ihren Stammkunden machen diese Händler meist bereitwillig einen guten Preis und sie sind oft eine große Hilfe, denn sie kommen weiter herum und haben mehr Zugang zu alten Sachen als der Amateur.

Mit Découpagemotiven wurde dieser Picknickkorb verschönert (siehe Seite 234).

Ein Stuhl von einem Wohltätigkeitsbasar, heute Schmuckstück einer Küche (siehe Seite 154).

Versteigerungen

Hier ist zu unterscheiden zwischen den großen Auktionen der Kunst- und Antiquitätenhäuser und den Versteigerungen von Fundbüros oder Gerichtsvollziehern. Termin und Ort der Veranstaltung werden meist in den Lokalzeitungen angekündigt.

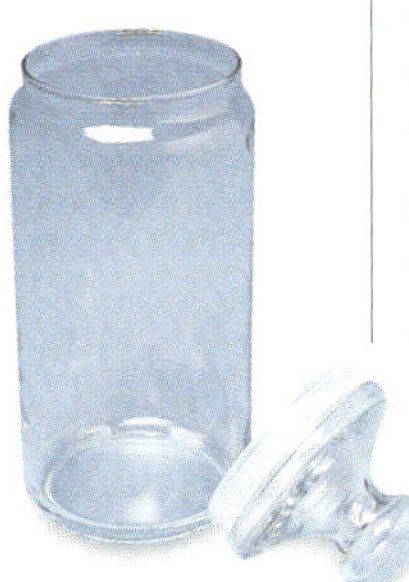

Dieses Glas wurde ein tolles Geschenk (siehe Seite 188).

Im Allgemeinen kann man vorher hingehen, sich die angebotenen Sachen anschauen und dabei vormerken, bei welchem Stück man mitbieten möchte. Da Interesse daran besteht, die Bestände beim anberaumten Termin zu verkaufen, werden die Mindestgebote oft sehr niedrig angesetzt. Weil man aber nie voraussehen kann, wie viele Interessenten es für ein bestimmtes Stück gibt, kann sich der Preis im Laufe der Auktion hochschaukeln, manchmal weit über den eigentlichen Wert des Stücks hinaus. Man sollte sich deshalb vorher selbst ein Limit setzen, das man keinesfalls überbieten wird. Schlimmstenfalls hat man eben Pech gehabt, und ein anderer erwirbt das Stück. Denken Sie auch daran, dass bei Auktionen der Preis im Allgemeinen in bar zu entrichten ist.

Hat man überhaupt keine Erfahrung mit Auktionen, besucht man entweder erst einmal zwei oder drei dieser Veranstaltungen als Zuschauer oder man nimmt sich einen erfahrenen Auktionsbesucher mit und bittet ihn, einen in die Geheimnisse der Versteigerung einzuweihen. Das Tempo bei Auktionen ist oft rasant und man kann leicht den Anschluss verlieren.

Zeitungsanzeigen

Oft werden in Zeitungen von Privatleuten, die alte Sachen zu verkaufen haben, Kleinanzeigen aufgegeben. Manche wollen für ihre Sachen noch einen möglichst hohen Preis erzielen, andere wollen den Kram nur schnell und billig loswerden und geben ihn deshalb umsonst ab, wenn man das Zeug möglichst bald abholt.

Ein emaillierter Eisentopf als Küchenzier (siehe Seite 164).

Wenn man sich für annoncierte Gegenstände interessiert, sollte man sich erst telefonisch eine genaue Beschreibung geben lassen: Möglicherweise erübrigt sich danach die Anfahrt. Außerdem muss man darauf gefasst sein, dass das Stück entweder schon weg ist, wenn man kommt, oder dass die Beschreibung eine maßlose Übertreibung war. In jedem Fall sollte man nicht zu hohe Erwartungen hegen, sodass die Enttäuschung nicht zu groß ausfällt.

Manchmal annoncieren auch Trödelhändler, die ihr Lager räumen wollen. Dann lohnt sich unter Umständen sogar eine Anfahrt von weit her, denn dann werden gewiss viele Teile im Angebot sein und man hat eine große Auswahl. Ehe man aber zugreift, sollte man die eigenen Platzverhältnisse zu Hause überdenken und aufpassen, dass die eigene Wohnung nicht wie ein Trödellager aussieht.

Sperrmüll

Früher gab es in fast allen Städten regelmäßige Sperrmüllabfuhren zu festgelegten Terminen – ein Dorado für Leute, die alten Krempel suchten. Heute wird Sperrmüll gegen Gebühr individuell abgeholt; man sieht die Sachen also eher per Zufall am Straßenrand stehen. Auch wenn Häuser renoviert werden, stehen meist Container voller Bauschutt und anderem Kram auf der Straße. Es kann sich da so manches interessante Stück finden, zum Beispiel alte Armaturen, Fensterläden, Türen und vieles andere. Ehe man sich hier bedient, sollte man unbedingt fragen, ob es erlaubt ist, Dinge mitzunehmen. Meist wird niemand etwas dagegen haben.

Das düster wirkende Bettgestell ist jetzt Prunkstück eines Kinderzimmers (siehe Seite 207).

Wonach man schauen sollte

Alles – von der Kommode bis zu Beschlägen, vom Kaminsims bis zur Glaskaraffe – kann brauchbar sein und bei richtiger Vorgehensweise vorteilhaft verändert werden. Wird ein altes Haus renoviert, sollte man ein offenes Auge für die Abfälle haben: Wunderschöne alte Türblätter, Fensterläden, Sanitärstücke und Kaminumrandungen kann man da finden.

Vor allem kleine Ausstattungsstücke sind der Mode unterworfen und werden entsprechend oft weggeworfen. Man achte aufmerksam auf Accessoires wie zum Beispiel Leuchten. Ein gut erhaltener Lampenfuß kann mit einem neuen Schirm versehen, ein alter Lüster kann mit Grünspaneffekt neu hergerichtet werden. Antikisierungseffekte können den verschiedensten Stücken ein besonderes Flair verleihen, Gläser können mit speziellen Farbsprays verändert werden. Muster und Motive, die sich auf Vorhängen, Sofas oder Teppichen schon in der Wohnung befinden, können für Schablonierarbeiten aller Art übernommen werden. So kann man bestimmte Muster wiederholen und passende kleine Extras gestalten.

Weißes Porzellan kann mit verschiedenen Maltechniken geschmückt werden. Einfache hölzerne Kästen, die es in unterschiedlichen Größen und Formen überall gibt, können von Hand bemalt, bestempelt, schabloniert oder mit Découpage verziert werden. Danach sind sie ansehnliche Schmuckkästen oder hübsche Aufbewahrbehälter für Krimskrams aller Art.

Gerade für Anfänger sind kleine Stücke ideal. Sie erfordern oft wenig Zeit und führen rasch zum Erfolg – was die Lust steigert, Neues in Angriff zu nehmen.

Den Zustand prüfen

Ein altes Teil muss man gut prüfen, ehe man sich zum Erwerb entscheidet. Meiden sollte man Stücke, die verfaultes Holz aufweisen, zu stark vom Holzwurm befallen sind, schlecht repariert wurden oder aus minderwertigem Material gemacht sind.

Auch rostige oder sehr stark beschädigte Stücke, die man selbst nicht reparieren kann, sollte man nicht erwerben.

Bei einem Holzmöbel sollte man nicht nur nach dem äußeren Eindruck urteilen. Man schaue auch in die Schubladen, beachte die Rückwände, den Boden und das Innere. Holzwurmbefall erkennt man an kleinen runden Löchern, die oft in Gruppen nebeneinander liegen. Außerdem wird man in und unter dem Stück Holzstaub sehen. Der Holzwurm kann mit entsprechenden Chemikalien leicht behandelt werden.

Das Vitrinenschränkchen hängt jetzt in einem Badezimmer (siehe Seite 195).

Ist das Holz trocken und stark gerissen oder sind Teile verzogen, hat das Möbelstück wahrscheinlich lange in einer feuchten Umgebung gestanden. Ist der Schaden nicht zu groß, kann man das Holz mit Leinöl behandeln, das man in das Holz einziehen lässt.

Holzschwamm, also durch Pilzbefall morsch gewordenes Holz, findet sich oft am Boden von Möbeln. Das Holz ist dann weich, bricht und bröckelt, wenn man es anfasst. Dieses Holz muss komplett entfernt und durch frisches ersetzt werden. Es versteht sich von selbst, dass das nur bei geringem Befall funktioniert. Sind größere Teile betroffen, muss man leider auf das Stück verzichten.

Ältere Möbelstücke sind meist aus gutem Holz gemacht, auch die Seiten und Rückwände von Schubladen sind aus solidem Holz. Meist können diese Möbel gut abgebeizt oder abgeschliffen werden; Holz von verborgenen Stellen, etwa von den Schubladen, kann zum Ausbessern gut sichtbarer Stellen verwendet werden.

Abbeizen und Schleifen

Bevor man ein Stück kauft, sollte man wissen, ob man die Oberfläche in der gewünschten Weise behandeln kann. Holz beispielsweise, das mit schwarzem Hochglanzlack auf Ölbasis gestrichen wurde, lässt sich nicht

Durch Découpage entstand ein Spiegel für ein Mädchenzimmer (siehe Seite 210).

KAUFEN ODER NICHT KAUFEN?

Ehe man sich zum Kauf entschließt, muss man den Zustand eines Stücks prüfen. Sind allzu aufwändige und viel Platz beanspruchende Reparaturen nötig, sollte man lieber die Finger davonlassen.

Je größer das Stück, desto klarer sollte die eigene Vorstellung davon sein, wie man es umgestalten und wo man es später hinstellen möchte. Der schönste alte Schrank kann zum lästigen Objekt werden, wenn er nicht an die vorgesehene Wand passt oder wenn man die erforderlichen Restaurierungsarbeiten nicht ausführen kann, weil es am nötigen Arbeitsplatz mangelt. Man sollte also nicht planlos auf Flohmärkten oder in Trödelläden nach Sachen stöbern, die einem gefallen, sondern lieber mit einem klaren Bild von dem Gesuchten auf die Pirsch gehen. Dabei sollte man vor allem die Maße im Kopf haben, die der Gegenstand maximal haben darf.

Bei kleineren Gegenständen kann man sich eher von spontanen Impulsen leiten lassen, doch sollte man auch hier nur zugreifen, wenn es Liebe auf den ersten Blick ist. Ein Stück, von dem man sich nicht sofort angezogen fühlt, könnte leicht neben anderem Krempel ungenutzt auf dem Dachboden oder im Keller landen, wo es unter Umständen jahrelang vor sich hingammelt.

gut abbeizen, doch man kann es abschleifen und überstreichen. Auch dick aufgetragene Voranstriche und mehrere Lagen Ölfarbe bedürfen einer zeitaufwändigen gründlichen Behandlung mit Abbeizmitteln. Es sind zu diesem Zweck unterschiedliche Mittel im Handel.

Viele Farben kann man auf bereits vorhandene Anstriche auftragen, wenn die Oberflächen entsprechend vorbehandelt wurden. Hält die Farbe nicht, muss man das Stück bis auf die rohe Oberfläche abbeizen oder abschleifen.

Maltechniken

Alle Techniken, die mit Öl- oder Acryllasuren arbeiten, können erfolgreich auf Holzmöbeln, Span- und Faserplatten angewendet werden, vorausgesetzt, die Oberfläche wurde gut vorbereitet und mit dem passenden Voranstrich versehen. Anders als Farben auf Acryl- und Wasserbasis kann man Öllasur auch auf Melamin, Formica und anderen synthetischen Oberflächen anwenden.

Ständig kommen neue Produkte auf den Markt. In Baumärkten und Farbenhandlungen wird man Sie gern über die neuen Produkte und ihre Anwendung informieren. In den meisten einschlägigen Geschäften gibt es Prospekte, Broschüren, Farbkarten und Proben sowie nützliche Tipps zum Umgang mit bestimmten Produkten. Man wird Sie auch über umweltfreundliche, nicht giftige Alternativen zu herkömmlichen Produkten informieren.

Diese arg ramponierte Truhe wurde extrem verändert – und so zu einem Schmuckstück (siehe Seite 172).

Will man einem mit Acrylprodukten behandelten Stück zum Schluss Hochglanz verleihen, muss man einen Acrylklarlack auftragen. Möchte man lediglich einen Klarlack, Möbelwachs oder Beize auftragen, muss die Holzoberfläche gut vorbehandelt sein und eine ansprechende Maserung haben, denn diese scheint durch die transparenten Mittel ebenso hindurch wie mögliche Defekte.

Schablonenarbeiten werden immer beliebter. Es sind bereits viele für diesen Zweck geeignete Farben im Handel, darunter Ölfarbensticks und Farben auf Acryl- und Wasserbasis. Natürlich sind ebene Oberflächen besser zum Schablonieren geeignet als unebene, zum Beispiel kann eine Tischplatte verblüffend anders wirken, wenn sie gestrichen, schabloniert und lackiert ist.

Ein runder Eisentisch, der jetzt die Terrasse ziert (siehe Seite 224).

Die Paneele des Schranks bieten sich zur Dekoration an (siehe Seite 144).

Möbel verwandeln

Gerade die schlichten Möbelstücke können rasch und leicht verwandelt werden. Man kann beispielsweise einen billigen Kleiderschrank mit flachen Türen kaufen und daraus ein elegantes Stück machen. Alles, was man braucht, sind fertige Profilleisten, die es in Baumärkten in verschiedenen Ausführungen und Stilrichtungen gibt, und entsprechende Farben. Die Leisten klebt man auf die Türen, dann streicht man das Stück nach Belieben, bringt elegante Griffe an und verziert die Schlüssel zusätzlich mit Quasten – schon hat man einen stilvollen Schrank Marke Eigenbau.

Mit entsprechenden Farbeffekten, Motiven und Mustern kann man einen ganzen Raum verändern, ohne ein neues Stück kaufen zu müssen, denn man kann die Techniken bei Stühlen, Tischen, Schränken, Kommoden, Bettgestellen und Wandschirmen anwenden. Wer es lieber sachlich oder grell statt zart und verspielt mag, kann entsprechend kräftige Farben und sachliche Motive wählen, ohne deshalb an den Techniken etwas ändern zu müssen. Statt einen Schrank mit ebenen Flächen mit geschwungenen Zierleisten zu bekleben, kann man ihn mit entsprechenden Schablonen mit geometrischen Mustern verzieren oder in einer grellen Lackfarbe streichen.

Für die Technik der Découpage (siehe Seite 42 ff) werden meist Motive gewählt, die der Zeit und Herkunft der Technik entsprechen – filigrane Blüten und Blätter, Engelchen und andere verspielte oder an alte Kunst erinnernde Muster.

In Schreinereien kann man sich Voluten und andere Zierelemente sägen lassen, mit denen man Möbelstücke verändern und schmücken kann. Wer handwerklich geschickt ist, kann auch selbst zur Säge greifen. In Baumärkten gibt es vorgefertigte Stuckleisten, die eigentlich für Decken und Wände gedacht sind, die man aber auch an einem Regal anbringen kann.

Diese billige Terrakottavase erhielt einen Mosaikmantel (siehe Seite 227).

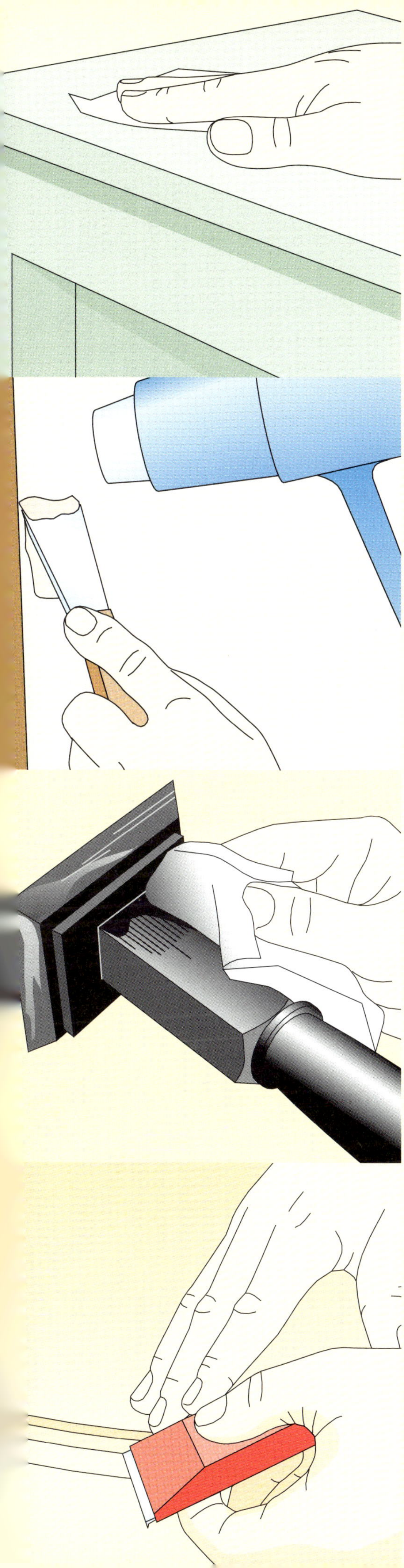

Grundtechniken und Utensilien

Fast jedes Stück, das man umgestalten möchte – egal ob ein billiger Neuerwerb oder ein Teil vom Trödelmarkt –, muss zunächst gründlich vorbereitet werden. Das erfordert Zeit und Geduld, aber auch Grundkenntnisse im Umgang mit einfachen Werkzeugen und anderen Utensilien. Dieses Kapitel ist eine Art Schnellkurs für Heimwerker, der über wichtige Grundtechniken und Werkzeuge informiert. Hier wird Rat erteilt, wie man Oberflächen für Anstriche und Dekorationstechniken aller Art vorbereitet.

Vorbereitung der Oberflächen

Die Aufarbeitung alten Trödels erfordert solide Vorarbeit und gut präparierte Oberflächen. Obwohl gerade diese Arbeit oft langweilig und zeitraubend ist, muss man sich doch größte Mühe damit geben: Der schönste Anstrich ist nichts wert, wenn die Farbe bereits nach kurzer Zeit abblättert. Auf den folgenden Seiten werden Werkzeuge und Hilfsmittel vorgestellt, die zur Grundausrüstung gehören, und es wird ihre richtige Anwendung erklärt. Manche sind normale Haushaltsgegenstände, andere wie Mund-Nasen-Schutz und Schutzbrille muss man sich erst besorgen. Doch die Anschaffung lohnt sich, denn es geht um Ihre Sicherheit und Gesundheit. Der Wert einer guten Vorarbeit kann gar nicht hoch genug eingeschätzt werden.

REINIGUNG

Trödel ist eigentlich immer staubig und schmutzig. Eine gründliche Reinigung des Gegenstands ist also unerlässlich, denn Staub, Schmutz oder Fett beeinträchtigen die Haftkraft von Farben und Lacken stark. Die Tabelle auf Seite 29 gibt Auskunft darüber, wie man die verschiedenen Oberflächen reinigt. Grundsätzlich sollte man folgende Utensilien zur Hand haben:

WASCHUTENSILIEN

Wenn möglich sollte man die Reinigung im Freien erledigen, wo man keinen Schaden anrichtet, wenn es spritzt und planscht. Man muss immer viel Wasser zum Nachspülen bereithalten und sollte möglichst eine Gummischürze und Handschuhe tragen. Für fettige Oberflächen nimmt man zur Reinigung Seifenlauge oder Allzweckreiniger und einen Haushaltsschwamm, eventuell einen Topfreiniger. Es lohnt sich, die eigentliche Oberfläche unter dem Schmutz zum Vorschein zu bringen.

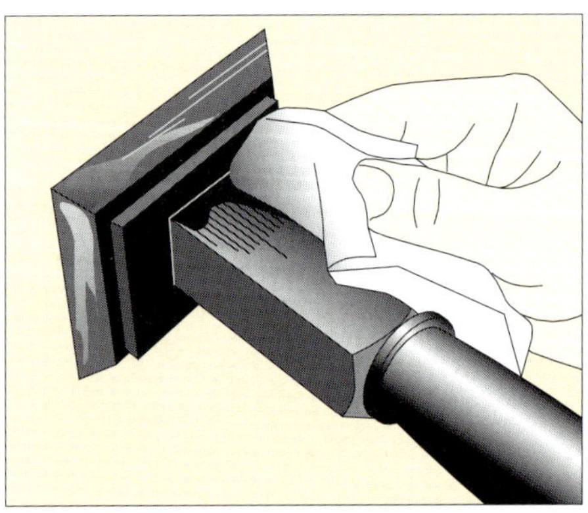

▲ Alle Oberflächen und Kanten gut säubern.

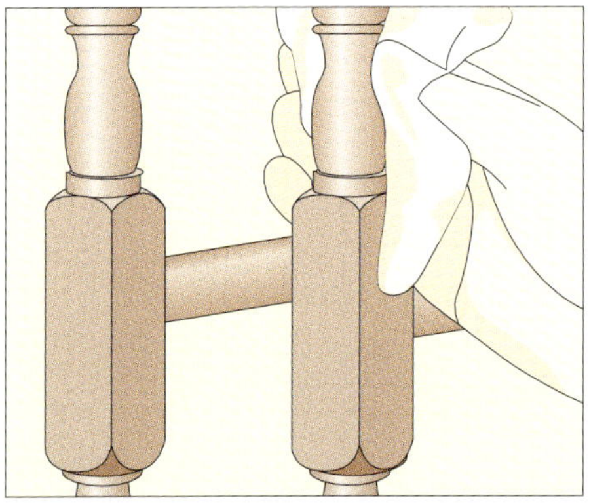

▲ Staub mit einem Staubbindetuch entfernen.

LAPPEN UND TÜCHER

Aus alter Baumwollkleidung, Betttüchern, Laken und fusselfreien Stoffen kann man Lappen und Tücher schneiden, denn man braucht eine beträchtliche Menge davon. Je nach der vorgesehenen Arbeit sollte man spezielle Tücher auf Vorrat haben, die man für bestimmte Dekorationstechniken benötigt.

• STAUBBINDETUCH: Kleine, vielseitige, lange haltbare, ölige Tücher, die ideal sind zum Reinigen von Holz, Metall und anderen Oberflächen (außer Glas). Sie nehmen Staub und Schmutz im Tuch haftend auf und hinterlassen für die folgende Arbeit völlig saubere Flächen. Man kann sie, falls man sie im Baumarkt nicht bekommen kann, selbst machen, indem man ein sauberes, fusselfreies gesäumtes Stück Baumwolltuch oder eine Stoffwindel mit warmem Wasser befeuchtet und dann mit Terpentin tränkt. Dann 1–2 Esslöffel Firnis darüber spritzen. Das Tuch kräftig durchwalken.

REINIGUNGSMITTEL

Eine große Zahl der üblichen Reinigungsmittel eignet sich zur Säuberung von schmutzigen und fettigen Oberflächen, wenn sie mit einem Lappen oder mit Stahlwolle aufgebracht werden. Der Tabelle auf Seite 29 kann man entnehmen, welche Mittel für welche Oberflächen besonders geeignet sind. Bei scharfen Mitteln sollte man immer Handschuhe tragen, um die Haut zu schützen. Auch Benzin und Lösungsmittel können zur Reinigung verwendet werden.

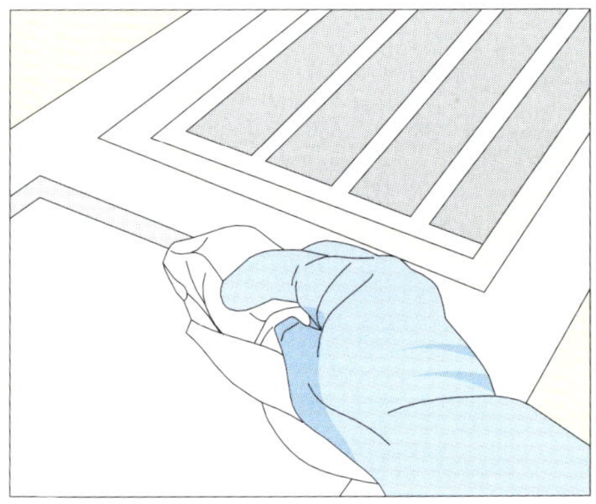

▲ Bei Chemikalien Handschuhe tragen.

SICHERHEITSHINWEIS: Ausrüstung

Beim Schleifen, Schmirgeln und ähnlichen Arbeiten Mund-Nasen-Schutz und Schutzbrille tragen, bei der Arbeit mit chemischen Substanzen wie Holzbeize oder Lösungsmitteln Handschuhe und Schutzkleidung, beim Einsatz lauter elektrischer Geräte Ohrenschützer tragen. Arbeitsfläche und Gegenstände in der Umgebung gut abdecken, damit nichts beschädigt wird; immer für gute Belüftung sorgen.

SCHLEIFEN

MANCHE OBJEKTE MÜSSEN gründlicher abgeschliffen werden als andere. Gelegentlich muss man erst abblätternde Farbe abheben, manchmal muss man mehrere Lagen von Lack und Farbe entfernen, ehe die eigentliche Oberfläche zum Vorschein kommt. Vor allem Metall muss man gründlich abschleifen, denn eventuell vorhandener Rost wird sich unweigerlich wieder durchfressen.

SCHLEIFPAPIERE

Sie bestehen aus einer Unterlage aus Papier oder Leinwand und einer Schleifschicht aus mineralischem Material, zum Beispiel aus Glas-, Granat-, Schmirgel-, Flint- oder Siliziumkarbidkörnchen. Je nach der Feinheit der Körnchen unterscheidet man grob bis fein, wobei der Feinheitsgrad durch Zahlen angegeben ist; je höher die Zahl, desto feiner die Körnung. Man beginnt stets mit dem groben Papier und verwendet dann immer feinere Grade, bis der erwünschte Schliff erreicht ist.

Zum Abschleifen glatter Flächen legt man das Papier um einen Schleifklotz aus Holz, Hartgummi oder Kork. So

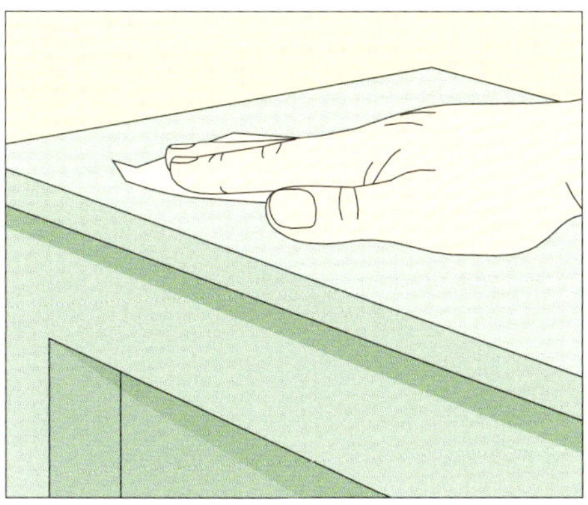

▲ Schleifpapier zum Schleifen verwenden.

kann man das Papier besser halten und die Schleiffläche liegt völlig plan auf, greift also besser. In Baumärkten gibt es auch spezielle Kunststoffklötze mit Klemmvorrichtungen.

Geschliffen wird unter gleichmäßigem, nicht zu starkem Druck in gerader Vor- und Rückwärtsbewegung, wobei man immer der Richtung der gewachsenen Maserung folgt. Bei der Arbeit immer einen Mund-Nasen-Schutz tragen.

- GLASPAPIER: Ein weiches Schleifpapier mit Glaskörnchen zum groben Schleifen von Holz.

- GRANATPAPIER: Meist von rötlicher Farbe, gibt einen feineren Schliff und hält länger als Glaspapier. Es ist gut für Harthölzer geeignet.

- SILIZIUMKARBIDPAPIER: Dieses Papier kann man trocken und feucht (nicht nass) verwenden, weshalb es auch Nass-Trocken-Papier genannt wird. Es ist vor allem zum Anschleifen oder Entfernen von Farbe gut geeignet. Extrem fein-

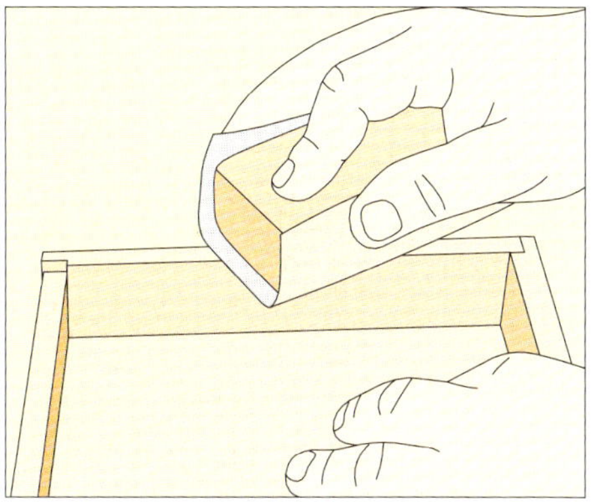

▲ Ein Schleifklotz erleichtert die Arbeit.

körniges Papier dieser Sorte eignet sich gut zum Polieren von handbemalten oder schablonierten Holzflächen. In diesem Fall verwendet man das Papier trocken, damit sich kein schmierender Farbbrei bildet.

- BESANDETER SCHLEIFSCHWAMM: Zum Abschleifen von Profilleisten hervorragend zu gebrauchen, da er sich den

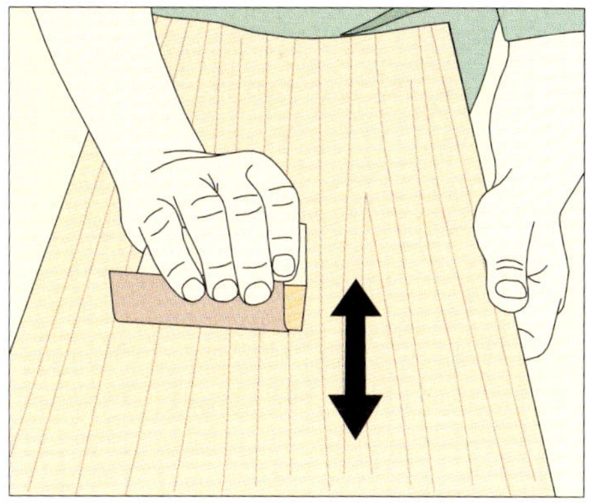

▲ In Richtung der Holzmaserung schleifen.

gerundeten Konturen der Leiste genau anpasst. Kann für Trocken- und Nassschliff verwendet werden.

DRAHTBÜRSTE UND STAHLWOLLE

Drahtbürsten sind ein praktisches Werkzeug, um große Metallgegenstände von abblätternder Farbe oder Rost zu reinigen. Obwohl für kleine Flächen Handbürsten am besten sind, gibt es auch Bürsten, die man auf die Bohrmaschine aufsetzen kann.

Stahlwolle gibt es in verschiedenen Feinheitsgraden. Man kann sie zum Schleifen von Holz, Glas und Metall benutzen, aber auch zum Auftragen von Wachs sowie von Farb- und Lackentfernern. Mit Terpentinersatz getränkt dient Stahlwolle zur Reinigung von Holzmöbeln. Bei sanfter Anwendung verursacht feine Stahlwolle keine Kratzer, hinterlässt aber sehr saubere, glatte Oberflächen. Da die Wolle aus feinsten Stahlfäden besteht, die sich bei der Arbeit lösen können, sollte man stets einen Mund-Nasen-Schutz tragen.

GRUNDWERKZEUG

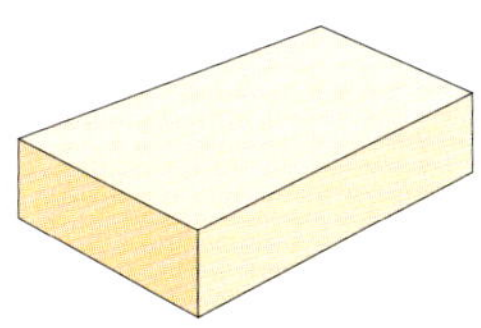

SCHLEIFKLOTZ: *Praktisch zum Halten von Schleifpapier.*

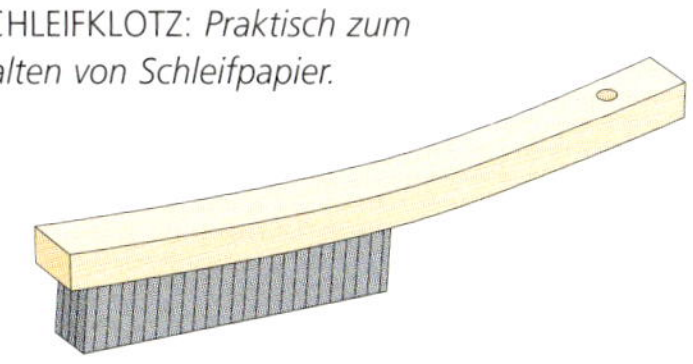

DRAHTBÜRSTE: *Zum Entfernen von Rost und abblätternder Farbe.*

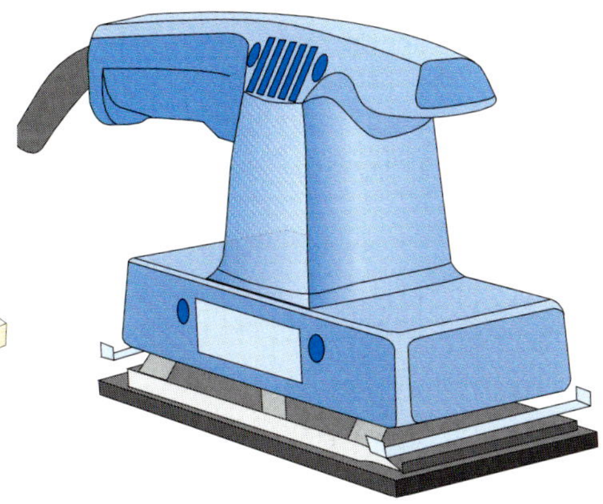

SCHWINGSCHLEIFER: *Elektrisches Schleifgerät für große Flächen.*

SCHABER UND KRATZER

Es gibt verschiedene Werkzeuge, die man entweder allein oder in Verbindung mit Abbeizmitteln und/oder Heißluftpistole zum Ablösen von alten Farbschichten benutzt.

• MALER- ODER STOSSSPACHTEL: Mit einem breiten Metallblatt und einem Holzgriff versehen, kann man damit alte Farbschichten abheben.

• KRATZEISEN: Ein kleines dreieckiges Blatt an einem langen Stiel ermöglicht das Entfernen von Farben auf Formteilen und aus Ecken.

• KRATZER/ZIEHKLINGE: Der Kratzer ist eine Ziehklinge mit leicht gekrümmtem Blatt, das in den Griff aus Holz oder Metall eingelassen ist.

BENUTZUNG DER ZIEHKLINGE

1 Man beginnt mit den flachen Flächen, hält den Kratzer gut fest und zieht ihn in Richtung der Holzmaserung zu sich hin über die Fläche. Weist die Fläche Unebenheiten auf, dreht man die Klinge um 45 Grad und zieht sie in Richtung der Maserung weiter.

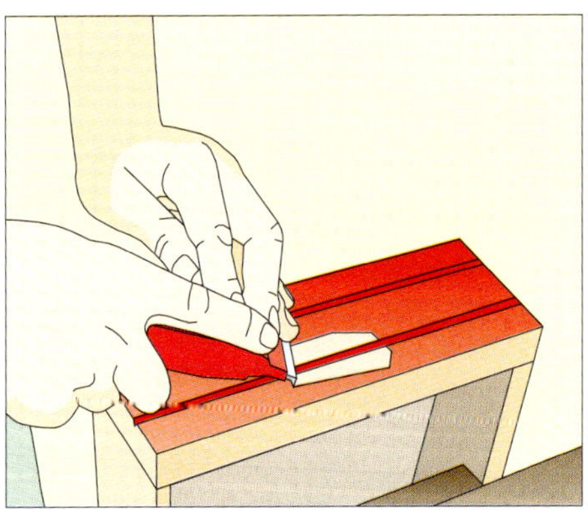

▲ Die Klinge in Faserrichtung ziehen.

2 Die Ziehklinge nur in Ausnahmefällen vom Körper wegschieben, zum Beispiel wenn man Rillen ausputzt. In diesem Fall den Kratzer dicht am Blatt halten, damit man den Druck genau dosieren kann.

3 Bei besonders schwierig zu lösenden Oberflächen ein gezahntes Blatt einlegen. Da es die Oberfläche verkratzt, sofort nach Gebrauch wieder herausnehmen.

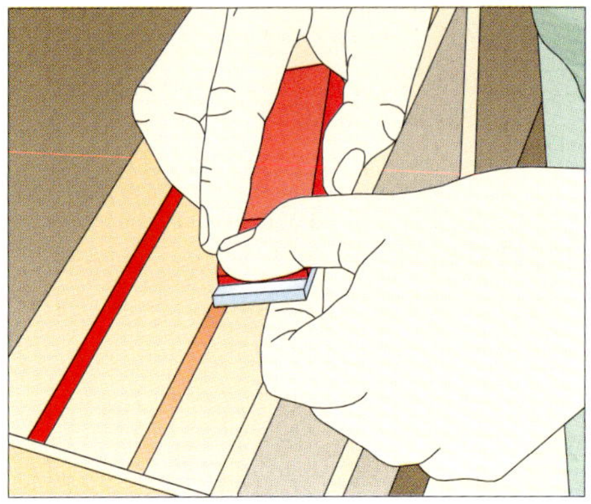

▲ Bei Rillen Druck auf das Blatt ausüben.

HEISSLUFTPISTOLEN

Ehe man Farbe mit dem Spachtel abzuheben versucht, kann man sie durch Hitze erweichen. Sicherer als die offene Flamme einer Lötlampe ist die Heißluftpistole, die ähnlich wie ein Fön heiße Luft ausstößt. Die Farbe wird weich und wirft Blasen, in die man mit dem Spachtel hineinfahren kann, um sie dann abzuheben. Mit bestimmten Aufsätzen kann man den Luftstrom konzentrieren oder breit ausfächern.

1 Die Düse 5 bis 10 cm von der Fläche entfernt halten, sodass die Farbe Blasen zu werfen beginnt.

2 Wenn sich die Farbe hebt, mit dem Spachtel unter die Blase fahren und die weiche Farbe vorsichtig abheben. Auf diese Weise die Farbe fast vollständig entfernen. Den Farbrest zunächst mit grobem, dann mit immer feinerem Schleifpapier abschleifen. Zum Schluss Staub und Farbpartikel mit einem Staubbindetuch abwischen.

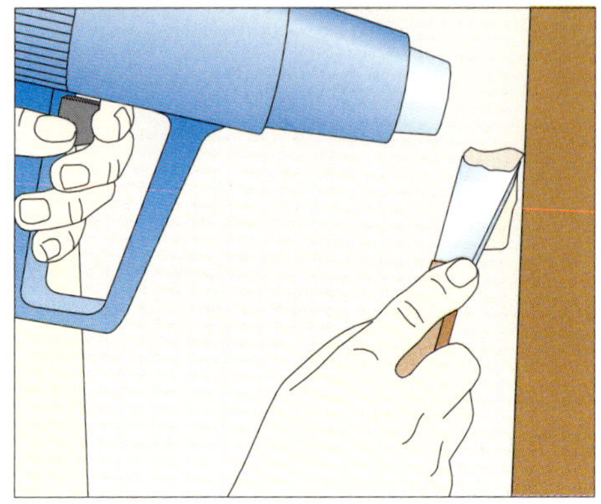

▲ Von der Hitze erweichte Farbe ablösen.

SICHERHEITSHINWEIS: Bleihaltige Farben

• Viele alte Möbelstücke können mit bleihaltigen Farben gestrichen sein. Wenn man diese Farben oder Lacke entfernt, wird auch das gesundheitsschädliche Blei freigesetzt. Schwangere Frauen, Kinder und Haustiere sind besonders gefährdet.

• Bleihaltige Farbe sollte nicht abgeschliffen, nicht abgekratzt und nicht erhitzt werden. Am besten benutzt man chemische Beize, um die Farbe abzulösen. Die angelöste Farbe direkt vom Untergrund in einen Entsorgungsbehälter schaben und diesen als Sondermüll beseitigen. Muss man doch Heißluft einsetzen, unbedingt darauf achten, dass die Farbe nicht brennt, denn dabei entwickeln sich giftige Dämpfe. Die Oberfläche nach Entfernung der Farbe gut abwaschen, um den Staub vollständig zu entfernen.

• Immer Schutzkleidung und Mund-Nasen-Schutz tragen, wenn man bleihaltige Farbe entfernt. Sicherstellen, dass schwangere Frauen, Kinder und Haustiere nicht in die Nähe des Arbeitsplatzes kommen. Nicht an windigen Tagen arbeiten, damit kein Staub verweht wird.

GRUNDWERKZEUG

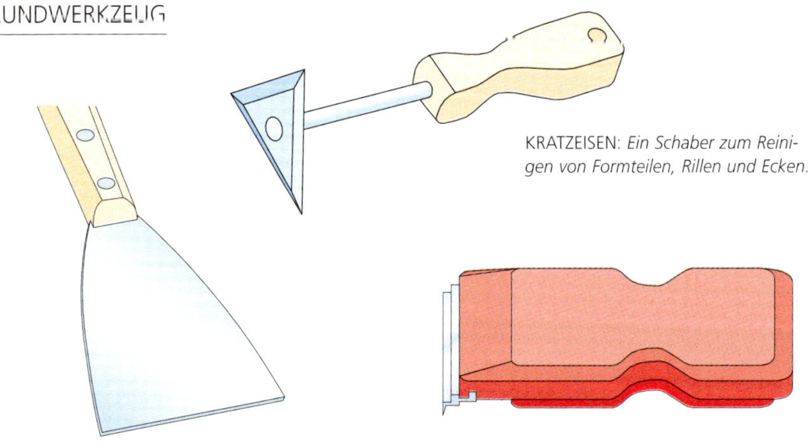

KRATZEISEN: *Ein Schaber zum Reinigen von Formteilen, Rillen und Ecken.*

MALERSPACHTEL: *Ein Schaber mit breitem Blatt für allgemeinen Gebrauch.*

ZIEHKLINGE: *Ein Schaber mit Holzgriff und leicht gekrümmtem, auswechselbarem Blatt.*

ABBEIZMITTEL

Zur Entfernung von Farb- und Lackanstrichen sind zahlreiche Abbeizmittel im Handel. Diese chemischen Mittel können die Haut verätzen. Stets Schutzkleidung und Handschuhe tragen und für gute Belüftung sorgen.

FARBE ABBEIZEN

1 Von einem Möbelstück sämtliche Beschläge und Scharniere entfernen. Abblätternde Farbe mit dem Spachtel lösen und das ganze Stück abwischen.

2 Mit einem alten Pinsel das Abbeizmittel auf ein Stück der Holzfläche auftragen. Handschuhe tragen und bei offenem Fenster arbeiten.

▲ Abbeizmittel mit altem Pinsel auftragen.

3 Die aufgeweichte Farbe mit dem Malerspachtel abheben. Für Vertiefungen und Ecken Kratzeisen oder Ziehklinge verwenden. Nach Entfernung der Farbe die Oberfläche mit Terpentinersatz oder Verdünnung nachreinigen. Farbe und Abbeizer als Sondermüll entsorgen. Die restlos getrocknete Oberfläche zunächst mit grobem, dann mit feinem Sandpapier abschleifen und den Schleifstaub mit einem Staubbindetuch aufnehmen.

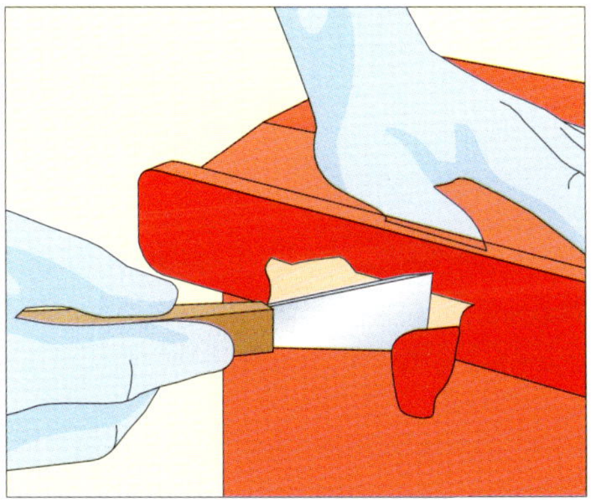

▲ Weiche Farbe mit dem Spachtel ablösen.

SCHELLACK ABBEIZEN

1 Um Schellackpolituren, einschließlich Möbelpolitur, zu entfernen, verteilt man mit Stahlwolle oder einem Nylontopfkratzer etwas Brennspiritus auf einem kleinen Teil der Fläche und reibt vorwärts und rückwärts in Richtung der Holzmaserung. Unbedingt Handschuhe und einen Mund-Nasen-Schutz tragen.

2 Ist der Schellack gelöst, wischt man ihn sofort mit einem in Brennspiritus getränkten Lappen ab und fährt mit der Prozedur an der nächsten Stelle fort, bis der ganze Schellack abgelöst ist. Immer nur kleine, überschaubare Partien bearbeiten.

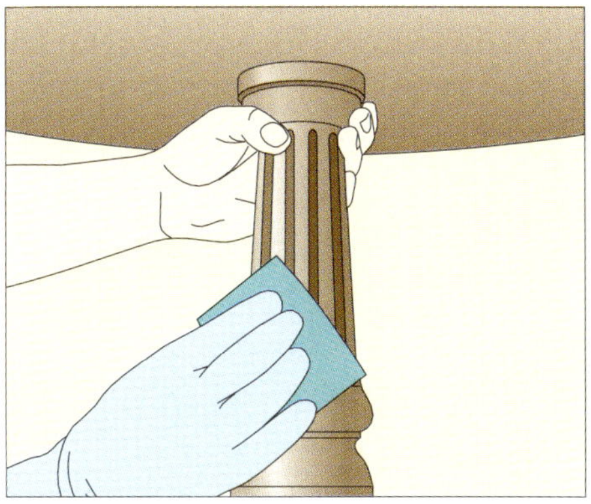

▲ Brennspiritus mit Topfschaber auftragen.

3 An unzugänglichen Stellen den gelösten Lack vorsichtig mit einer Ziehklinge entfernen. Zuletzt die gesamte Oberfläche mit Schleifpapier schleifen. Möchte man einen Lack auf Lösungsmittelbasis verwenden, lässt man das Objekt stehen, damit die Luftfeuchtigkeit die Holzfasern aufrichtet. Verwendet man einen Lack auf Wasserbasis, erreicht man denselben Effekt, indem man die Oberfläche mit einem feuchten Tuch abwischt.

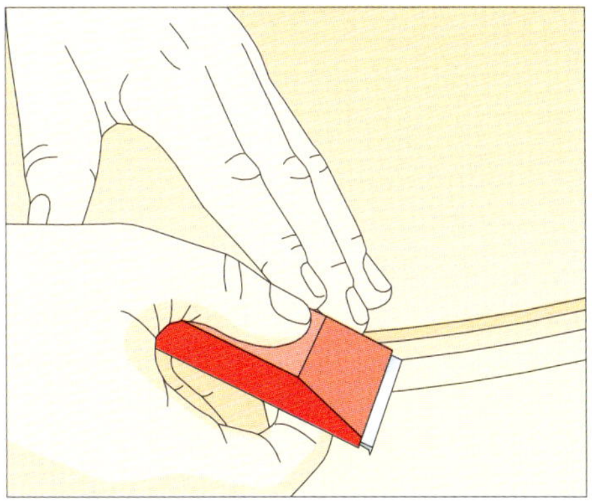

▲ Die Rillen mit der Ziehklinge reinigen.

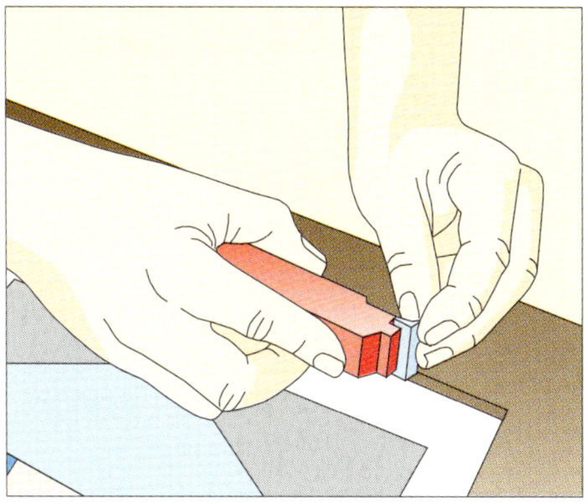

▲ Alle Ecken und Kanten auskratzen.

LACK ABBEIZEN

1 Die Oberfläche mit mittelkörnigem Sandpapier aufrauen, damit das Abbeizmittel besser in die wasserfeste Schicht eindringen kann. Das entsprechende Abbeizmittel großzügig mit einem alten Pinsel auftragen.

2 Das Mittel einwirken lassen, bis sich der Lack zu lösen beginnt. Das kann mehrere Stunden dauern. Den gelösten Lack mit dem Malerspachtel abheben, für unzugängliche Stellen ein Kratzeisen verwenden. Die Prozedur so lange wiederholen, bis der Lack komplett entfernt ist.

3 Die Oberfläche mit mittlerem, dann mit feinkörnigem Schleifpapier abschleifen und den Schleifstaub mit einem Staubbindetuch abwischen.

NÜTZLICHE TIPPS: Abbeizen

- Muss ein ganzes größeres Möbelstück abgebeizt werden, sollte man ein Fachunternehmen damit beauftragen. Manche Firmen arbeiten mit nichtätzenden Substanzen, die zwar teurer sind, ein empfindliches Möbelstück aber weniger angreifen. Weniger wertvolle Stücke können mit ätzenden Chemikalien abgebeizt werden. Zum Schluss sollte das Möbel mit Essigwasser abgewaschen werden, um verbliebene ätzende Substanzen zu neutralisieren. Das Möbel muss vollständig trocknen und abgeschliffen werden, ehe man es neu streicht.
- Ist man sich nicht sicher, ob die Oberfläche, die man abbeizen möchte, mit Schellack oder Lack überzogen ist, reibt man an einer Stelle mit Stahlwolle etwas Brennspiritus ein. Entsteht eine braune, klebrige »Schmiere«, wurde Schellack verwendet und man kann wie oben beschrieben vorgehen.

FÜLLMITTEL

RISSE, LÖCHER, DELLEN U. Ä. SIND übliche Schäden an alten Möbeln. Indem man solche Stellen mit einer passenden Masse füllt, bekommt man ebene Oberflächen. Verschiedene Mittel stehen für die unterschiedlichen Zwecke zur Verfügung.

• ZELLULOSEFÜLLSTOFF: Üblicherweise für kleine Löcher und Fehlstellen verwendet, eignet sich diese Spachtelmasse für Holz ebenso wie zur Entfernung kleiner Putzschäden in Wänden. Längere Risse im Innenputz mit der Füllmasse verschließen und mit einer Rissbinde aus Glasfaser abdecken.

• SPACHTELMASSE: Kleine Dübellöcher kann man mit Spachtelmasse oder Füllstoff aus der Tube verschließen.

• FLÜSSIGES HOLZ: Zum Ausbessern von Rissen und Vertiefungen bestens geeignet, kann man flüssiges Holz in allen gängigen Holzarten fertig kaufen. Es lässt sich außerdem gut abschleifen. Für naturfarbene Oberflächen gibt es Wachsstangen in unterschiedlichen Holztönen. Für polierte Hölzer sind Schelllackstangen in vielen Farben im Angebot. Schellack wird heiß in die Fehlstelle getropft, geschliffen und poliert.

• HOLZERSATZ: Sind größere Stellen von verfaultem Holz zu ersetzen, kann man Reparaturmasse dafür verwenden. Aushärten lassen und wie Massivholz bearbeiten.

• KITTMESSER: Ein Werkzeug, das dem Malerspachtel sehr ähnlich ist, jedoch ein schmaleres, flexibleres Blatt hat. Es ist nützlich, um schwierige Stellen zu füllen und dann die Oberfläche zu glätten. Ebenso hilfreich ist ein schmaler Japanspachtel oder auch einfach ein altes Messer.

NÜTZLICHE TIPPS: Flüssigholz

• Braucht man nur eine kleine Menge Flüssigholz, kann man Schleifstaub von dem auszukittenden Holz mit farblosem Lack vermischen und die kleinen Fehlstellen damit ausfüllen.

RISSE UND LÖCHER FÜLLEN

1 Die Umgebung der Fehlstelle abschleifen und Staub entfernen. Mit einem Kittmesser etwas Füllmittel auftragen und fest in die Vertiefung drücken. Überschuss wegschaben und die Masse trocknen lassen. Falls die Füllmasse beim Trocknen schrumpft, den Vorgang wiederholen. Mit feinem Schleifpapier schleifen.

2 Wurden Stellen der Holzoberfläche lediglich eingedrückt, ohne dass Material fehlt, kann man ein feuchtes dickes Tuch auf die Stelle legen und dann ein heißes Bügeleisen darauf pressen: Der heiße Dampf lässt das eingedellte Holz quellen, sodass die Verwendung von Füllmasse unnötig ist.

NÜTZLICHE TIPPS: Mit Bimsstein füllen

• Oberflächen, die einen klaren Überzug bekommen sollen, kann man mit Bimsmehl füllen. Einen sauberen Baumwollballen mit Brennspiritus befeuchten und in gesiebtes Bimsmehl stippen. Die Oberfläche des Objekts mit kreisenden Bewegungen unter leichtem Druck abreiben. Den Überschuss mit einem sauberen Lappen abwischen.

GRUNDIERUNGEN

ZUR VORBEREITUNG DER OBERFLÄCHE gehört, dass zunächst eine zum späteren Anstrich passende Grundierung aufgetragen wird. Viele Oberflächen, vor allem Holz, sind porös und brauchen deshalb eine absperrende Grundierung, ehe man die eigentlichen Farb- oder Lackanstriche aufträgt. Viele unterschiedliche Grundierungen sind im Angebot. Es gibt für glänzende Oberflächen wie anstrichfreundliche Kunststoffe speziellen Haftgrund, der auf der glatten Fläche für einen guten Halt der späteren Farbe sorgt.

• ACRYLGRUNDIERUNGEN: Die rasch trocknende Grundierung auf Acrylbasis wird gern verwendet, um die Oberfläche von rohem Holz abzusperren. Manche Marken können aber auch für Metall, Mauerwerk und andere Materialien verwendet werden. Wird Acrylgrundierung auf das rohe Holz aufgetragen, könnte eine zweite Schicht nötig sein.

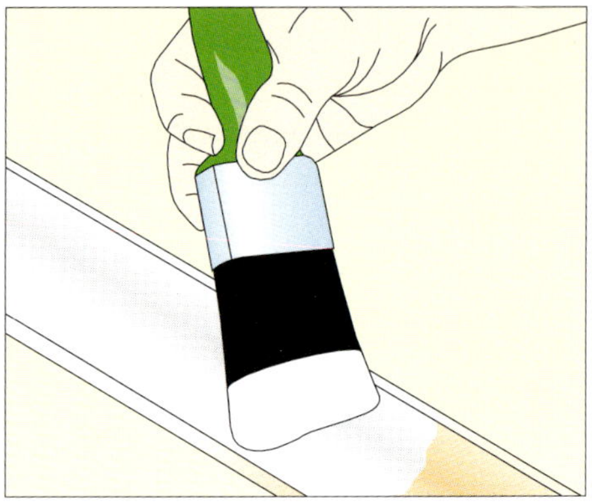

▲ Zuerst eine Grundierung auftragen.

• GRUNDIERUNGEN AUF ÖLBASIS: Eine langsam trocknende, sehr haltbare Grundierung, die vor allem für Oberflächen praktisch ist, auf denen Acryllacke nicht gut haften. Da die Öllacke stark riechen, sollte man bei der Arbeit für gute Belüftung sorgen.

• LEDERLEIM: Im Fachhandel für Künstlerbedarf erhältlich, benutzt man ihn als Vorbereitung für Gesso oder als Basis zum Vergolden. Man kann ihn auch auf Leinwand und Papier auftragen, um das Eindringen von Farbe oder Wasser zu verhindern.

▲ Bei Metall Rostschutzmittel verwenden.

• ROSTSCHUTZGRUNDIERUNG: Rostschutzgrund aus Zinkchromat sollte immer dann aufgetragen werden, wenn Metalle zu rosten drohen, die man mit wasserlöslicher Farbe streichen will. Das Metall wird falls nötig mit einer Drahtbürste grob entrostet, dann mit Siliziumkarbidpapier geschliffen. Auch Metallobjekte, die vergoldet werden sollen, behandelt man zunächst mit Rostschutzmittel.

Normale Grundierung kann für Metallteile genommen werden, die unter keinen Umständen mit Wasser in Berührung kommen werden.

• HOLZVERSIEGLER: Diese Versiegelung auf Spiritusbasis ist ideal zur Aufbringung auf neues, abgebeiztes, dunkles oder sehr astiges Holz.

Für einzelne Astknoten kann man Mittel auf Ölbasis nehmen, aber nur wenn die Oberfläche später nicht mit einer wasserlöslichen Farbe gestrichen werden soll.

Holzversiegler ist eine ideale Grundlage zum Wachsen.

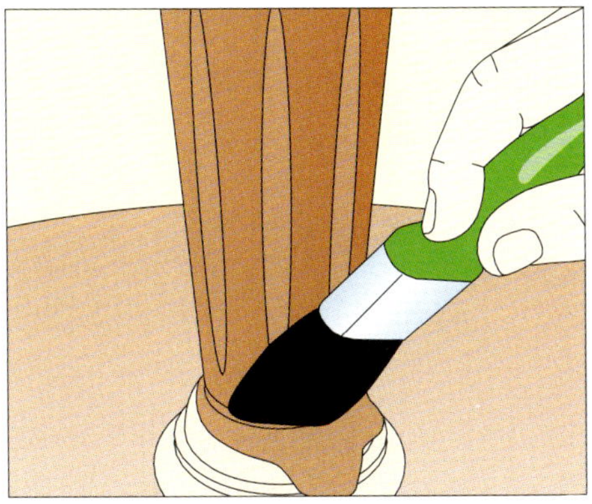

▲ Holzversiegler dient als Lack für Holz.

SCHUTZSCHICHTEN

UM DAS GESTRICHENE STÜCK vor Schäden aller Art zu schützen, ist es oft nötig, eine Schutzschicht aufzutragen. Zu diesem Zweck verwendet man Lack oder Wachs. Beide bewirken eine Versiegelung der gestrichenen, gefärbten oder naturbelassenen Oberflächen, sodass ihnen die allgemeine Abnutzung oder auch bestimmte Einwirkungen von Substanzen wenig anhaben.

LACKE

Anders als transparente Beize, mit der man das Holz lediglich einfärbt, um die natürliche Maserung hervorzuheben, bilden Lacke eine klare Schutzschicht. Die meisten Lacke werden mit Polyurethanharzen hergestellt, die eine kratzfeste, hitze- und wasserbeständige Oberfläche gewährleisten. Man kann sie für gestrichene Hölzer ebenso verwenden wie für sorgfältig geschliffene, die dann mit einem Staubbindetuch gereinigt werden. Die Bandbreite der Lacke ist enorm. Man unterscheidet zwischen Lacken auf Wasser- und auf Ölbasis. Außerdem gibt es sie als Hochglanz-, Matt- und Seidenmattlacke. Es gibt klare und farbige Lacke.

• LACKE AUF ÖLBASIS: Es gibt zahllose Arten von Öllacken; alle trocknen relativ langsam. Polyurethanlacke sind am einfachsten in der Anwendung. Es gibt sie matt (fast kein Glanz), seidenmatt (Halbglanz) und als Hochglanzlack. Wünscht man den Schutz eines Hochglanzlacks ohne dessen sichtbaren Glanz, verwendet man eine Schicht Hochglanzlack und gibt zwei Schichten Mattlack darüber. Zum Teil auch in Sprühdosen erhältlich, können diese Lacke meist erst nach 8–24 Stunden erneut überstrichen werden. Sie sind hitzebeständiger und haltbarer als wasserlösliche Lacke (siehe unten), können aber mit der Zeit vergilben. Allerdings sind sie ideal zum Schutz von wasserlöslichen, krakelierten Anstrichen (siehe Seite 72).

• LACKE AUF WASSERBASIS: Wasserlösliche Acryllacke sind ebenfalls hochglänzend, matt und seidenmatt erhältlich. Acryllacke haben ein milchiges Aussehen, hinterlassen beim Trocknen aber eine klare Oberfläche, die nicht vergilbt. Matte und stumpfe Lacke enthalten Kreide. Sie lässt die Oberfläche nach Auftrag mehrerer Schichten blind erscheinen, weshalb diese Lacke für bestimmte Arbeiten, die wie die Découpage sehr viele Lackschichten erfordern, unbrauchbar sind. Außerdem sind diese Lacke weniger haltbar als die seidenmatten und die hochglänzenden.

Einige Acryllacke enthalten Polyurethan, was ihnen zusätzliche Härte verleiht, doch ist das für die meisten Innenmöbel nicht unbedingt erforderlich. Für Gegenstände wie Kinderspielzeug und Kindermöbel, die besonders strapaziert werden, oder für Gegenstände, die im Freien stehen, ist er allerdings empfehlenswert. Wasserlösliche Lacke sind meist nach 20 Minuten staubtrocken und können nach etwa zwei Stunden überstrichen werden.

NÜTZLICHE TIPPS: Öllacke

• Mehrere dünne Lackschichten geben besseren Oberflächenschutz als eine dicke Lackschicht. Ehe man die neue Schicht aufträgt, die vorherige erst mit sehr feinem Schleifpapier abschleifen und entstauben, sodass die nächste Lackschicht besonders gut haftet.

• SCHELLACK: Schellack ist von Schildläusen abgesondertes natürliches Harz, das mit Brennspiritus vermischt einen schnell trocknenden Lack ergibt. Dieses traditionelle Produkt wird noch heute in der Möbelrestaurierung und zur Herstellung von Möbelpolitur verwendet. Man trägt Schellack auf kleine Flächen mit dem Pinsel auf und verreibt ihn dann mit einem Ballen aus fusselfreiem Tuch.

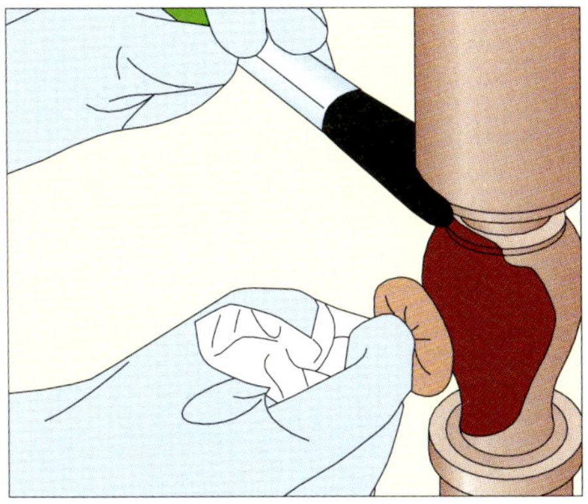

▲ Beim Schellackauftrag Handschuhe tragen.

Schellack wird in verschiedenen Farben und auch unter unterschiedlichen Bezeichnungen angeboten. Klaren Schellack kann man zur Absperrung von Holz, Papier und Farbe verwenden. Braune oder granatfarbene Möbelpolitur nimmt man zum Beizen und Antikisieren, und zwar zusätzlich zur Versiegelung. Emaillack ist transparenter Schellack, dem Farbe zugesetzt wurde.

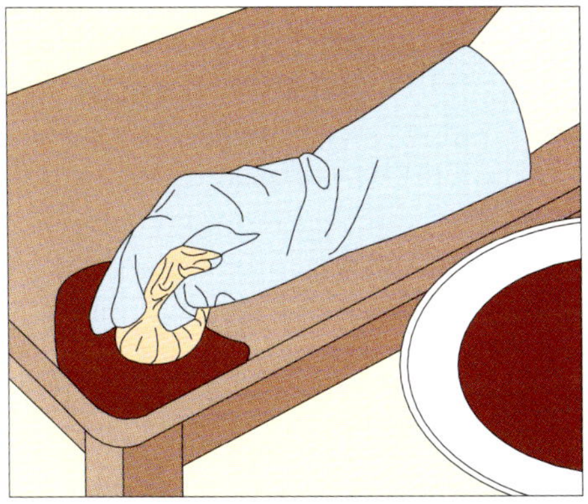

▲ Den Schellack mit Tuchballen auftragen.

NÜTZLICHE TIPPS: Lackierwerkzeuge

• Obwohl Lacke mit jedem weichen Malerpinsel aufgetragen werden können, sind spezielle Pinsel, die mehr Flüssigkeit halten können, für große Flächen besser geeignet. Am besten sind flache Schweinsborstenpinsel, die es im Fachhandel gibt.

❖ LACKE UND WACHSE ❖

ART	LÖSUNGSMITTEL	GLANZ	TIPP
ACRYLLACK (PINSELAUFTRAG)			
• STUMPF	Wasser	Gering	Vergilbt nicht, ziemlich haltbar
• MATT	Wasser	Keiner	Vergilbt nicht, ziemlich haltbar
• SEIDENGLANZ	Wasser	Mittel	Vergilbt nicht, ziemlich haltbar
ACRYLLACK (SPRAY)	Wasser	Mittel	Vergilbt nicht, sehr haltbar
ACRYLWACHS	Wasser	Mittel	Vergilbt nicht, sehr haltbar
BIENENWACHSPOLITUR	Terpentinersatz	Mittel	Kann vergilben, ziemlich haltbar
MÖBELWACHS	Terpentinersatz	Mittel	Vergilbt nicht, ziemlich haltbar
ZELLULOSELACK (SPRAY)	Terpentinersatz	Hoch	Vergilbt nicht, ziemlich haltbar
SCHELLACK	Brennspiritus	Hoch	Vergilbt nicht, ziemlich haltbar

▲ Lack mit sanftem Pinselstrich auftragen.

• ZELLULOSELACK: Üblicherweise in Sprühdosen im Angebot, verleiht dieser Lack wasserlöslichen Farben einen hohen Glanz und garantiert guten Schutz. Für Ölfarben und andere Medien auf Ölbasis ist der Lack nicht geeignet: Die Zelluloseverdünner, die zur Lösung des Lacks verwendet werden, wirken dann wie ein Abbeizmittel. Der Lack trocknet schnell und vergilbt nicht.

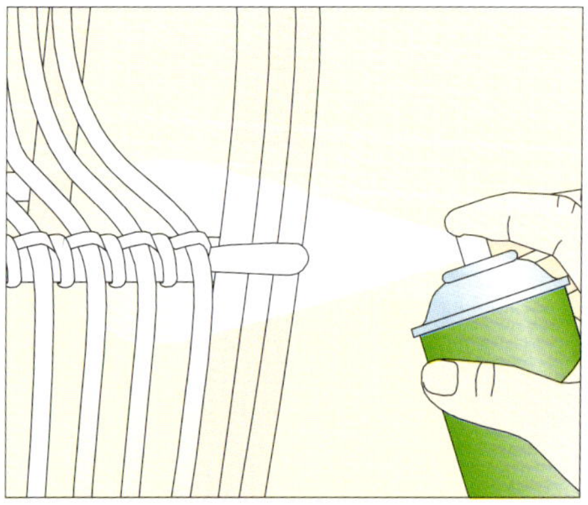

▲ Zelluloselack sehr dünn aufsprühen.

LACK AUFTRAGEN

1 Die Oberfläche des Objekts mit Schleifpapier mittlerer, danach mit Schleifpapier feiner Körnung abschleifen und mit einem Staubbindetuch sorgfältig abwischen.

2 Einen sauberen, trockenen Pinsel in den Lack tauchen und ohne ihn abzustreifen mit normalen Streichbewegungen über ein Stück Packpapier ziehen. Dadurch werden Lufteinschlüsse zwischen den Haaren und lose Borsten aus dem Pinsel entfernt.

3 Den Lack mit lockeren Pinselstrichen auftragen und den Pinsel um die Ränder von Türen und Schubladen führen. Den Lack nicht zu dick auftragen, damit keine Laufnasen oder Tropfen entstehen.

4 Den Lack völlig trocknen lassen, was bis zu drei Tagen dauern kann. Die Fläche schleifen und entstauben, erst dann weitere Lagen auftragen.

NÜTZLICHE TIPPS: Lack auftragen

• Frisch aufgetragener Lack ist sehr empfindlich. Man sollte beim Lackieren keine fusselige Kleidung tragen, die Haare bedecken und keinen Staub aufwirbeln. Es sollte normale Zimmertemperatur herrschen. Plötzliche Temperaturveränderungen können den Lack puderig werden lassen.

WACHSE

Wachse werden meist über einer Lackgrundierung aufgetragen, um einen sanften Glanz zu schaffen. Je mehr Schichten man aufträgt, desto höher ist der hervorgerufene Glanz.

• WACHSFIRNIS (BLACK-BISON-WACHS): Diese Mischung aus verschiedenen Wachsen ist resistent gegen Wasser und Fingerabdrücke. Es versiegelt vor allem krakelierte und antikisierte Anstriche. Es gibt das Wachs in verschiedenen Farben; einige können vergilben.

• MÖBELWACHS: Mit Möbelwachs kann man gut den Eindruck einer gewissen Alterung imitieren. Man kann das Wachs auf gestrichenen oder reinen Holzoberflächen an Stellen auftragen, wo die Farbe nicht haften soll. Klares Flüssigwachs lässt sich dafür besonders gut gebrauchen.

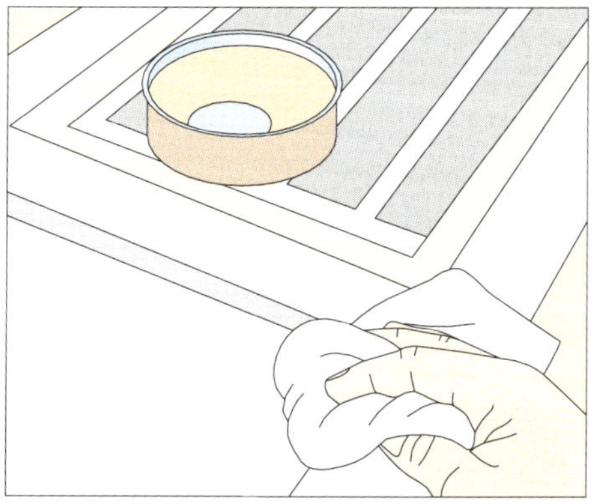

▲ Mehrere Schichten Wachs für hohen Glanz.

WACHS AUFTRAGEN

1 Um auf einer Oberfläche einen schützenden Glanz herzustellen, schleift man sie zuerst mit feinkörnigem Schleifpapier ab und entfernt dann den Staub mit einem Staubbindetuch. Mit Stahlwolle, einem Topfkratzer aus Nylon oder speziellen Wachsbürsten reibt man das Wachs in die Oberfläche ein. Man arbeitet in langen, geraden Strichen und achtet darauf, dass das Wachs in die Faser eingearbeitet wird.

▲ Wachs mit Stahlwolle in die Poren reiben.

2 Nach einigen Minuten der Behandlung reibt man die Oberfläche mit einem fusselfreien Lappen ab, damit sich das Wachs gleichmäßig verteilt. Die Oberfläche wird sich klebrig anfühlen, dennoch reibt man weiter. Man nimmt eine saubere Ecke des Tuchs, falls es zu stark kleben sollte.

3 Das Holz mit einem Lappen festhalten: Er verhindert, dass Fett von der Haut auf das Holz kommt. So lange wie möglich kräftig weiterreiben, damit eine polierte Oberfläche entsteht. Den gesamten Vorgang noch mindestens einmal wiederholen. Je größer die Zahl der Wachsaufträge, desto feiner und edler wird das Stück zuletzt aussehen.

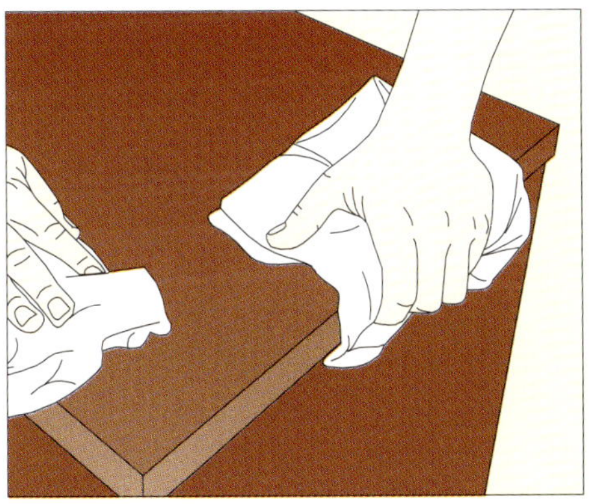

▲ Das Brett beim Polieren mit einem Tuch halten.

VERBINDUNGEN

HALTBARE VERBINDUNGEN WERDEN sowohl für Dekorationen als auch für Reparaturen benötigt. Ob Kleber oder andere Mittel nötig sind, hängt von der jeweiligen Arbeit ab. Je nach Bedarf wird man sogar verschiedene Methoden gleichzeitig anwenden.

KLEBER

Die Haftstärke des Klebers hängt von den Materialien ab, die man verbinden möchte. Übliche Kleber sind:

• EPOXIDHARZKLEBER: Sie bestehen aus zwei Komponenten, Klebeharz und Härter, die vor der Verwendung nach Angabe des Herstellers vermischt und dann auf beide Klebeflächen gestrichen werden. Man kann Holz, Glas, Keramik und Metall mit ihnen kleben. Bis zur Aushärtung, was 4–48 Stunden dauern kann, müssen die Teile mit Schraubzwingen (siehe rechts) oder Klebeband fixiert werden. Hautkontakt mit dem Kleber ist zu vermeiden. Wegen der giftigen Ausdünstung bei guter Belüftung arbeiten.

• KONTAKTKLEBER: Mit diesem Kunstharzkleber auf Neoprenbasis kann man die meisten Materialien miteinander verbinden. Beide Teile werden mit Kleber bestrichen, zusammengefügt und nach angegebener Ablüftzeit stark angepresst. Einspannen ist jedoch nicht

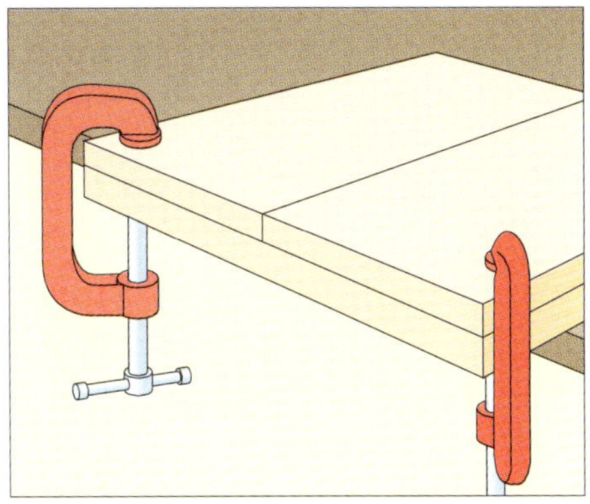

▲ Geleimtes Holz mit Zwingen fixieren.

nötig. Da die Teile sofort kleben, ist eine genaue Positionierung erforderlich.

• WEISSLEIM (PVAC-LEIM): Dieser Vielzweckleim von mittlerer Klebekraft ist billig; mit ihm lässt sich Holz, Stoff und Papier kleben. Obwohl einfach aufzubringen und rasch trocknend, bindet er in feuchter Umgebung nur schlecht ab.

• GUMMIKLEBSTOFF: Pflanzliche Klebstoffe aus Latex oder Guttapercha, die schnell trocknen und feste, zugleich elastische Verbindungen ergeben. Für Leder, Stoffe und Papier gut geeignet.

NÜTZLICHE TIPPS: Schraubzwingen

• Um Holzteile, die verleimt werden sollen, aufeinander zu pressen, verwendet man Schraubzwingen. Um das Holz vor Beschädigung zu schützen, legt man Pappe oder Holzplättchen zwischen die Backen der Zwinge und die Oberfläche des Objekts.

GRUNDWERKZEUG

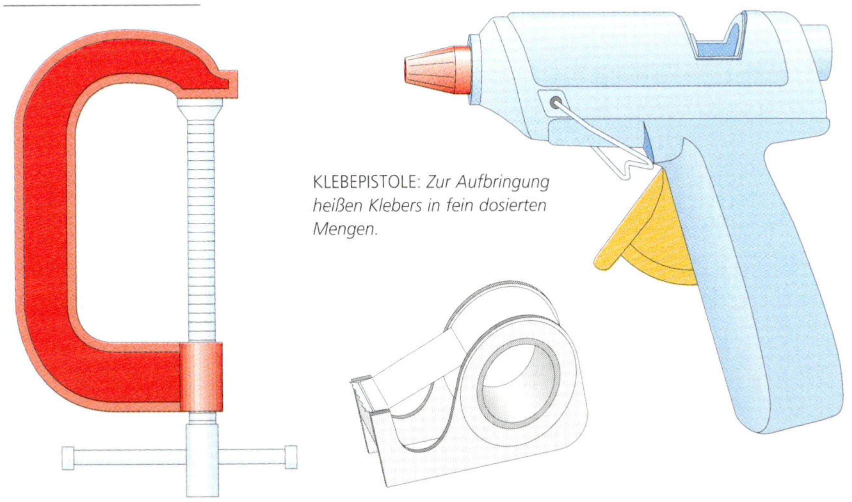

KLEBEPISTOLE: *Zur Aufbringung heißen Klebers in fein dosierten Mengen.*

SCHRAUBZWINGE: *Zum Zusammenpressen von geleimtem Holz, bis der Leim bindet.*

KLEBEFILM: *Nützlich zum Fixieren von Papier und Karton.*

KLEBEPISTOLEN

Heißklebepistolen werden in Verbindung mit Stangen aus kompaktem Kleber verwendet, der sich bei ca. 200 °C verflüssigt. Die kerzenähnliche Klebstoffstange wird in die Klebepistole eingeführt und kommt in kleinsten Mengen flüssig aus der Düse, was das Gerät für feine Arbeiten nützlich macht. Immer die Herstellerhinweise beachten und das Gerät sicher aufbewahren.

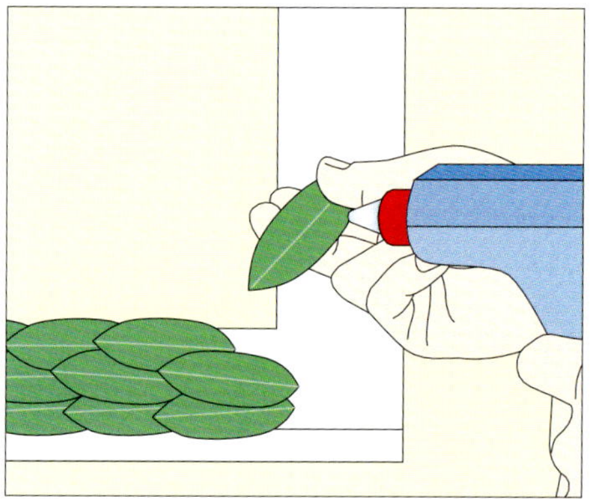

▲ Klebepistolen sind ideal für Feinarbeit.

KURZZEITKLEBER

Für eine Reihe von Arbeiten braucht man einen Kleber, der eine kurzfristige Fixierung erlaubt, aber wieder abgelöst werden kann, ohne Spuren zu hinterlassen.

• ABLÖSBARER SPRÜHKLEBER: Es gibt verschiedene Sorten dieser Kleber, um Schablonen oder Zeichnungen vorübergehend auf eine Fläche zu fixieren. Man kann die aufgeklebten Objekte immer wieder abnehmen, ohne dass die Oberfläche beschädigt wird.

Allerdings muss man den Kleber sehr fein dosieren, damit er vorhandene Farbe nicht anlöst. Verliert die Klebeschicht an Haftkraft, wischt man den Kleber jedes Mal ab und sprüht neuen auf – keinesfalls mehrere Schichten Kleber übereinander sprühen!

Auch mit leicht ablösbarem Abdeckband kann man Schablonen recht gut fixieren.

• KLEBEPADS (BLU-TACK UND PINK-TACK): Ablösbare kleine Kissen zum schnellen, sauberen Fixieren leichter Gegenstände. Die Tacks haben verschieden starke Klebekraft, hinterlassen jedoch bei guter Qualität keinerlei Spuren auf der Fläche.

NÄGEL, STIFTE, SCHRAUBEN

Für manche Reparatur- und Dekorationsarbeiten braucht man Schrauben und/oder Nägel, um Holzteile oder Holz und Metall zusammenzufügen.

• NÄGEL: Es gibt sie in unterschiedlicher Länge und Dicke. Man hält den Nagel zwischen Daumen und Zeigefinger, setzt ihn mit zwei bis drei Schlägen an und treibt ihn dann ein.

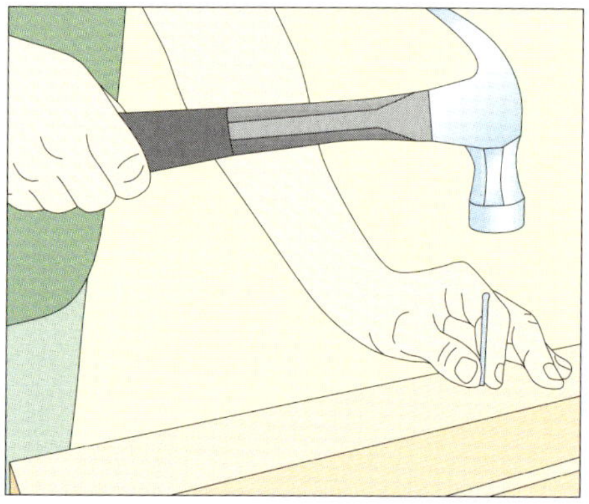

▲ Nagel mit Daumen und Zeigefinger halten.

• TAPEZIERNÄGEL: Diese leichten Drahtstifte werden für feinere Arbeiten, etwa zur Befestigung von Profilleisten, verwendet. Zum Ansetzen steckt man die Stifte durch ein Stück Pappe, mit dem man sie in Position hält. Die Leisten zunächst mit Holzleim ankleben, dann erst die Stifte einschlagen.

• SCHRAUBEN: Geschraubte Verbindungen sind haltbarer als genagelte, und man kann sie leichter wieder lösen, ohne das Holz zu beschädigen. Schrauben für Holzverbindungen gibt es aus Stahl, Kupfer, Messing oder Aluminium mit unterschiedlichen Köpfen. In Heimwerkermärkten wird man beraten, welche Schrauben für die jeweilige Arbeit die richtigen sind.

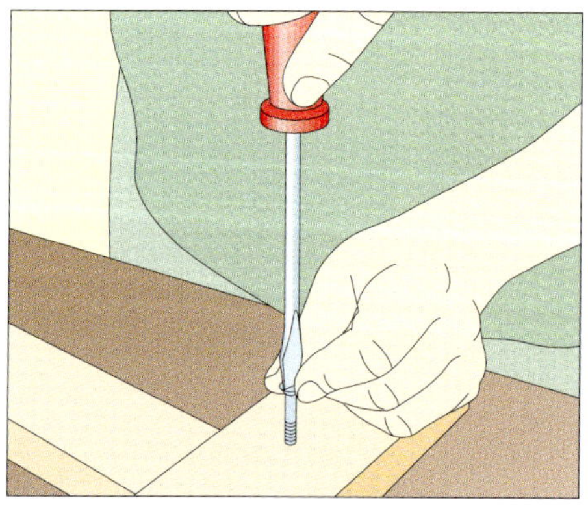

▲ Schrauben gewährleisten guten Halt.

DURCHPAUSEN UND SCHNEIDEN

Grundlegende Zeichen- und Schneidetechniken sind für viele der in diesem Buch vorgestellten Projekte erforderlich. Anleitungen für detailliertes Arbeiten werden ab Seite 30 im Kapitel »Dekorationstechniken« gegeben. Einfache Verfahren für leichtere Projekte werden hier vorgestellt.

ZEICHENGERÄT

• LINEAL: Zum Messen und Markieren ebenso unverzichtbar wie zum Zeichnen gerader Linien. Das Lineal sollte mindestens 45 cm lang und aus festem Material sein. An einem Lineal mit Metallschiene lässt sich die Klinge des Cutters problemlos entlangführen.

• ZEICHENWINKEL: Hilfreich für akkurate Ecken, obwohl man dafür auch andere rechteckige Gegenstände verwenden kann. Zeichengeräte aus durchsichtigem Plastik haben den Vorteil, dass man die anderen Linen darunter sehen kann.

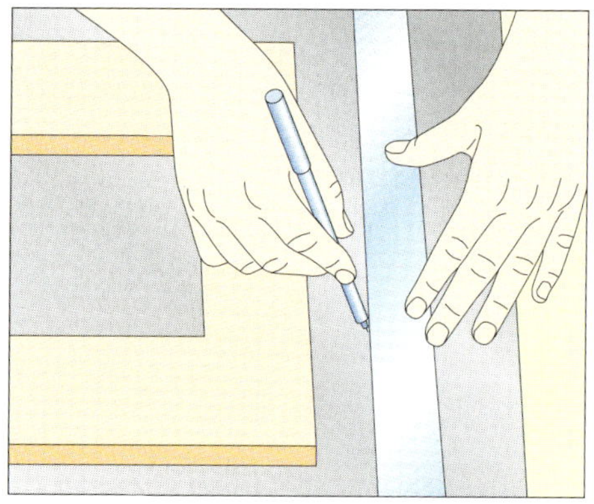

▲ Für gerade Linien ein Lineal verwenden.

• WASSERLÖSLICHER STIFT: Dieser Stift ist ideal für Holzmarkierungen, die dann wieder abgewaschen werden können.

EIN MUSTER PLANEN

1 Soll ein Möbelstück verändert werden, alle Teile genau abmessen und auf einem Stück Packpapier die Befestigungen vermerken. Soll das Möbel intensiv genutzt werden, Veränderungen so anbringen, dass sie sich nicht zu schnell abnutzen und gut halten. Wenn etwa in einem alten Schrank neue Regalbretter eingebaut werden sollen, ist die Größe der Gegenstände zu bedenken, die auf diesen Brettern stehen sol-

len. Die Bretter so planen, dass nicht zu viel Spiel bleibt, aber die Objekte dennoch gut erreicht werden können. Prüfen, ob die Positionierung von Scharnieren oder Schrauben sinnvoll ist oder ob Änderungen erforderlich sind.

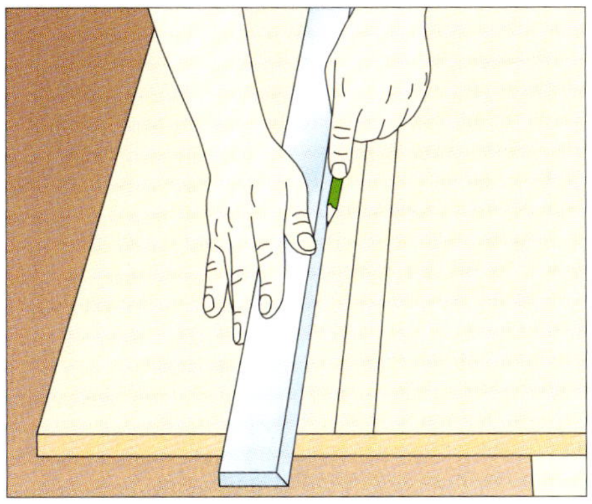

▲ Mit einem Lineal messen und markieren.

2 Für große Teile wie hölzerne Voluten an einem Schrank, die ein Pendant brauchen, zeichnet man eine Vorlage auf Papier und überträgt sie in entsprechender Zahl auf das Holz. So hat man die Garantie, dass die Teile absolut symmetrisch sind und dass man möglichst wenig Holzabfall hat.

DURCHPAUSEN

Beim Durchpausen oder Nachzeichnen von Vorlagen sorgfältig arbeiten. Das Transparentpapier auf der Vorlage gut befestigen, sonst verschiebt es sich. Ist die Vorlage, die man abzeichnen möchte, nicht gut zu sehen, klebt man sie entweder an eine Fensterscheibe oder arbeitet auf einem Lichttisch oder auf einem von unten beleuchteten Glastisch.

EIN MUSTER DURCHZEICHNEN

1 Ein Stück Transparentpapier auf der Vorlage befestigen und mit Bleistift nachzeichnen. Bei komplizierten Mustern Vorlage und Papier jeweils in gute Zeichenposition drehen.

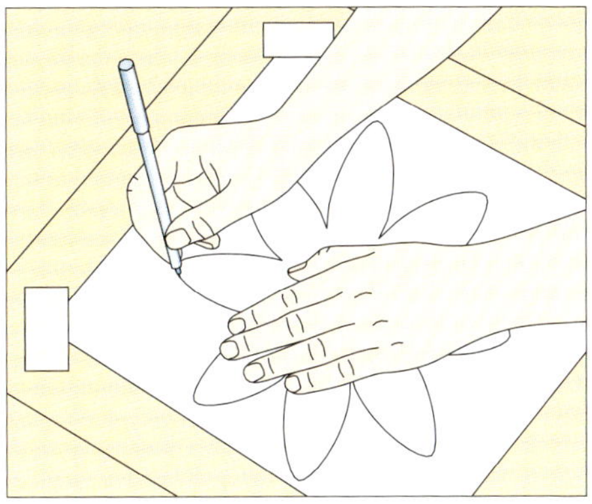

▲ Auf befestigtes Papier durchzeichnen.

2 Die vorgezeichneten Linien auf der Rückseite des Transparentpapiers mit einem weichen Bleistift nachziehen, dann das Papier umgekehrt auf die gewählte Unterlage legen und erneut nachzeichnen. Die Bleistiftlinie sollte sich dabei auf der Unterlage abdrücken.

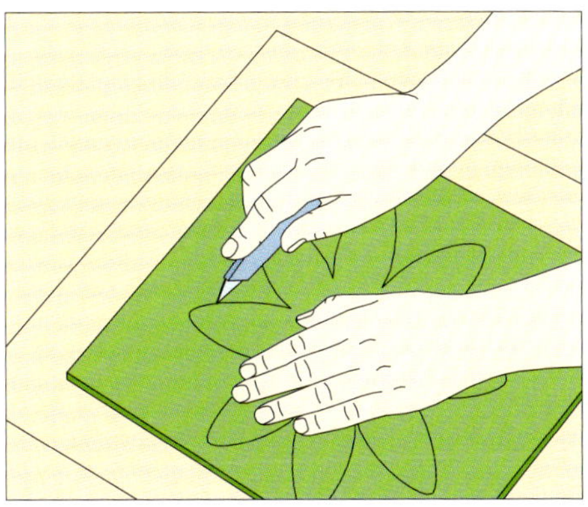

▲ Ein Skalpell zum Ausschneiden nehmen.

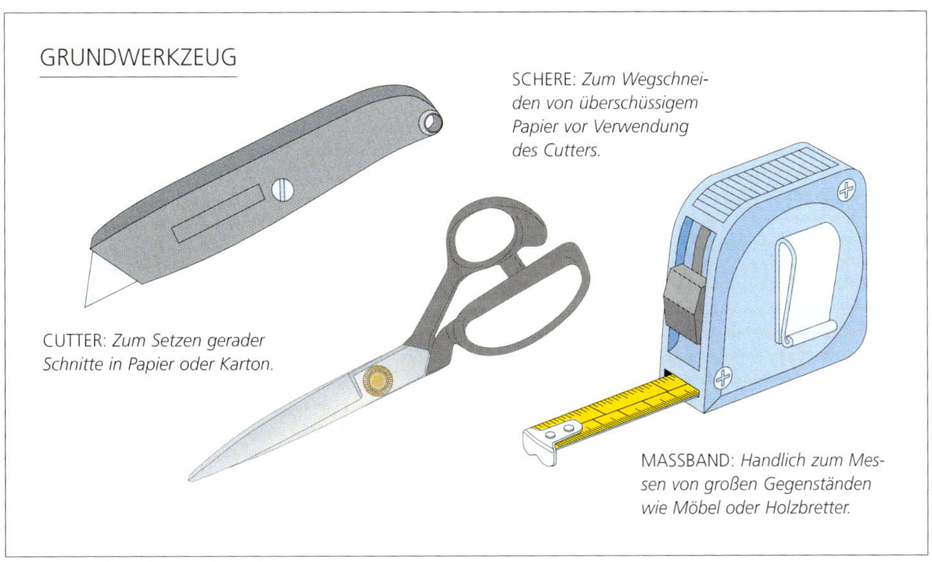

SCHNEIDEWERKZEUGE

Für gutes Schneidens braucht man scharfe Werkzeuge. Stumpfe Klingen verursachen unsaubere Kanten und reißen mehr, als dass sie schneiden.

• SÄGEN: Es gibt Sägen für schwere Arbeiten und für Feinarbeiten. Um in Holz oder Kunststoff feine Rundungen zu sägen, nimmt man die Laubsäge, für schwere, gerade Sägearbeiten die Bügelsäge oder den Fuchsschwanz. Bei Laubsägearbeit zunächst das überschüssige Holz großzügig wegsägen, dann erst die feinen Details ausarbeiten.

• SCHEREN: Scharfe Scheren verwenden und separat halten; nicht als Haushaltsschere benutzen, weil die Schneiden sonst leicht stumpf werden.

• CUTTER ODER SKALPELL: Diese Schneidewerkzeuge sind besser als Scheren geeignet, wenn es auf sehr genaue Schnitte ankommt. Cutter sind gut zum Schneiden gerader Linien, besonders wenn es sich um dicke Materialien wie Pappe handelt. Das Skalpell, das man wie einen Stift halten kann, ist ideal, um sehr feine Schnitte auszuführen oder gerundete Linien nachzufahren. Lange, gerade Schnitte führt man entlang einer Stahlschiene aus. Auch Teppichmesser sind brauchbar. Da sie einen dickeren Griff haben, liegen sie aber nicht so gut in der Hand. Sobald die Schneidekraft nachlässt, die Klinge wechseln.

• SCHNEIDEUNTERLAGE: Zur Arbeit mit den scharfen Klingen des Cutters oder Skalpells braucht man eine Unterlage aus Karton, besser aber eine spezielle Schneidematte: Im Karton bleiben die Schnitte sichtbar und die Klinge wird durch den Kontakt mit dem Material rasch stumpf; in den Schneidematten schließen sich die Schnitte wieder, sie halten also jahrelang.

NÜTZLICHE TIPPS: Sägen

• Die Sägelinie mit weichem Bleistift markieren und die Säge außerhalb der Linie ansetzen. Setzt man sie auf oder innerhalb der Linie an, wird das Stück leicht kürzer als gewünscht.

Einfache Reparaturen

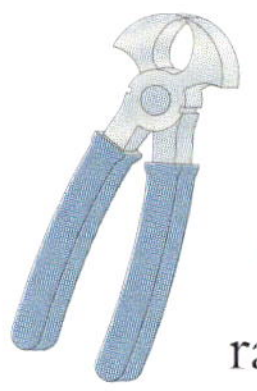

STARK BESCHÄDIGTE STÜCKE sollte man vermeiden, dennoch muss vielleicht die eine oder andere kleine Reparatur an dem gewählten Objekt ausgeführt werden. Das können Kleinigkeiten sein: das Ausfüllen von Löchern und Rissen oder das Entfernen von alten und das Einschlagen von neuen Nägeln. Umfangreicher ist die Reparatur einer Schublade oder die Ergänzung einer Profilleiste. Das meiste ist mit etwas Zeitaufwand und ein wenig Heimwerkerwissen leicht erledigt. Der normale Werkzeugkasten, der sich in nahezu jedem Haushalt findet, wird die benötigten Utensilien enthalten, und so wird man die meisten Reparaturen selbst erledigen können. Notfalls muss man die Hilfe eines Fachmanns in Anspruch nehmen.

ALTE NÄGEL ENTFERNEN

ALTE NÄGEL KÖNNEN rostig und scharf sein, also immer Vorsicht walten lassen, wenn man sie entfernt. Man legt zunächst ein dünnes Holzplättchen oder ein Stück Karton so neben den Nagel, dass das Werkzeug, mit dem man den Nagel hebt, keine Delle in das Holz drückt. Kleine Nägel mit Kopf kann man mit einem Nagelheber aus dem

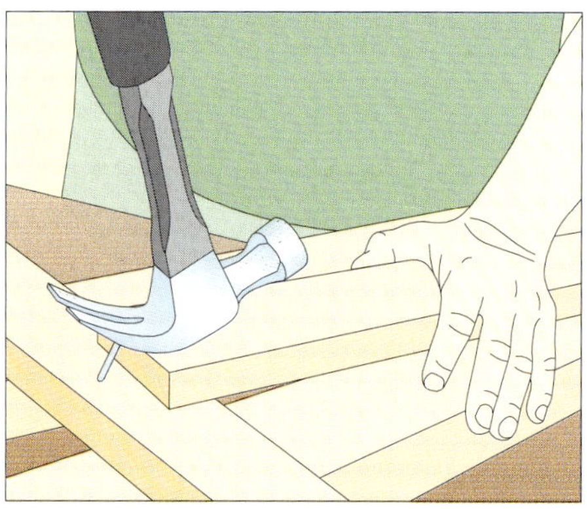

▲ Nagel mit der Hammerklaue aushebeln.

Holz hebeln. Für größere verwendet man die Beißzange. Lange Nägel zieht man möglichst senkrecht heraus, damit das Loch im Holz nicht zu groß wird.

Um einen tief sitzenden Nagel zu entfernen, muss man eventuell rund um den Kopf Holz wegstemmen, um den Kopf greifen zu können. Man kann ihn aber auch mit einem Versenkstift noch tiefer einschlagen und das Loch zuspachteln. Stauchkopfnägel oder kopflose Stifte kann man so weit durch das Holz schlagen, dass sie auf der Gegenseite herausschauen, wo man dann mit der Beißzange die Spitze greifen kann.

▲ Kopflose Stifte mit der Beißzange fassen.

HOLZWURM UND HOLZSCHWAMM

KLEINE, MEIST IN GRUPPEN nebeneinander liegende Löcher signalisieren Holzwurmbefall. Ob der Holzwurm noch aktiv ist, zeigt sich an feinem Holzstaub. Möbel, die vom Holzwurm befallen sind, stets von anderen Möbeln getrennt halten, damit nicht auch sie infiziert werden. Man spritzt handelsübliches Holzwurmmittel in die Löcher und lässt das Stück 24 Stunden stehen.

Holzschwamm entsteht, wenn Möbel lange in feuchter Umgebung gestanden haben. Durch Pilzbefall morsch gewordenes Holz riecht muffig, ist weich und bröckelt, wenn man es anfasst. Der Schaden frisst sich im Laufe der Zeit weiter voran und kann sogar andere Möbel erfassen. Solches Holz muss komplett entfernt und durch frisches ersetzt werden. Außerdem sollte man zusätzlich eine Holzimprägnierung auftragen, die gegen Fäulnis und Insektenbefall schützt.

ASTKNOTEN

SCHWARZE ASTKNOTEN EINFACH vorsichtig ausschlagen und die Löcher ausdübeln. Harzgallen, die vor allem bei Fichte und Kiefer vorkommen, können nach der Bearbeitung klebriges Harz absondern, weshalb man sie mit Spezialmitteln behandelt.

VERZOGENES HOLZ

VERZOGENE EINLEGEBÖDEN EINES Möbelstücks müssen einzeln behandelt werden. Man nimmt sie heraus, legt sie mit der nach innen gewölbten Seite nach unten auf ein nasses Tuch über ein absolut ebenes Brett und befestigt sie mit Zwingen. Die Feuchtigkeit lässt dann die Holzfasern in der konkaven Seite quellen. Nach 24 Stunden sollte sich das Brett geglättet haben. Danach sollte man es sofort wieder einlegen und eventuell auf der Unterseite Latten befestigen, die das Brett gerade halten.

BRANDSTELLEN

LEICHTE BRANDMARKEN KÖNNEN SO behandelt werden, dass sie fast nicht mehr sichtbar sind. Auf das stumpfe Ende eines Bleistifts klebt man Granatpapier und reibt damit vorsichtig über den Brandfleck. Ist das versengte Holz entfernt, trägt man mit einem Wattestäbchen einen Tropfen flüssigen Entfärber auf, um die dunkle Stelle weiter aufzuhellen.

HOLZARTEN

ECHTE ANTIQUITÄTEN SIND im Allgemeinen aus hochwertigem Hartholz gemacht. Reparaturen sollten mit einem Holz ausgeführt werden, das dem Original möglichst nahe kommt. Neue Billigmöbel sind dagegen oft aus preiswerten Plattenwerkstoffen wie Span- oder Faserplatten gemacht und entweder furniert oder mit Kunststoffen beschichtet. Hier kann man ebenso billige Ersatzstoffe wählen. Die Wahl des richtigen Holzes entscheidet darüber, wie viel Geld man ausgeben muss.

WEICHHÖLZER

Das von Nadelbäumen wie Fichten und Kiefern stammende Holz ist relativ weich, weshalb man alle Nadelhölzer als Weichhölzer bezeichnet, obwohl es sehr harte Nadelhölzer wie zum Beispiel Eibe gibt. Das weiche Nadelholz ist bei Heimwerkern beliebt, denn es lässt sich leicht bearbeiten. In Baumärkten gibt es das Holz grob gesägt und fein geglättet. Geglättetes Holz wird man wählen, wenn das Holz im fertigen Projekt sichtbar bleibt.

HARTHOLZ

Teurer als Weichholz, stammt das Hartholz von einheimischen und tropischen Laubbäumen. Ebenso wie es harte Nadelhölzer gibt, gibt es auch weiche Laubhölzer wie Balsa oder Pappel.

Hochwertige Harthölzer gibt es nur im Spezialhandel. Antike Möbel, bei denen die interessante Maserung des Holzes zu Hochglanz poliert wurde, sind nicht Gegenstand dieses Buches. Solche Antiquitäten gehören zur Reparatur und Renovierung ohnehin in die Hand des Fachmanns.

Sofern man aber doch Hartholz verarbeitet, sollte man immer sehr gut geschärfte Werkzeuge benutzen und stets einen Mund-Nasen-Schutz tragen. Manche Hölzer wie beispielsweise Teak sind von Natur aus sehr ölig und sollten mit Epoxidharzklebern verleimt werden.

Außerdem kann die Säure im Eichenholz dazu führen, dass Stahlschrauben oder Stifte das umgebende Holz schwärzen. Man verwende also Messingschrauben für dieses Holz.

HOLZWERKSTOFFE

Neben dem Massivholz gibt es industriell gefertigte Plattenwerkstoffe, die aus mehreren zusammengeleimten Holzlagen oder aus mit Leim zusammengepressten Holzspänen bestehen.

• TISCHLER- ODER STABPLATTEN: Sie bestehen aus aneinander geleimten Holzleisten und beidseitigem Furnier. Längs der Leisten ist die Festigkeit der Platten größer als quer zu ihnen. Die Platten sind als Einlegeböden in Schränken und zur Reparatur von Rücken und Seiten von Schubladen geeignet.

• SPANPLATTEN: Am billigsten sind unbeschichtete Spanplatten, die in jeder Richtung gleich belastbar sind. Beim Kauf achte man auf schadstoffarmes Material in der Qualität E 1. Die Platten können lackiert und gestrichen werden. Es gibt sie auch mit Kunststoffbeschichtung.

• HOLZFASERPLATTEN: Sie werden aus gepressten Holzfasern, Sägemehl und Textilien hergestellt und sind in unterschiedlicher Dichte und Festigkeit im Angebot. Mitteldichte Faserplatten, kurz als MDF bezeichnet, sind sehr stabil und leicht zu bearbeiten. Die beidseitig glatten Oberflächen lassen sich leicht streichen und lackieren oder mit Furnier bekleben.

• HARTFASERPLATTEN: Die aus gepresster Weichholzmasse hergestellten Platten sind weniger stabil als die anderen industriell gefertigten Plattenwerkstoffe. Sie sind jedoch billig und für nicht sichtbare Regalrückwände oder leichte Schubladenböden gut geeignet.

• SPERRHOLZ: Es wird auch Furnierplatte genannt, denn es besteht aus mindestens drei oder mehr kreuzweise unter großem Druck verleimten dünnen Holzlagen. Da die Maserungsrichtung der einzelnen Lagen alterniert, können die einzelnen Bretter nicht arbeiten, das Holz kann sich also nicht werfen. Je nach Dicke und Qualität des Sperrholzes kann man es für unterschiedliche Zwecke benutzen. Sperrholz kann vor allem gut gestrichen und lackiert werden.

STUHLREPARATUR

ALTE STÜHLE SIND manchmal in sehr schlechtem Zustand. Sei es, dass der Stuhl wackelt, weil er sich verzogen hat und ein Bein zu kurz ist; sei es, dass Leisten fehlen oder die Sitzfläche beschädigt ist. Nicht immer ist der Fall hoffnungslos. Ein paar einfache Reparaturen können einem alten Stück zu neuem Leben verhelfen. Das spart nicht nur Geld und freut die Umwelt, man kann auch kreativ gestalten.

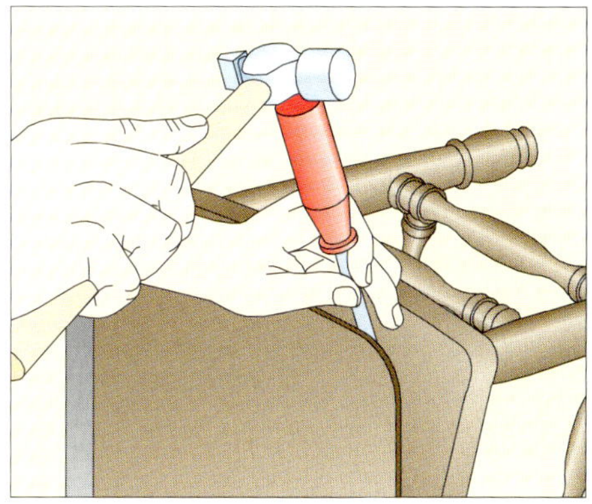

▲ Sitz mit Hammer und Stemmeisen lösen.

1 Den Sitz vorsichtig rundum mit Hammer und Stemmeisen lockern, dann langsam lösen und abnehmen.

2 Störende Nägel und Schrauben entfernen. Nägel, die sich nicht herausziehen lassen, tiefer einschlagen und mit Holzkitt überspachteln.

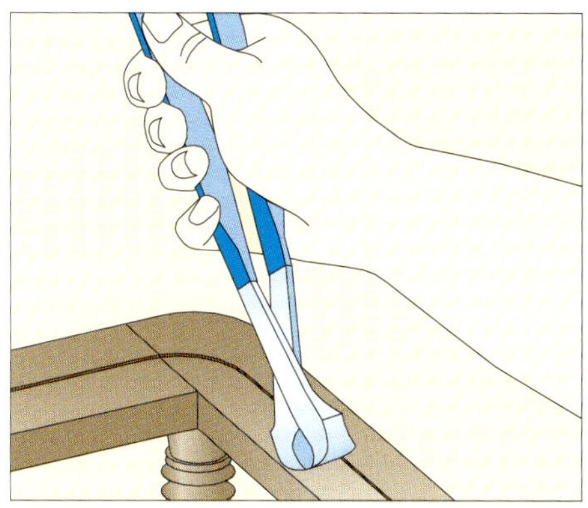

▲ Alte Nägel und Schrauben entfernen.

3 Überprüfen, ob die Beine fest verankert sind. Wackelnde Beine vorsichtig ablösen. Einzelteile genau beschriften, damit man sie wieder an der richtigen Stelle anbringt. Alten Leim abschaben, dann mit frischem Leim neu ankleben. Die Teile fest zusammenpressen, bis der Leim gebunden hat.

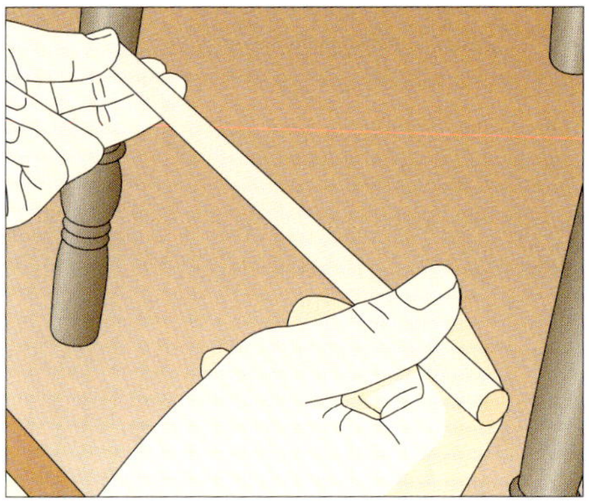

▲ Fehlende Leiste durch Rundholz ersetzen.

4 Ist eine Leiste im Rückenteil oder zwischen den Beinen zerbrochen, versucht man sie mit Leim zu reparieren. Fehlt sie oder ist sie irreparabel, ersetzt man sie durch ein passendes Stück Rundholz oder durch eine Leiste. In die Löcher im Gestell Kleber geben, Leiste oder Rundholz einsetzen und den Leim binden lassen. Das Holz abschleifen und eventuell mit Beize zum Stuhlholz passend abdunkeln.

5 Muss der Sitz erneuert werden, macht man sich nach dem abgelösten Sitz eine Schablone aus Papier. Nach dieser Form schneidet man aus 9–12 mm dickem Sperrholz einen Ersatz. Alternativ das Holz im Baumarkt zuschneiden lassen.

Je nach Wunsch kann man dieselbe Form noch einmal aus Schaumgummi schneiden und dieses auf den Sitz kleben. Dann überzieht man ihn mit strapazierfähigem Stoff, den man stramm über den Sitz zieht und auf der Unterseite mit Polsternägeln oder einem speziellen Tacker befestigt.

Das Holz streichen und lackieren, ehe man den bezogenen Sitz wieder einlässt und eventuell mit Nägeln befestigt. Man kann auch lose Sitzkissen schneidern oder den Sitz ungepolstert lassen.

NÜTZLICHE TIPPS: Wackelnder Stuhl

• Wackelt ein Stuhl, weil ein Bein zu kurz ist, gibt man Flüssigholz aus der Tube auf Pergamentpapier, stellt das kurze Stuhlbein hinein, reguliert die Höhe und lässt die Masse trocknen. Überstehende Reste mit einer scharfen Klinge wegschneiden, mit Sandpapier nachschleifen. Alternativ eine passende Holzscheibe aufnageln.

SCHARNIERE ERNEUERN

Rostige, verbogene oder teilweise ausgebrochene Scharniere an Schranktüren können das Holz beschädigen und verhindern, dass die Türen korrekt schließen. Statt zu versuchen, die Scharniere noch irgendwie zu reparieren, sollte man sie grundsätzlich entfernen und durch neue ersetzen. Natürlich müssen die Maße stimmen.

▲ Holzfläche mit dem Hobel glätten.

1 Das alte Stangenscharnier (Klavierband) entfernen und die Fläche soweit nötig plan hobeln.

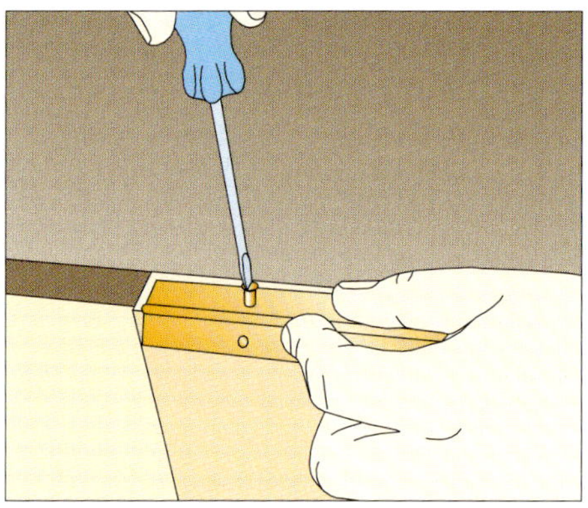

▲ Neues Stangenscharnier anschrauben.

2 Das neue Scharnier zuschneiden und so platzieren, dass die alten Schraublöcher verwendet werden können. Mit neuen Schrauben befestigen.

NÜTZLICHE TIPPS: Beschläge

• Um den Glanz gesäuberter Messingbeschläge und Scharniere zu erhalten, kann man sie mit Messinglack versiegeln. Den Lack gibt es in Sprühdosen, er sollte aber auf Schraubenköpfen mit einem feinen Pinsel aufgetragen werden. Scharniere sollte man von Zeit zu Zeit ölen, um die Gängigkeit zu erhalten.

KLEMMENDE LADEN

Schubladen in alten Möbeln sind oft verzogen und klemmen deshalb, oder die Laufflächen sind aufgeraut und abgenutzt. Man sollte zunächst die Laufflächen mit Kernseife oder einem Kerzenstummel einreiben. Hilft das nicht, um die Schubladen leichter gängig zu machen, muss man zu umfangreicheren Maßnahmen greifen.

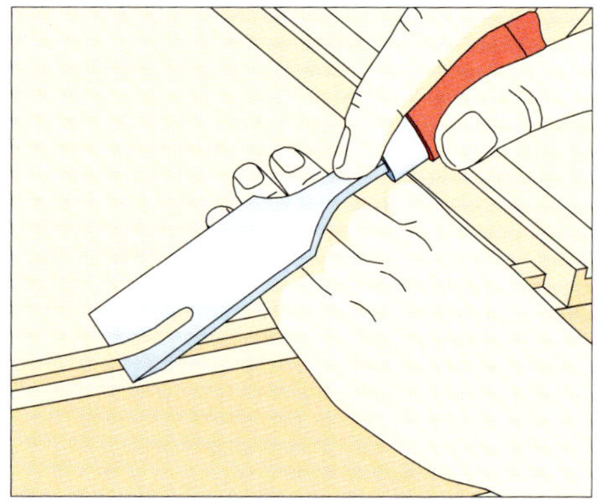

▲ Mit dem Stemmeisen Holzspäne abheben.

1 Mit einem Stemmeisen hebt man das rau gewordene Holz in Spänen von der Lauffläche ab.

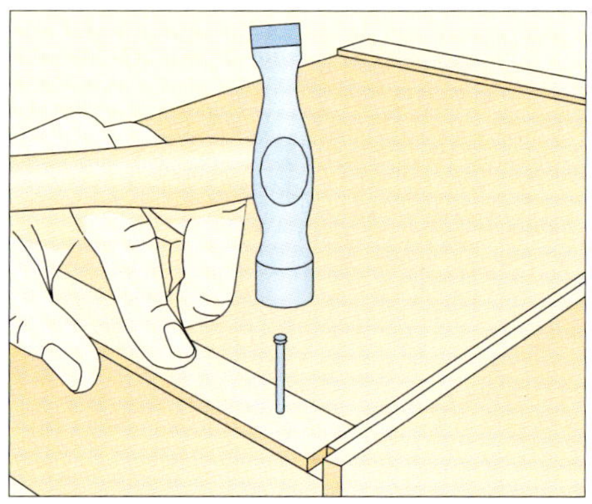

▲ Hartholz in passender Dicke aufnageln.

2 Dann klebt man einen schmalen Streifen Hartholz auf die Lauffläche, um die alte Höhe wiederherzustellen. Anschließend abschleifen.

SICHERHEITSHINWEIS: Stemmeisen

Stemmeisen sind nützliche Werkzeuge, bei deren Verwendung das Holz immer gut befestigt sein sollte. Das Eisen fest greifen und von sich wegschieben. Die stabilisierende Hand immer hinter dem Werkzeug halten, damit man sich nicht verletzt, falls die Klinge abgleitet.

❖ VORBEHANDLUNG VON OBERFLÄCHEN ❖

OBERFLÄCHE	REINIGUNG	SCHLEIFEN	GRUNDIERUNG
SPANPLATTE			
• HOLZFURNIERT	Mit feuchtem, aber nicht nassem fusselfreiem Tuch abwischen.	Feinkörniges Schleifpapier.	Falls nötig Acryl-Holzgrundierung, Dispersionsfarbe oder Ölgrundierung auftragen.
• KUNSTSTOFF-BESCHICHTET	Mit Seifenlauge auf fusselfreiem Tuch abwaschen, trocknen lassen.	Feinkörniges Schleifpapier.	Spezialgrundierung verwenden.
HARTFASERPLATTE			
• GESTRICHEN	Mit Seifenlauge auf fusselfreiem Tuch abwaschen, trocknen lassen.	Feinkörniges Schleifpapier.	Auf Ölfarbe Ölgrundierung, auf wasserlöslicher Farbe wasserlösliche Grundierung verwenden.
METALL			
• ROHMETALL	Rost mit Drahtbürste entfernen. Mit Stahlwolle und Terpentinersatz abwischen.	Siliziumkarbidpapier.	Metallgrundierung oder Rostschutzmittel, dann Acrylgrundierung oder wasserlösliche Farbe.
• BESCHICHTET	Mit Seifenlauge abwaschen und eventuellen Anstrich mit Abbeizmittel lösen.	Siliziumkarbidpapier.	Wie oben.
MDF			
• GESTRICHEN	Mit Seifenlauge auf fusselfreiem Tuch abwaschen, trocknen lassen.	Feinkörniges Schleifpapier.	Auf Ölfarbe Ölgrundierung, auf wasserlöslicher Farbe wasserlösliche Grundierung verwenden.
• UNGESTRICHEN	Mit feuchtem, aber nicht nassem fusselfreiem Tuch abwischen.	Feinkörniges Schleifpapier.	Holzgrundierung, Dispersionsfarbe oder Ölgrundierung. Zwei dünne Aufträge sind empfehlenswert.
KUNSTSTOFFE	Mit Seifenlauge oder Terpentinersatz abwischen.	Siliziumkarbidpapier.	Spezialgrundierung verwenden.
SPERRHOLZ			
• LACKIERT	Mit harter Bürste abbürsten, dann mit Seifenlauge auf fusselfreiem Tuch abwaschen.	Feinkörniges Schleifpapier.	Holzgrundierung und Voranstrich auf Ölbasis soweit notwendig.
• UNGESTRICHEN	Mit feuchtem, aber nicht nassem fusselfreiem Tuch abwischen.	Wie oben.	Holzgrundierung und Voranstrich.
HOLZ			
• GESTRICHEN	Mit Seifenlauge auf fusselfreiem Tuch abwaschen, trocknen lassen.	Farbe entfernen, dann nacheinander grob-, mittel- und feinkörniges Schleifpapier verwenden.	Holzgrundierung und Voranstrich auf Ölbasis soweit notwendig.
• UNGESTRICHEN	Mit feuchtem, aber nicht nassem fusselfreiem Tuch abwischen.	Feinkörniges Schleifpapier.	Holzgrundierung und Voranstrich.
• VERSIEGELT	Mit Seifenlauge auf fusselfreiem Tuch abwaschen, trocknen lassen.	Farbe entfernen, dann nacheinander grob-, mittel- und feinkörniges Schleifpapier verwenden.	Holzgrundierung und Voranstrich soweit notwendig.
• LACKIERT	Mit harter Bürste abbürsten, dann mit Seifenlauge auf fusselfreiem Tuch abwaschen.	Wie oben.	Wie oben.
• GEWACHST	Wie oben.	Wie oben.	Wie oben.

Dekorationstechniken

Die meisten Menschen bewundern Dekorationstechniken, sind aber überzeugt, selbst nicht fähig zu sein, in ähnlicher Weise kreativ zu werden. Tatsächlich sind viele Dekorationstechniken ganz einfach und erfordern kaum besondere künstlerische Fähigkeiten. Mit etwas Zeit, Geduld und ein bisschen Übung kann fast jeder bemerkenswerte Erfolge erzielen. Dieses Kapitel bietet einen umfassenden Überblick über Werkzeuge, Utensilien und Techniken, mit denen man tolle Dekorationseffekte kreieren kann.

Farben und Farbgebung

FAST JEDES IN DIESEM BUCH vorgestellte Projekt umfasst auch die Verwendung von Farbe. Techniken wie Découpage erfordern eine Grundierung. Beim Schablonieren wird Farbe durch die Schablone auf den Untergrund aufgebracht. Manche Gegenstände werden aus freier Hand bemalt. Die Palette der angebotenen Farben und Malerutensilien wird ständig größer, entsprechend schwierig kann es sein, die geeigneten Produkte für die angestrebte Arbeit zu finden. Obwohl die Wahl oft sehr schwierig ist, sind doch einige Produkte für bestimmte Techniken besser geeignet als andere. Lediglich die Mischung unterschiedlicher Farbtypen ist problematisch. Ölfarben und wasserlösliche Farben sollte man getrennt halten.

▲ Das Farbangebot ist enorm groß.

FARBARTEN UND -TYPEN

DAS HANDELSANGEBOT AN FARBEN, Lacken und anderen Farbprodukten ist verwirrend groß und vielfältig. Hier werden die wichtigsten Farbtypen vorgestellt. Obwohl die meisten Farben für bestimmte Zwecke entwickelt wurden, können sie meist auch zu anderen Zwecken verwendet werden. Viele Menschen bevorzugen bestimmte Farbtöne und setzen sie entsprechend gern ein. Doch es kann sehr interessant sein, mit verschiedenen Farben zu experimentieren. Auf den folgenden Seiten werden die verschiedenen Farben mit ihren typischen Eigenschaften und üblichen Verwendungszwecken vorgestellt. (Siehe auch die Tabelle Seite 34.)

NÜTZLICHE TIPPS: Farbe kaufen

- Die meisten Farben und Medien für Dekoeffekte bekommt man in Farbenhandlungen und Geschäften für Künstlerbedarf. Doch kann es in Heimwerkermärkten noch preiswertere Angebote geben.

DISPERSIONSFARBEN

Diese relativ preiswerten Farben auf Wasserbasis gibt es als matt und seidenmatt trocknend. Üblicherweise verwendet man sie zum Streichen von Wänden, doch kann man auch Möbel damit streichen.

Für kleine Gegenstände reichen 250 ml. Mit Wasser verdünnt, kann man eine leichte Tünche daraus machen, doch kann man sie auch mit Lasurmittel mischen oder mit Farben und Pigmentpulvern tönen. Beim Trocknen verdunstet der Wasseranteil der Farbe, die abdichtende Kunststoffhaut bleibt zurück. Während des Streichens die Fenster geschlossen halten.

TRADITIONELLE FARBEN

Diese jüngst entwickelten Farben sind eine Abart der üblichen Dispersionsfarben. Wie ihr Name vermuten lässt, greifen sie auf Rezepturen alter Farben zurück. Statt der künstlichen Pigmente der Dispersionsfarbe enthalten sie natürliche Farbpigmente und Kreide. Nach dem Trocknen sind diese Farben

▲ Traditionelle Farbe enthält Kreide.

▲ Dispersionsfarbe kann man leuchtend tönen.

daher völlig matt und deutlich heller als die nasse Farbe in der Dose.

Die meisten dieser Farben enthalten moderne Bindemittel. Obwohl sie also aussehen und sich anfühlen wie Farben, die man in der Vergangenheit verwendete, sind sie beständiger. Allerdings sind sie empfindlich gegen Flecken und verkratzen leicht, müssen also mit Wachs oder Lack geschützt werden. Das wiederum lässt die Farbe nachdunkeln und nimmt ihr das kalkig matte Aussehen.

Traditionelle Farben sind teurer als übliche Dispersionsfarben. Doch der Mehrpreis lohnt sich, denn die Tönung dieser Farben ist sehr weich und zart. Für einzelne Möbelstücke oder kleine Accessoires sind sie daher die ideale Farbe.

Man kann sie mit Wasser verdünnen und in der gleichen Weise mit Abtönpasten mischen wie Dispersionsfarbe. Sie trocknen rasch, weshalb man meist schon nach 30 Minuten eine zweite Farbschicht auftragen kann.

KÜNSTLERACRYLFARBEN

Diese Farben trocknen sehr schnell und sind beständig. Die intensiven Farben sind ideal für viele Oberflächendekorationen und eignen sich zum Schablonieren, Drucken und zum Ausmalen von feinen Details. Man kann auch Acryllasur damit einfärben.

Acrylfarben sind eine ideale Grundierung, die auch abgeschliffen werden kann, um einen antik mattierten Effekt zu erzielen (siehe Seite 71). Um große Flächen damit zu bemalen oder wie getüncht erscheinen zu lassen, kann man sie mit Wasser verdünnen. Acrylfarben werden in Tuben und Gläsern angeboten. Inzwischen gibt es sie auch für besondere Zwecke, etwa zum Gebrauch auf Leinwand. Da getrocknete Acrylfarben dem Pinsel schaden, sollte man die Pinsel sofort nach Gebrauch sehr gründlich reinigen.

KÜNSTLERÖLFARBEN

Üblicherweise für die Kunstmalerei verwendet, kann man damit auch normale Ölfarben oder -lasuren kolorieren. Allerdings trocknen sie sehr langsam und verzögern den Trocknungsprozess aller Medien, mit denen sie vermischt wurden. Die Pinsel müssen mit Terpentinersatz ausgewaschen werden, ehe man sie mit Wasser und Reinigungsmitteln säubern kann.

Künstlerölfarben können für beinahe jede Oberflächengestaltung verwendet werden, auch zum Schablonieren und für Bauernmalerei. Allerdings ziehen viele Hobbykünstler schneller trocknende Farben wie Acrylfarben vor. Wer jedoch einen besonderen Effekt, wie die Bemalung eines lackierten Schranks, klar und einfach halten will, ist oft mit Ölfarbe am besten beraten.

▲ Künstlerfarben gibt es meist in Tuben.

EMAILFARBEN

Diese sehr glatten, rasch trocknenden Farben aus Metalloxiden sind ideal für die Bemalung von Metalloberflächen wie beispielsweise Emailtöpfen und -kannen. Obwohl die meisten Hersteller spezielle Verdünnungsmittel aus Zellulose dazu anbieten, empfinden viele Hobbykünstler diese Mittel als schädlich für die Pinselhaare und verwenden deshalb lieber Terpentinersatz.

GLASFARBEN

Diese Farben auf Kunstharzbasis sind transparent und von besonderer Leuchtkraft. Sie sind sehr strapazierfähig und haften auf nahezu allen Oberflächen, können also für Glas und Kunststoffe verwendet werden. Allerdings sollte man bei Kunststoffen erst testen, wie sie mit der Farbe reagieren. Für Eisblumeneffekte gibt es auch Glasfarben in Sprühdosen. Trägt man sie direkt aus einer Tube auf, kann man sie zur Konturierung von Mustern verwenden.

GOUACHE

Obwohl relativ teuer, sind diese Farben sehr widerstandsfähig und ideal zum Färben wasserlöslicher Farben und Lasuren. Natürlich sind sie auch zum direkten Auftrag geeignet.

ÖLFARBEN

Ölfarben und -lacke gibt es als matt, seidenmatt, glänzend und hochglänzend trocknend. Hochglanzfarben wirken neu und sauber – ein unerwünschter Effekt, wenn man ein Stück künstlich antikisieren möchte. Deshalb wird sowohl für die Grundierung als auch für den endgültigen Anstrich gern auf matte oder seidenmatte Farbe zurückgegriffen. Ölfarben ergeben einen strapazierfähigeren Anstrich als wasserlösliche Farben. Besonders für helle Lasuren sind sie brauchbar, wo Lasurmittel und zusätzlicher Lack eine zu starke Vergilbung erzeugen würden. Der einzige Nachteil der Ölfarben ist ihre sehr lange Trocknungszeit: Zwischen dem Auftrag der verschiedenen Schichten müssen mindestens 24 Stunden liegen. Zur Färbung von Ölfarben nimmt man Künstlerölfarben oder normale Farbzusätze, die billiger sind und kräftiger färben als Künstlerfarben.

▲ Künstlerfarben gibt es auch abgemischt.

SPRÜHFARBEN

In Spraydosen abgefüllte Farben, die man einfach auf die Oberfläche sprüht, gibt es in allen Farben und Arten. Wasserlösliche Acrylfarbe, speziell für die Innendekoration entwickelt, ist für nahezu alle Oberflächen geeignet, darunter Holz, Metall, Gips, Kunststoff und Glas. Man kann sie zum Schablonieren kleiner Gegenstände nehmen, aber auch als Grundfarbe für große Flächen wie Türblätter und Schränke. Vor allem für Kindermöbel und Spielzeug ist sie sehr praktisch, da sie nicht giftig ist. Für Metall und Glas gibt es auch spezielle Emailfarben und Polyurethanlacke. Man sprüht mehrere dünne Schichten auf, denn so verhindert man, dass die Farbe zu dick wird und tropft.

NÜTZLICHE TIPPS: Sprühfarben

- Beim Sprühen und Trocknen der Farbe für genügend Belüftung sorgen, also bei offenem Fenster arbeiten und einen Mund-Nasen-Schutz tragen, damit die Lösungsmittel der Farben nicht eingeatmet werden. Am besten arbeitet man an einem warmen, sonnigen, windstillen Tag. Im Freien nicht bei starkem Wind arbeiten, der den Farbstrom ablenken könnte.

▲ Sprühfarben sind ideal zum Schablonieren.

❖ VERSCHIEDENE FARBTYPEN ❖

FARBTYP	LÖSUNGSMITTEL	TIPPS
KÜNSTLERACRYLFARBE	Wasser	Haltbar und rasch trocknend; zum direkten Auftrag oder als Tönung für Lasuren und Medien auf Wasserbasis.
KÜNSTLERÖLFARBE	Terpentinersatz	Gut für einfache künstlerische Arbeiten. Kann zur Tönung von Öllasuren verwendet werden.
SEIDENGLANZLACK AUF ÖLBASIS	Terpentinersatz	Guter Grundanstrich mit mittlerem Glanz; strapazierfähiger als Dispersionsfarbe.
DISPERSIONSFARBE	Wasser	Als matt und seidenmatt (Latex) erhältlich, trocknet rasch und kann zum Tünchen verdünnt werden.
HOCHGLANZFARBE	Terpentinersatz	Passend, falls hochglänzende, gegen Schmutz und Abnutzung resistente Oberfläche erwünscht.
GOUACHE	Wasser	Leuchtende Farben zum direkten Auftrag oder als Tönung für Lasuren und Medien auf Wasserbasis.
ÖLGRUNDIERUNG	Terpentinersatz	Enthält mehr Öl als normale Grundierung; ideale Absperrung für poröse Flächen; trocknet langsam.
VORANSTRICH	Terpentinersatz	Guter Haftgrund für Seidenglanz- und Hochglanzlacke auf Ölbasis; trocknet langsam.

PIGMENTPULVER

Pigmente sind zu Pulver gemahlene, stark färbende natürliche Stoffe organischen oder mineralischen Ursprungs, die mit einem Bindemittel (etwa Acrylmedium oder Weißleim) gemischt eine intensive Malfarbe ergeben.

Erdpigmente sind organische Pigmente für Farben wie lichten und roten Ocker, Umbra und Siena. Sie sind die ältesten bekannten Malfarben; schon die Steinzeitmenschen haben mit ihnen ihre Höhlenmalereien und Felsbilder gefertigt.

Auch mineralische Pigmente, also staubfein gemahlene bunte Edelsteine wie Lapislazuli, hat man seit Urzeiten als Malmittel verwendet. Heute werden solche Farben auf chemischem Wege synthetisch hergestellt. Pigmente, die man in Gläschen in Pulverform kaufen kann, lassen sich mit Dispersionsfarben, Acryl-, Öl- und Weißleimmedium sowie mit Flüssigwachs mischen, doch Vorsicht: Man kann leicht zu viel zugeben und einen zu kräftigen Ton erzeugen. Immer gründlich rühren, damit sich keine Klümpchen bilden.

▲ Pigmentpulver zur Abtönung.

▲ Immer kleine Mengen Pigmentpulver nehmen.

GRUNDIERUNGEN

Gewöhnlich verwendet man Grundierung auf Ölbasis für rohes Holz, um damit die Oberfläche abzusperren und das Holz für den späteren Farbauftrag vorzubereiten. Ihr Ölgehalt macht diese Mittel ideal für poröse Hölzer, doch trocknen sie meist nur sehr langsam.

Für Metalle verwendet man im Allgemeinen einen Rostschutz als Erstanstrich. Zuvor muss man eventuell vorhandenen Rost entfernen, damit die Korrosion nicht voranschreitet (siehe Seite 20 für genauere Informationen.)

NÜTZLICHE TIPPS: Acrylmedien

- Als Medium bezeichnet man die Flüssigkeit, mit der eine Malfarbe verdünnt werden kann, ohne ihre Haftstärke oder Deckkraft zu mindern, sowie die Substanz, in der die Farbpigmente gelöst sind. Acrylmedien und Weißleim können als Kleber und als Lacke verwendet werden, aber auch mit allen wasserlöslichen Farben (Gouache, Acrylfarbe, Beize, Pigmentpulver) gemischt werden. Für Farben auf Ölbasis braucht man auch die entsprechenden Medien auf Ölbasis.

MALWERKZEUGE

BEI EINEM BESUCH in einem Heimwerkermarkt oder einem Geschäft für Künstlerbedarf wird man feststellen, dass es eine Unmenge von Malwerkzeugen gibt. Die richtigen zu finden kann schwierig und teuer sein, denn der Händler wird Ihnen für jede Arbeit ein besonderes Gerät empfehlen. Tatsächlich sind viele Geräte sehr anpassungsfähig. Pinsel, die gut gereinigt und gepflegt werden, halten viele Jahre.

Wer sich zum ersten Mal an ein Dekorationsprojekt wagt, sollte sich informieren, welche Pinsel und Malwerkzeuge erforderlich sind, und entsprechend ausgerüstet sein. Dabei ist es nicht nötig, gleich einen ganzen Satz Pinsel in allen erhältlichen Größen zu kaufen, denn oft kann man einen anderen Pinsel oder auch ein altes Buttermesser als Ersatz für ein Palettmesser verwenden. Im Laufe der Zeit, wenn man seine Techniken verbessert, wird sich der Bestand an Werkzeugen ganz automatisch vergrößern. Doch sollte man keine überflüssigen Hilfsmittel erwerben, die leicht durch Vorhandenes ersetzt werden können. Schließlich zählt bei der Gestaltung von Trödel ja gerade die Findigkeit.

KÜNSTLERPINSEL

Die Auswahl an Künstlerpinseln ist groß. Gute Qualität ist nicht billig, doch die Ausgabe lohnt sich, denn allzu billige Pinsel verlieren leicht ihre Borsten oder Haare und können dadurch eine gestrichene Fläche ruinieren.

Obwohl Qualitätspinsel also in der Anschaffung teuer erscheinen, sind sie im Endeffekt doch billiger, denn ein ruiniertes Objekt ist allemal teurer. Allerdings muss man nicht die teuersten Pinsel nehmen. Gute Qualität der mittleren Preisklasse reicht im Allgemeinen.

• NORMALE KÜNSTLERPINSEL: Grundsätzlich unterscheidet man Flach- und Rundpinsel. Flachpinsel nimmt man vorzugsweise für pastöse Farben, wie Öl- und unverdünnte Acrylfarben. Rundpinsel mit fein zulaufender Spitze sind ideal zur Ausmalung von feinen Mustern und Details, benötigen aber sorgfältige Pflege, damit sie keinen Schaden nehmen. Alle Pinsel gibt es bis Stärke 12.

• QUASTENPINSEL: Fülliger als normale Rund- oder Flachpinsel, mit abgerundetem Schnitt. Die vielseitigen Pinsel können zum Auftragen schmaler Farbstriche verwendet werden, zum Verstreichen von Leim, Wachs und Goldcreme sowie zum Aufnehmen überschüssiger Farbe und zum Aufreiben von Blattmetall.

NÜTZLICHE TIPPS: Pinsel

• Pinselhaare können aus Synthetik oder Tierhaaren gemacht sein. Synthetik ist ideal für Acrylfarben, aber die Pinsel müssen nach Gebrauch gründlich gereinigt werden – Acrylfarbe, die im Pinsel getrocknet ist, kann nicht mehr entfernt werden. Für Aquarelltechniken sind Tierhaarpinsel vorzuziehen. Zobel und Dachs sind hervorragend, aber teuer. Eichhornhaar und Schweinsborsten sind eine gute Alternative.

Runde Künstlerpinsel · *Dekorierpinsel* · *Quastenpinsel* · *Weichhaarstaubpinsel* · *Flache Künstlerpinsel* · *Schweinsborstenflachpinsel* · *Flache Künstlerpinsel* · *Stupfpinsel*

▲ Ein großer Stupfpinsel für große Flächen.

• STUPFPINSEL: Mit diesen Pinseln mit harten, dichten, gerade abgeschnittenen Borsten führt man die Stupfen oder Tüpfeln genannte Technik aus. Man kann mit dieser Technik zwei Farben in winzigen Pünktchen ineinander setzen oder auf unifarbenem Grund eine feine Struktur erzeugen. Für große Flächen verwendet man handtellergroße Bürsten. Stupfpinsel sind für bestimmte Arten des Schablonierens geeignet; man nennt sie daher auch Schablonentupfer.

• DEKORIERPINSEL MIT SCHWERTARTIGER HAARSETZUNG: Diese Pinsel haben besonders lange, leicht schräg abgeflachte Haare, mit denen man Linien unterschiedlicher Breite malen kann.

• NATURSCHWÄMME: Für bestimmte Effekte sind Naturschwämme hervorragend geeignet und sehr beliebt. Wegen ihrer unregelmäßigen Oberflächen saugen sie Feuchtigkeit ungleichmäßig auf, was zu interessanten Musterungen führt. Naturschwämme nach Gebrauch gründlich auswaschen, damit sie öfter verwendet werden können.

• FLACHPINSEL MIT SYNTHETIKBORSTEN: Nützlich zum Auftragen von Zweikomponenten-Krakelürenlack und Acrylanlegemittel zum Vergolden, denn sie sind weich und hinterlassen keine Pinselspuren.

• WEICHHAARIGER STAUBPINSEL: Meist aus Eichhorn- oder Kamelhaar gemacht, wird dieser runde Pinsel vor allem zum Auftragen von Goldpulver gebraucht oder zum Entfernen überschüssigen Blattgolds beim Vergolden. Ein normaler Make-up-Rougepinsel ist ein brauchbarer Ersatz.

• ZUGPINSEL: Dieser Pinsel, der wie ein flacher Malerpinsel zum Streichen aussieht, unterscheidet sich von diesem durch längere und gröbere Borsten. Er wird durch feuchte Lasur gezogen, um Holzmaserung zu imitieren.

• PINSELREINIGER: Es sind verschiedene Lösungsmittel im Handel, mit denen man Ölfarben und -lacke aus Pinseln entfernen kann. Nach der gründlichen Reinigung empfiehlt sich zum Schutz der Borsten zusätzlich ein Pflegemittel, das die Borsten geschmeidig hält.

• KÜCHENPAPIER: Nützlich zum Auftragen von Schellack und von Polituren, zum Einreiben von Farbe und Wachs und zum Ab- und Wegwischen.

• PALETTMESSER: Mit diesem Gerät aus biegsamem Stahl wird die Malerpalette gereinigt, Farbe angemischt und auch aufgetragen.

• MALSPACHTEL: Sie dienen vor allem dem Farbauftrag, können aber auch als eine Art kleine Palette benutzt werden. Man gibt wenig Farbe darauf, die man dann mit dem Pinsel rasch vermalt. So kann man die restliche Farbe zugedeckt halten und verhindern, dass sie schnell austrocknet.

• FARBWANNE: Obwohl man die Farbe direkt aus dem Farbeimer auftragen kann, sollte man besser eine Farbwanne verwenden. So kann man den Hauptteil der Farbe im Gebinde verschlossen halten, denn der Luft ausgesetzte Farbe beginnt zu trocknen. Zum Umrühren von Farbe alte Holzlöffel verwenden und die Farbwannen nach Gebrauch gründlich reinigen.

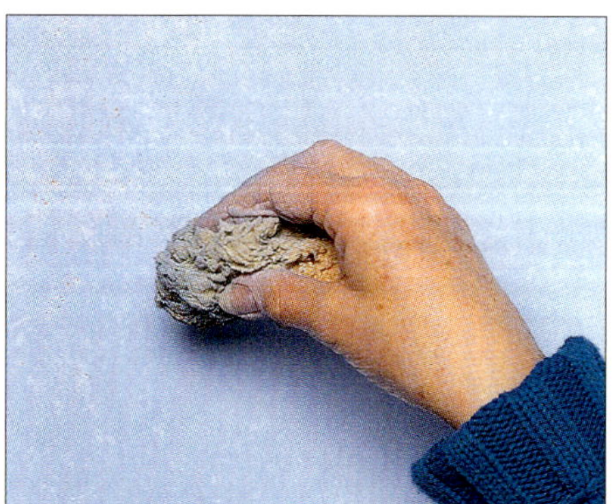

▲ Mit einem Schwamm erzeugtes Muster.

▲ Zugpinsel durch feuchte Lasur ziehen.

• FARBROLLER: Gut geeignet für große Wand- oder Möbelflächen. Farbroller garantieren einen schnellen, gleichmäßigen Farbauftrag. Es gibt sie in verschiedenen Ausführungen mit festen und auswechselbaren Rollen.

NÜTZLICHE TIPPS: Malerpinsel

• Um Wände und Holzflächen mit Dispersionsfarbe zu streichen, nimmt man ebenso wie zum Streichen größerer Flächen mit Farben auf Ölbasis normale Malerpinsel, die es als Flach- und Ringpinsel gibt. Man erkundigt sich im Heimwerkermarkt, welche Pinsel sich jeweils eignen.

NÜTZLICHE TIPPS: Farbe auftragen

• Auf jedem Farbgebinde finden sich Hinweise des Herstellers, die man gründlich lesen sollte; vor allem die Hinweise zur Dauer der Trocknungszeit beachten. Überstreicht man Farbe, die noch nicht getrocknet ist, obwohl sie sich so anfühlt, kann sie später leicht abblättern.

• Immer in gut belüfteten Räumen bei Zimmertemperatur arbeiten: Ist es zu heiß oder zu kalt, trocknet die Farbe ungleichmäßig; sie kann Risse bekommen und abblättern.

• Beim Verstreichen von Ölfarbe nimmt man verdünnte Farbe und streicht zunächst alle Ecken und Kanten, dann die Flächen, indem man die Farbe erst nur in einer Richtung aufträgt. Nun verstreicht man sie quer, ohne neue Farbe aufzunehmen, und verschlichtet sie zuletzt in Gegenrichtung zum ersten Auftrag.

• Die meisten Farben müssen zunächst umgerührt werden. Dazu einen sauberen, staubfreien Holzstab verwenden. Auch während der Arbeit gelegentlich umrühren.

• Zwischen den Farbaufträgen die Oberfläche immer wieder durch Abschleifen und gründliches Entstauben vorbereiten.

❖ VORBEREITUNG ZUM ANSTRICH ❖

OBERFLÄCHE	VORBEREITUNG
METALL	Passende Grundierung, dann Voranstrich und Farbe auftragen.
INNEN- UND AUSSENPUTZ, ZEMENT	Zwei Schichten der Grundfarbe auftragen.
KUNSTSTOFFE, KERAMIK	Abschleifen und einen Haftgrund (zum Beispiel Weißleim auftragen), danach zwei Schichten der Grundfarbe.
HÖLZER	Fehlstellen kitten, abschleifen, grundieren, erneut abschleifen, dann zwei Schichten der Grundfarbe auftragen.

▲ Verwendung von Abdeckband.

FARBE AUFTRAGEN

Beim Streichen sollte man stets in Richtung der Holzmaserung und nicht quer zu ihr zu streichen, denn dann können die Pinselstriche ruhig ein wenig unregelmäßig ausfallen.

Oberflächen ohne Maserung wie Faserplatten oder Kunststoffe können durch Farbauftrag in der Richtung, die eine Maserung natürlicherweise hätte, ein holzähnliches Erscheinungsbild bekommen.

Streicht man hingegen Metall oder kleinere Objekte, sollte man den Pinsel in alle Richtungen führen. Dadurch entstehen Pinselmarken, die eine interessante Struktur ergeben, die bei späterer Antikisierung des Stücks umso deutlicher hervortritt.

Man nimmt viel Farbe mit dem Pinsel auf und verteilt sie mit einfachen langen Zügen. Man arbeitet dabei abschnittsweise (es sei denn, die Anleitung sieht anderes vor). Nicht vergessen, dass Metall unbedingt eine Grundierung braucht.

▲ Alte Farbe erst abschleifen.

▲ In Maserungsrichtung streichen.

MASKIEREN

Von Maskieren spricht man, wenn Flächen, die keine Farbe abbekommen sollen, mit speziellem Band abgedeckt werden. Abdeckband gibt es in breit und schmal, dehnbar und fest. Bevor man es verwendet, sollte man an einer unauffälligen Stelle seine Eigenschaften prüfen. Haftet es zu stark, kann man es erst auf ein Stück Baumwollstoff kleben, ehe man es zum Abdecken verwendet. Wenn man das Band zum Malen gerader Linien verwenden möchte, muss man auf besonders guten Halt an den Kanten achten, damit keine Farbe unter das Band gerät.

▲ Metalloberflächen immer erst grundieren.

FARBEN WÄHLEN

DIE VIELZAHL DER HEUTZUTAGE erhältlichen Farbmedien und Farbtöne kann die Wahl sehr schwer machen. Viele gehen auf Nummer sicher und wählen neutrale Farben, die überall passen. Diese Entscheidung kann aber auch etwas langweilig sein. Es empfiehlt sich daher, die Bandbreite der Farben und ihre Möglichkeiten voll zu nutzen. Damit man Farben jedoch selbst richtig mischen kann, muss man ihre Eigenarten kennen und verstehen.

GRUNDFARBEN

Die drei Grundfarben Blau, Rot und Gelb sind die Basis aller anderen Farben. Indem man diese Grundfarben 1:1 miteinander mischt, erhält man die so genannten Sekundärfarben, das heißt zum Beispiel, Blau und Gelb ergeben zusammen Grün. Je nach Anteil der beiden Grundfarben kann man eine große Menge von Grüntönen mischen. Das Gleiche gilt für die anderen Grundfarben. Beträgt das Verhältnis der zwei Farben zueinender 2:1, so erhält man eine Intermediärfarbe.

Eine Tertiär- oder Drittfarbe wird gemischt, wenn man alle drei Grundfarben in unterschiedlichen Prozentanteilen zusammenbringt. Ein Farbenkreis hilft bei der Ausarbeitung der Mischung. Die Felder zeigen die Grundfarben und zwischen diesen die jeweiligen Sekundärfarben.

KOMPLEMENTÄRFARBEN

Farben, die einen Gegensatz zu bilden scheinen, liegen sich auf dem Farbkreis gegenüber. Das heißt, Rot ist die Komplementärfarbe von Grün, Blau von Orange und Violett von Gelb. Diese Farben wirken nebeneinander gesetzt sehr vital und leuchtender als in anderen Kombinationen.

Mischt man Komplementärfarben zu gleichen Teilen, erhält man einen dunkelgrauen bis erdigen Ton. Gibt man aber jeweils nur eine Kleinigkeit zu, so wird die Farbe gedämpft, ohne total abzustumpfen.

Die rechst abgebildeten Acrylfarben gibt es im Handel. Man kann sie untereinander beliebig mischen.

Lichter Ocker

Ultramarinblau

Siena natur

Preußischblau

Siena gebrannt

Coelinblau

Roter Ocker

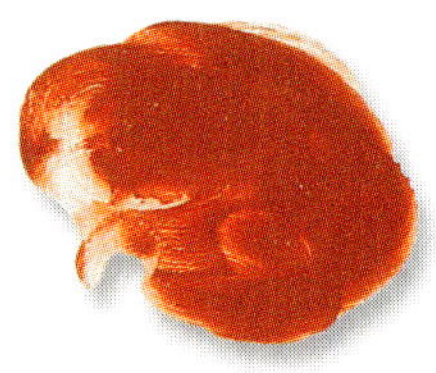

Chromgrün

Venezianischrot

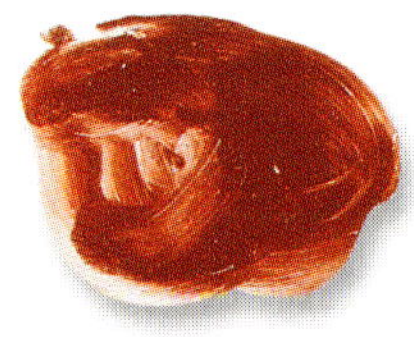

Chromoxidgrün

Kadmiumrot

Umbra natur

Alizarinkrapplack

Umbra gebrannt

FARBMISCHUNG

Es gibt keinerlei Regeln dafür, welche Farben man mischen sollte und welche nicht. Viele gewagt erscheinende Kombinationen ergeben verblüffend interessante Schattierungen – man muss einfach experimentieren und das Auge schulen. Nach einiger Zeit hat man genügend Erfahrung gesammelt, um im Voraus sagen zu können, wie eine Farbe reagieren wird, wenn man ihr ein anderes Pigment hinzufügt.

Wenn man Farben miteinander mischt, müssen Textur und Zähflüssigkeit der Einzelfarben sich möglichst ähnlich sein. So sollten Künstlerfarben erst verdünnt werden, ehe man sie einer Lasur untermischt: Gibt man sie direkt aus der Tube zu, verteilt sich die Farbe nicht gleichmäßig im Lasurmedium. Möchte man Abstufungen einer Farbe verwenden, gibt man erst kleine Mengen der tönenden Farbe zu, denn es ist immer möglich, mehr zuzugeben und die Farbe kräftiger abzutönen. Doch eine zu dunkel geratene Farbe lässt sich nicht mehr aufhellen.

NÜTZLICHE TIPPS: Farben abtönen

- Eine Schattierung, also eine dunklere Tönung einer Farbe, die zugleich ihre Lebhaftigkeit dämpft, erhält man durch Zugabe von Schwarz. Weniger stark tönt Umbra ab. Es vermittelt den Eindruck einer durch Alterung erzeugten Dämpfung. Eine Aufhellung erreicht man durch Zugabe von Weiß. Dadurch wird die Farbe nicht nur heller, sondern auch undurchsichtiger.

▼ In den ersten drei Reihen: Farben, die mit ihren Komplementärfarben gemischt, dann mit Umbra natur, Schwarz und Weiß abgetönt wurden. In den letzten beiden Reihen: verschiedene Kombinationen von Blau, Gelb und Rot.

NATÜRLICHE PIGMENTE

NATÜRLICHE ERDPIGMENTE, die buchstäblich aus fein zerriebener Erde bestehen, haben weiche, warme Farbtöne, in denen man sich wohl fühlt und die sehr anpassungsfähig sind. Sie sind die ältesten bekannten Malfarben der Menschheit. Gibt man ihnen ein wenig Weiß zu, erhält man warme Pastelltöne. Grün und Blau sind kühlere Farben aus dem Spektrum der natürlichen Mineralpigmente.

PIGMENTE MIT FARBEN UND FARBMEDIEN MISCHEN

EINEM BELIEBIGEN FARBMEDIUM Pigmentpulver in unterschiedlichen Mengen unterzumischen ist eine preiswerte Möglichkeit, um viele Farbabstufungen einer Farbe herzustellen. Das Pigmentpulver kann zum Beispiel weißer Dispersionsfarbe zugesetzt werden, doch sollte man dabei vorsichtig vorgehen und sehr gründlich rühren, um die Farbe nicht zu stark zu tönen. Wichtig: In dem Gefäß, in dem man die Farbe anrührt, kann sie ganz anders wirken als auf einer Fläche verstrichen.

▲ Pigment und Medium langsam mischen.

Statt der Pigmentpulver kann man Künstleracrylfarben oder Beizen zum Färben des Mediums verwenden. Zwischen Medium und Pigmenten oder Färbemitteln gibt es nur wenige Unverträglichkeiten. Allerdings darf man nicht Produkte auf Wasserbasis mit Produkten auf Ölbasis vermischen, zum Beispiel keine Ölfarbe mit Plakatfarbe. Bei Verwendung von Pigmentpulver sollte man kein Pulver einatmen, denn manche Pigmente sind giftig.

▲ Acrylfarbe mit Farbmedium mischen.

Wünscht man intensive Farben, kann man Pigmente mit einem Medium aus Weißleim und Wasser oder mit einem Acrylmedium mischen. Das ergibt, je nach Verdünnung, dickflüssige Farben zur Ausmalung von Details oder Tünche zum Streichen von Wänden. Verwendet man Acryllasur für einen Struktureffekt, muss man nur wenig Pigment zugeben. Die Zugabe von Wasser ist dann nicht nötig.

FARBEFFEKTE

UM EINE NEUE TECHNIK ERST EINMAL zu üben, probiert man sie auf einer Hartfaserplatte oder auf einer Faserplatte (MDF) aus. Diese industriell gefertigten Faserplatten kann man immer wieder verwenden; man muss nur die Acryl- oder Öllasur mit einem feuchten Tuch oder mit Terpentinersatz wieder abwischen. Bearbeitet man dann sein Objekt, kann man sicher an die Arbeit gehen und sich auch Experimente erlauben. Die meisten Fehler lassen sich korrigieren, solange die Lasur feucht ist. Viele der im Folgenden vorgestellten Techniken kaschieren ihre Fehler von selbst.

▲ Grünspan lässt sich leicht imitieren.

SACKEN

Eine schlichte Technik, bei der eine mit Farblasur gestrichene Fläche, solange sie feucht ist, mit einem zerknüllten Plastiksack abgetupft wird. Die Lasur wird dadurch abgehoben und umverteilt, sodass eine Textur entsteht, die an Rauputz oder Leder erinnert.

FARBTÜNCHEN

Hierbei entsteht eine Wanddekoration, die entweder wirbelig erscheint oder deutliche Pinselspuren aufweist. Mit einem breiten Flachpinsel trägt man Lasur in ausladenden Pinselstrichen auf, die in alle Richtungen vorwärts und rückwärts geführt werden. Die Pinselspuren bleiben sichtbar, wenn die Lasur trocknet – ein weicher und zugleich lebhaft wirkender Effekt.

KRAKELIERUNG

Ein leicht auszuführender Farbeffekt, bei dem die Farbe wie gesprungen aussieht und abzublättern scheint. Die Technik, die man horizontal oder vertikal anwenden kann, eignet sich jeweils für Flächen, die nicht größer als 60 cm^2 sind oder für Streifen, die nicht breiter als 30 cm sind.

GRÜNSPAN

Die grünblaue Patina, die sich unter Witterungseinflüssen auf Kupfer und Bronze bildet, lässt sich leicht mit Farben imitieren und ist ein beliebter Farbeffekt. Da Grünspan puderig und matt aussieht, mischt man der Farbe – einer Mischung aus verschiedenen grünen und blauen Acrylfarben – Schlämmkreide bei. Man rührt verschiedene Schattierungen der Farbmischung an, die willkürlich verteilt auf das gesamte Objekt getupft werden.

NÜTZLICHE TIPPS: Farbeffekte

- Da bei Farbeffekten, die mit Lasuren arbeiten, die Farben transparent sind, erzielt man unterschiedliche Effekte, je nachdem ob man die durchscheinende Grundierung heller oder dunkler wählt. Optisch gehen die Farben eine Mischung ein. Ist die Grundierung Rot und wird mit blauer Lasur überarbeitet, kann der Endeffekt stellenweise violett, an anderen Stellen rot oder blau wirken. Deshalb den Effekt immer erst auf einem Probeholz ausprobieren.

ZUGTECHNIK

Ein Zugpinsel mit langen, groben, harten Borsten wird gerade und ohne abzusetzen durch die Lasur gezogen, sodass feinste Streifen entstehen.

KALKEN

Kalken ist eine traditionelle Technik, für die man heute Pigmentpaste (Kalkwachs) verwendet. Auf tief gemaserten Harthölzern wie Eiche kommt sie besonders gut zur Geltung. Mit feiner Stahlwolle trägt man die Pigmentpaste in Maserungsrichtung auf das vorbereitete Holz auf und arbeitet mit klarer Wachspolitur nach, damit die Oberfläche einen feinen Glanz bekommt.

MARMORIEREN

Zur Nachahmung von Marmor gibt es verschiedene Möglichkeiten. Am leichtesten ist es, 2–3 abgetönte Lasuren in ungleichmäßigen, diagonal verlaufenden Bahnen aufzubringen und sie, solange die Lasuren feucht sind, mit einem Schlichtpinsel so zu vertreiben, dass sie harmonisch ineinander übergehen. Die typische Äderung des Marmors wird dann mit einem sehr locker gehaltenen feinen Künstlerpinsel hineingemalt und wiederum geschlichtet.

TUPFEN MIT DEM LAPPEN

Ein einfacher Farbeffekt, der ein deutliches Muster hinterlässt. Getönte Lasur wird auf die vorgestrichene Fläche aufgetragen und dann mit einem zusammengeknüllten, trockenen Baumwolllappen ohne lose hängende Fäden von der Wand abgetupft. Die Lasur wird vom Untergrund abgetragen, sodass die Grundfarbe durchscheint. Während der Arbeit die Hand immer wieder ein wenig drehen, damit kein gleichmäßiges Muster durch das Tuch entsteht.

SCHWAMMTECHNIK

Ein Farbeffekt, für den man keine Lasur benötigt. Mit einem angefeuchteten, in Dispersionsfarbe gestippten Naturschwamm betupft man eine vorgestrichene Fläche so, dass nur die unregelmäßigen Strukturen des Schwamms die Fläche leicht berühren. Man kann Abstufungen einer Farbe verwenden oder verschiedene Farben für den Untergrund und zum Auftupfen.

▲ In Maserungsrichtung gestrichene Farbe (links) und kreuz und quer gestrichene Farbe (rechts).

▲ Reißlack erzeugt abblätternde Farbe (links), Zweikomponentenlack erzeugt sKrakelüren (rechts).

Découpage

Das französische Wort Découpage bedeutet so viel wie »ausschneiden«. Bei dieser Technik werden ausgeschnittene Bildmotive auf ein Werkstück geklebt und dann mit so vielen Lackschichten überstrichen, bis die Ränder des aufgeklebten Bildes vollständig überdeckt sind. Dadurch wirkt das ausgeschnittene Papierbild wie ein aufgemaltes Original. Im 17. und 18. Jahrhundert war diese Technik bei den Damen des französischen und italienischen Hofs ein beliebter Zeitvertreib. Heute erlebt sie eine Renaissance und spezielle Papiere mit Motiven werden angeboten. Auch Geschenkpapier eignet sich hervorragend, denn das Papier sollte möglichst dünn sein. Die Technik ist sehr arbeitsintensiv und zeitaufwändig, aber im Grunde einfach.

MATERIAL UND WERKZEUG

Zunächst muss man entscheiden, ob das gewählte Objekt für die Technik geeignet ist. Grundsätzlich sind die meisten Oberflächen tauglich. Sie sollten daher vor allem überlegen, welches Objekt sich anbietet und welche Dekoration in die Umgebung passt. Sehr verspielte Muster fügen sich nicht gut in eine strenge, eher sachliche Umgebung. Auch die Form des Objekts beeinflusst die Auswahl der Motive. Ein neutraler, gerader Kasten kann mit Motiven aller Art geschmückt werden. Ein stilistisch eindeutiges Objekt kann sehr merkwürdig wirken, wenn es mit stilistisch stark abweichenden Motiven verziert wird.

Geeignete Gegenstände für Découpagearbeiten reichen von Kleinmöbeln über Tabletts und Kästen bis zu Lampenschirmen und Weidenkörben. Allerdings sind glatte Oberflächen besser geeignet als stark strukturierte. Alle Oberflächen müssen zunächst vorbehandelt werden. Siehe dazu auch Seite 16.

▲ Kunstbücher als Motivquelle.

BILDQUELLEN

Geschenkpapiere sind sehr dünn und deshalb gut geeignet. Die Auswahl an Papieren mit passenden Motiven ist heute enorm groß und in Kaufhäusern und Papierwarengeschäften ohne Probleme erhältlich. Doch sind auch Poster, Comichefte, Kalender, Kataloge, Zeitschriften u. Ä. gute Quellen. Daneben gibt es Découpagepapiere mit Kunstdrucken zum Ausschneiden und Poesiealbenbilder. Schließlich kann man auch Abbildungen aus Kunstbüchern fotokopieren und nach Bedarf verkleinern oder vergrößern. Abbildungen alter Landkarten, Hieroglyphen und Bildleisten können ebenso benutzt werden wie bunte Papierschnipsel.

NÜTZLICHE TIPPS: Bilder ausschneiden

- Vorsicht mit Bildern von beidseitig bedruckten Papieren! Es kann sein, dass die Druckerfarbe von der Gegenseite durchschlägt. Machen Sie erst mit einem Bild auf einem Probebrett einen Test.

▲ Geschenkpapier bietet viele Motive.

PINSEL

Man benötigt eine Reihe unterschiedlicher Pinsel für die einzelnen Schritte der Découpagearbeit. Sie sollten alle von guter Qualität sein und nicht haaren, denn ein Haar in der Lackschicht ruiniert die ganze Arbeit.

• ACRYLMALPINSEL: Da sich eine Acrylgrundierung für Découpage besonders gut eignet, sollte man auch die entsprechenden Pinsel im Fachhandel erwerben. Da Acrylfarben den feinen Malerpinseln aus Zobelhaar nicht gut tun, sollte man speziell für Acrylfarben geeignete Pinsel erwerben.

• EICHHORNHAARPINSEL: Ideal, um größere Flächen mit Dispersionsfarbe zu streichen, denn die weichen Haare gewährleisten einen sehr glatten Anstrich. Je glatter die Oberfläche ist, desto besser wird der Effekt, besonders bei sehr feinen, detailreichen Motiven.

• LEIMPINSEL: Zum Auftrag des erforderlichen Leims oder Klebers sollte man unbedingt einen nur zu diesem Zweck verwendeten Pinsel haben. Er darf unter keinen Umständen haaren und sollte nicht zu groß sein: Feine Teile der Motive reißen leicht, wenn der Pinsel zu breit ist.

• LACKPINSEL: Ein Flachpinsel guter Qualität mit seidigen Haaren reicht zum Auftrag der Lackschichten aus. Er darf aber keinesfalls haaren und muss nach jedem Lackauftrag gründlich gereinigt werden.

KLEBER

Man benötigt zwei Arten von Kleber: einen ablösbaren, um das Motiv zu arrangieren, und einen für die dauerhafte Fixierung der Motive.

• ABLÖSBARER KLEBER: Es gibt verschiedene Arten. Alle höchst sparsam verwenden, um die Motive nicht zu beschädigen. Nur auf große Flächen auftragen – nicht auf die feinen Details.

• WEISSLEIM: Leicht aufzutragen und relativ schnell trocknend; für fast alle Arbeiten gut geeignet. Auch Sprühkleber können verwendet werden; sie sind problematisch, wenn Ecken nicht haften und nachgeklebt werden müssen.

SCHLEIFMITTEL

Feinkörnige Schleifpapiere und Stahlwolle werden für alle Phasen der Arbeit benötigt. Die Grundfläche muss gut abgeschliffen werden. Bis zum Auftrag der allerletzten Lackschicht müssen alle Flächen immer wieder abgeschliffen und gründlich entstaubt werden. Nass-Trocken-Papiere ergeben besonders feine Schliffe, dürfen auf wasserlöslichen Medien jedoch nur trocken verwendet werden. Für den Lackabschliff feinste Papiere verwenden.

FARBEN

Für den Grundanstrich kann man die verschiedensten Farben verwenden, nur müssen Grundierung, Voranstrich, Anstrich und Lack in der Art (Wasser- oder Ölbasis) zusammenpassen. Rohes Holz muss unbedingt abgesperrt werden (siehe Seite 20). Metall muss mit Rostschutz grundiert werden.

• DISPERSIONSFARBE: Verdünnt und in mehreren Schichten aufgetragen, bildet sie eine hervorragende Grundlage für die Découpage. Sie muss aber vor Aufbringung der Motive mit Acryllack versiegelt werden, weil der Leim die Farbe lösen kann.

• ÖLFARBEN: Für Objekte des täglichen Gebrauchs sollte man matt oder seidenglänzend trocknende Ölfarbe als Grundierung nehmen. Auf hochglänzender Ölfarbe haftet der Leim nicht gut; die Motive können leicht verrutschen.

▲ Für eine gute Découpage braucht man eine Reihe von Utensilien.

▲ Detailreiche Motive sehr vorsichtig ausschneiden.

• KÜNSTLERÖLFARBEN: Gut zum Mischen mit normaler Ölfarbe, um Farben zu erhalten, die nicht im Fertigangebot sind. Sie verzögern jedoch den Trocknungsprozess. Verwendet man sie allein, und zwar zum Färben von Krakelüren und Antikisierungsmitteln, kann es Tage dauern, bis sie durchgetrocknet sind.

• KÜNSTLERACRYLFARBEN: Sie sind sehr nützlich, um winzige Korrekturen vorzunehmen oder um spezielle Effekte zu setzen, denn man kann die Konturen der Bilder mit ihnen schattieren. Man kann mit ihnen sowohl auf Dispersions- als auch auf Ölfarben malen.

• ÖLMAL- UND BUNTSTIFTE: Ideal zum Kolorieren und Konturieren. Bei Verwendung von angefeuchteten Buntstiften das Papier nicht zu stark befeuchten, damit die Motive nicht krumpeln. Die Stifte sind auch nützlich, um kleine Fehler beim Abschleifen zu korrigieren, zum Beispiel wenn versehentlich ein winziges Detail abgerissen wurde.

SCHNEIDE- UND ROLLWERKZEUGE

Eine gute Découpagearbeit erfordert viel Zeit, doch der Aufwand lohnt sich. Die Schneideinstrumente müssen sehr scharf sein, denn nur dann erzielt man einen guten Schnitt und vermeidet Fehlschnitte. Stumpfe Instrumente verursachen leicht Risse und rutschen schnell ab.

• SKALPELL: Normale Cutter sind nicht scharf und flexibel genug. Ein Skalpell, das man wie einen Bleistift halten kann, ist ideal für größere Schnitte, aber man muss die Technik üben. Immer eine Schneidematte unterlegen.

• SCHEREN: Normale Haushaltsscheren sind zu groß und unhandlich. Brauchbar sind hingegen kleine, sehr scharfe, entweder gerade oder gebogene Scherchen (Maniküretscherchen), die man je nach Schnitt wechselweise verwendet.

• ROLLER: Einen Gummiroller benötigt man, um die angeklebten Motive fest anzudrücken. Indem man damit über die Bilder rollt, drückt man überschüssigen Kleber und eventuelle Luftblasen seitlich aus.

▲ Erst Firnis auf die Motive auftragen.

FIRNISSE

Flüssig zum Aufstreichen oder als Fixativ zum Aufsprühen erhältlich, dienen diese Mittel dazu, eine durchsichtige Schutzschicht und Absperrung zu bilden. Mit Dispersionsfarbe gestrichenes Holz kann damit behandelt werden, damit die danach aufgebrachten Leim- und Lacklagen nicht in die Farbe eindringen.

Ebenso werden handbemalte oder bedruckte Flächen geschützt, damit die Farbe durch den Auftrag von Leim und Lack nicht angelöst wird. Es empfiehlt sich, die Arbeit mit Firnis zu schützen, bevor man den Lack aufträgt: Das Papier wird dadurch abgesperrt, was besonders feine Details schützt.

LACKE

Das Lackieren ist der letzte Schritt der Découpage. Man muss viel Geduld aufbringen, erhält dann aber eine klar leuchtende Oberfläche, die wie ein Gemälde wirkt. Für diesen Effekt braucht man mindestens fünf dünne Klarlackschichten. Jede Schicht muss restlos austrocknen. Nach der dritten Schicht muss jede weitere erst fein abgeschliffen und dann völlig entstaubt werden, ehe weitere Schichten aufgetragen werden.

▲ Krakelierte Oberfläche mit Lack schützen.

• ACRYLLACK: Dieser Lack sollte gewählt werden, wenn man einen Gilbeffekt vermeiden möchte. Allerdings ist er nicht strapazierfähig. Soll der Gegenstand also benutzt werden und nicht nur Zierde sein, sollte man als letzte Schicht einen Polyurethanlack auftragen: Er gewährleistet eine sehr strapazierfähige Oberfläche.

• POLYURETHANLACK: Er gibt der Oberfläche eine leicht gelbliche Abtönung. Falls dieser Effekt erwünscht ist, kann man ihn durch die Antikisierungstechnik der Krakelüre (siehe Seite 73) noch verstärken. Polyurethanklarlack gibt es als matt, seidenmatt und hochglänzend trocknend. Die Oberfläche wird durch ihn so gut versiegelt, dass Gegenstände für den Gebrauch im Haushalt geschützt sind. Schiffslack, der nur in Hochglanz erhältlich ist, ergibt eine noch härtere Oberfläche, vergilbt aber stärker.

• KRAKELÜRENLACK: Soll die Oberfläche rissig aussehen, muss man spezielle Lacke verwenden, die es als fertiges Set im Handel gibt. Der Effekt passt vor allem zu klassischen Motiven sehr gut (siehe die Platzdecken auf Seite 140). Zum Schluss müssen einige Schichten Klarlack zum Schutz des Gegenstands aufgebracht werden, es sei denn, es handelt sich um ein reines Zierstück.

NÜTZLICHE TIPPS: Lackglas

Um zu testen, wie die Farben eines Motivs unter den Lackschichten wirken, verwendet man ein Lackglas.

1 Man nimmt ein Stück flaches, einfaches Glas (zum Beispiel Objektträger), bestreicht es mit einer Schicht Polyurethanlack und lässt eine kleine Ecke zum Anfassen frei.

2 Ist der Lack trocken, trägt man in Gegenrichtung eine zweite Schicht auf. So fährt man fort, bis mindestens sechs Schichten aufgebracht sind.

3 Legt man dieses Lackglas über die Motive, so bekommt man sofort einen Eindruck davon, wie sie unter einer Lackschicht aussehen werden. Eine unschätzbare Hilfe, wenn man Farben mischen möchte und sich nicht sicher ist, wie sie unter den Lackschichten aussehen werden. Man verwahrt das Lackglas gut, denn man kann es immer wieder verwenden.

WACHS

Trägt man ganz zum Schluss noch ein oder zwei Schichten Wachs auf das fertige Objekt auf, vertieft man damit den Glanz bei Stücken, die mit einem matt oder seidenmatt trocknenden Lack behandelt wurden. Die mit Wachs geschützte Oberfläche lässt sich leicht reinigen. Allerdings muss man die Oberfläche zunächst mit feiner Stahlwolle und Schleifpapier abschleifen. Für einen antiken Effekt verwendet man getöntes Wachs (siehe Seite 73).

VORBEREITUNG

WIE BEI ALLEN ANDEREN Dekorationstechniken ist auch hier die richtige Vorbehandlung der Oberfläche wichtig. Je sorgfältiger man vorgeht, desto besser ist das Ergebnis. Alte Stücke müssen abgebeizt, gegebenenfalls verspachtelt und in jedem Fall abgeschliffen werden. Da Découpagearbeiten von der Glätte der Oberfläche profitieren, sollte man gerade beim Abschleifen sehr gründlich vorgehen. Von Metallflächen unbedingt den Rost vollständig entfernen, von Holzwurm befallene Stücke vorbehandeln und Risse oder Löcher mit Holzkitt ausspachteln. Metall erst mit Rostschutzmittel streichen oder sprühen. Nach dem Abschleifen den Schleifstaub gründlich anwischen.

GRUNDANSTRICH AUFBRINGEN

Ist die Grundierung und/oder der Voranstrich aufgebracht, muss das Stück den Grundanstrich erhalten, der um die Motive herum sichtbar bleiben wird. Für viel benutzte Gegenstände wählt man Ölfarben, die matt oder seidenmatt trocknen. Sie haben eine lange

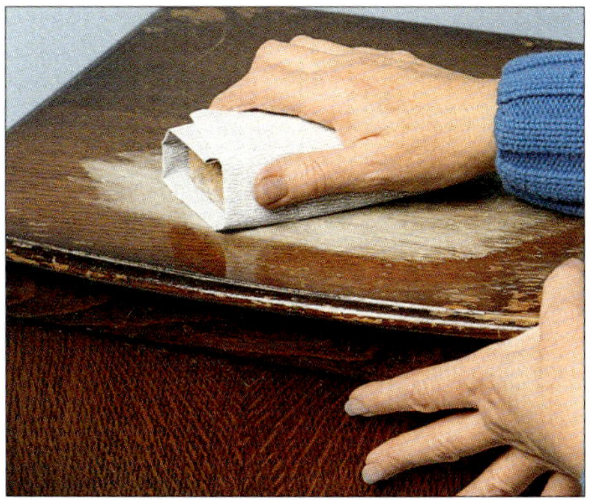

▲ In Maserungsrichtung abschleifen.

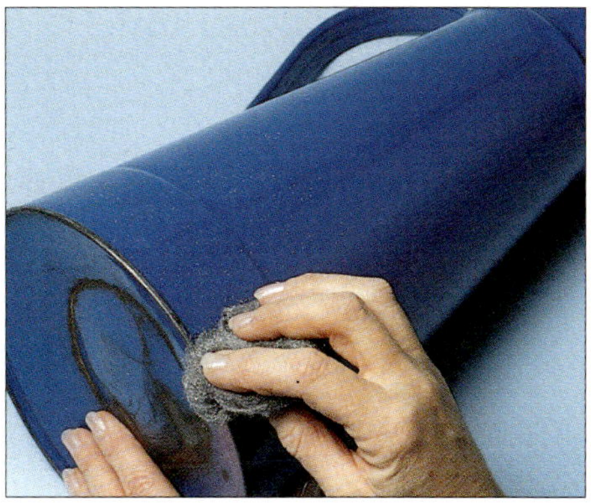

▲ Den Rost mit Stahlwolle entfernen.

Trocknungszeit und jede Schicht muss fein abgeschliffen und mit einem Staubbindetuch abgewischt werden, ehe man die nächste aufträgt.

Verwendet man Farben auf Wasserbasis, verdünnt man sie etwas mit Wasser und trägt mehrere dünne Schichten auf. Bei Holz verstreicht man die Farbe in Richtung der Holzmaserung. Nachdem zwei bis drei Schichten aufgetragen worden sind, schleift man die tro-

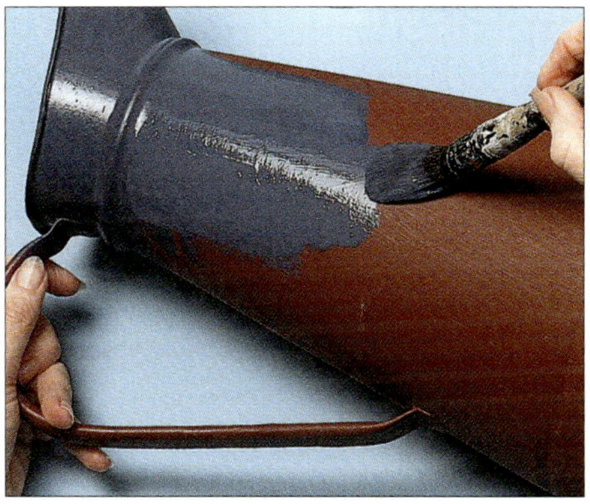

▲ Auf Metall Rostschutzmittel auftragen.

ckene Farbe ab und wischt den Abrieb mit einem Staubbindetuch ab. Dann wiederholt man den ganzen Prozess, bis eine völlig glatte Oberfläche entstanden ist. Je nach Art der Farbe benötigt man sechs bis acht Schichten, die jeweils geschliffen und abgewischt werden müssen.

NÜTZLICHE TIPPS: Voranstrich

- Es empfiehlt sich, grundierte Holzoberflächen zusätzlich mit einem Voranstrich zu versehen, obwohl dies bei gründlich abgesperrten Oberflächen nicht unbedingt nötig ist. Aber der Voranstrich bildet für die eigentliche Grundfarbe einen guten Haftgrund.

EINEN DRUCK KOLORIEREN

Obwohl man bereits mit Farbdruck versehene Papiere verwenden kann, entspricht es der traditionellen Découpage, Schwarzweißdrucke zu verwenden, die man eigenhändig koloriert. Man sollte keine hochwertigen Drucke verwenden und kann durchaus Fotokopien für diese Form der Découpage nehmen. Vergewissern Sie sich, dass die Größenverhältnisse für die angestrebte Arbeit passen, kolorieren Sie dann die Motive und schneiden Sie sie dann erst aus. Man kann Bleistifte, Buntstifte oder Ölmalstifte verwenden.

Arbeitet man mit Ölmalstiften, verwendet man viele Farben und lässt einige Flächen weiß, um dem Bild Lebendigkeit zu geben. Seien Sie nicht zu akkurat bei der Kolorierung und verwenden Sie nicht zu helle Farben, denn unter den Lackschichten verblassen die Farbtöne. Koloriern Sie mit eng nebeneinander gesetzter Strichelung, sodass Sie die Farbgebung und die Farbtiefe am besten kontrollieren können. Um eine Schattierung zu erhalten, lässt man lange und kurze Striche langsam ineinander übergehen. Für einen einheitlich wirkenden Farbeffekt lässt man alle Striche in derselben Richtung verlaufen, in der die Schattierung des Drucks angelegt ist. Das fertig kolorierte Blatt besprüht man dünn mit Fixativ, lässt es trocknen und schneidet dann die Motive aus.

Buntstifte verwendet man genauso, füllt aber keine großen Flächen damit aus. Vielmehr verteilt man die Farbe von einer kleinen Fläche aus mit einem feuchten Künstlerpinsel in langen Strichen. Das Papier sollte dabei nicht zu nass werden, damit es sich nicht wellt. Zum Schluss Fixativ aufsprühen.

▲ Motive zart kolorieren.

MOTIVE AUSSCHNEIDEN UND ARRANGIEREN

DAS INTERESSANTESTE STADIUM der Arbeit ist das Zusammenfügen einzelner Motive zu einem harmonischen Bild. Hier kann man kreativ sein. Schneiden Sie die Einzelmotive zunächst weiträumig aus und kümmern Sie sich erst dann um den feinen Umrissschnitt. Bei Verwendung des Skalpells eine Schneidematte unterlegen und zum eigenen Körper hin schneiden. Bei Verwendung der Schere soweit möglich immer das Papier bewegen und nicht mit der Schere um die Form herumschneiden.

Innere Teile, die weggeschnitten werden sollen, zuerst ausschneiden und die

▲ Motive mit dem Skalpell ausschneiden.

äußeren Konturen bis zum Schluss stehen lassen. Feine Verbindungen ebenfalls erst zuletzt ausschneiden, damit beim Bewegen des Papiers keine feinen Teilchen abgerissen werden.

Die ausgeschnittenen Stücke sorgfältig in durchsichtigen Plastikhüllen verwahren, damit sie nicht wegfliegen oder beschädigt werden. Zugleich kann man so die Motive sehen und muss nicht lange suchen.

▲ Motive mit Klebepads fixieren.

▲ Positionierte Motive ankleben.

Hat man alle Teile ausgeschnitten, arrangiert man sie und experimentiert dabei mit verschiedenen Gruppierungen einzelner Elemente, bis ein ausgewogenes Bild entstanden ist. Unter Umständen verwendet man dazu ablösbaren Kleber oder Klebepads; eventuell muss man weitere Motive ausschneiden. Möglicherweise wird man in diesem Stadium auch die Kolorierung korrigieren.

DAS MOTIV KLEBEN

Es gibt zwei Möglichkeiten, die ausgeschnittenen Motive aufzukleben: Entweder gibt man eine kleine Menge Kleber auf die Oberfläche, auf die man das Motiv aufbringen möchte, und legt dann das ausgeschnittene Motiv darauf, oder man bestreicht die Rückseite des Motivs selbst mit Kleber und positioniert es dann auf dem Objekt. Beide Techniken haben ihre Vor- und Nachteile. Das Motiv selbst mit Kleber zu bestreichen minimiert das Risiko, ungewollten Kleber auf dem Objekt zu haben. Es birgt aber das Risiko, dass feine Details beim Bestreichen mit Leim abgerissen werden.

Besprühen Sie mit Dispersionsfarbe vorgestrichene Flächen erst mit Fixativ, ehe Sie den Kleber aufbringen: So ist die Farbe abgesperrt, und man kann sich beim Auflegen der Motive mehr Zeit lassen.

Achten Sie darauf, dass die Bilder keine Falten oder eingeknickten Ecken aufweisen. Größere Motive mit der Gummiwalze, kleinere mit den Fingern fest andrücken, damit Luft und Kleber weggedrückt werden.

Ist eine kleine Ecke nicht fest angeklebt, trägt man mit der Spitze eines Holzzahnstochers dort ein wenig Kleber auf und drückt die Ecke mit dem Finger fest. Wischen Sie mit einem Tuch, das Sie in warmes Wasser getaucht und gut ausgewrungen haben, überschüssigen Kleber vorsichtig weg.

▲ Überschüssigen Kleber abwischen.

LACKIEREN

DIE AUFGEKLEBTEN MOTIVE sollten unter den Lackschichten vollständig verschwinden, die Ränder der Ausschnitte sollen nicht mehr zu fühlen sein. Je dünner das Papier, desto schneller ist dieses Ziel erreicht, doch sind in jedem Fall sechs bis zehn Schichten nötig. Da jede Lackschicht vor dem Auftrag der nächsten restlos getrocknet sein muss, nimmt diese Arbeit viel Zeit in Anspruch.

Den Lack stets mit großzügigen Pinselstrichen dünn auftragen, sodass keine Läufer oder Tränen entstehen. Bei Verwendung von Polyurethanlacken die Oberfläche nach zwei Schichten abschleifen und gründlich entstauben; bei Lacken auf Wasserbasis erst nach mindestens drei Schichten erstmals abschleifen. Danach bei allen Lacksorten die Oberfläche nach jedem Auftrag abschleifen.

▲ Die gesamte Oberfläche lackieren.

LETZTER SCHLIFF

WENN DIE LACKIERUNG abgeschlossen ist, kann man die Oberfläche noch einmal abschleifen und mit dem Staubbindetuch abwischen. Danach kann man eine schützende Wachsschicht auftragen, was die Strapazierfähigkeit erhöht. Zum Schluss kann man noch Antikisierungen vornehmen.

EINFACHE ANTIKOBERFLÄCHE

Dafür genügt es, zuletzt eine dunkle Farbmischung aufzutragen. Man lässt sie kurz einwirken, wodurch die Oberfläche nachdunkelt, dann wischt man sie wieder ab. Vor allem Ecken und Kanten, also Stellen, die natürlicherweise am ehesten Schmutz und Staub anziehen, lässt man auf diese Weise dunkler erscheinen.

DIE FARBE ANMISCHEN

In ein altes Marmeladenglas gibt man einen 2,5 cm langen Tubenstrang Künstlerölfarbe in Umbra natur und etwa 6 mm Schwarz. Mit Terpentinersatz verrührt man das Ganze zu einer glatten, cremigen Paste. Dann gibt man tropfenweise mehr Terpentinersatz zu, bis die Konsistenz von Kaffeesahne erreicht ist.

FARBMISCHUNG AUFTRAGEN

Mit einem normalen flachen Malerpinsel streicht man die Farbmischung auf das gesamte Objekt, vor allem aber auf Ecken, Kanten, Rillen u. Ä. Mit einem trockenen, sauberen Pinsel verteilt man die Farbmischung und entfernt zugleich überschüssige Farbe von großen Flächen.

FARBE ABTRAGEN

Aus zerschnittenen alten Nylonstrumpfhosen oder Strümpfen formt man handliche Ballen. Mit ihnen reibt man die feuchte Oberfläche in kreisenden Bewegungen ab. Dabei nimmt man von den großen Flächen mehr Farbmischung weg als von den Stellen, an denen sich natürlicherweise Staub sammeln würde.

Nehmen die Nylonballen keine Farbe mehr auf, sollte man einen neuen nehmen. Trocknen lassen und eine letzte Schicht Klarlack auftragen.

KRAKELIERTE OBERFLÄCHE

Krakelee-Effekte, wie sie für die Platzdecken mit Blumenmotiv auf Seite 140 verwendet wurden, sind besonders bei der Découpage sehr beliebt. Man benötigt dazu zwei spezielle Lacke, die es im Fertigset im Fachhandel gibt.

DIE LACKE AUFTRAGEN

Zunächst sollte man den Lack auf Ölbasis auftragen und so weit trocknen lassen, dass er nur noch ein wenig klebrig ist. Dann den zweiten, rasch trocknenden Lack auf Wasserbasis darüber streichen. Sobald diese Lackschicht trocknet, zeigen sich die Risse, weil die untere Lackschicht noch nicht ausgetrocknet ist und noch arbeitet.

Je feuchter der Öllack ist, desto größer werden die Risse. Wünscht man also ein sehr feines Netz von Rissen, lässt man den Öllack fast gänzlich trocknen. Hat man genügend Lack, kann man neben der eigentlichen Arbeit ein Testbrett anlegen, um den Grad der Rissbildung auszuprobieren. Bilden sich keine Risse, kann man die Oberfläche mit einem warmen Luftstrom aus dem Fön bearbeiten, aber Vorsicht: Zu große Hitze kann ruinös wirken! (Siehe auch das Kapitel »Antikisierungstechniken« ab Seite 71.)

OBERFLÄCHENBEHANDLUNG

Sind die Lacke getrocknet, muss man die Risse sichtbar machen. Man trägt entweder eine Farbmischung oder Goldfarbe auf, lässt sie ein paar Minuten einwirken und wischt sie dann mit einem weichen Tuch wieder ab. Alles trocknen lassen und klar lackieren.

NÜTZLICHE TIPPS: Lackierung

- Die ersten Lackschichten besonders vorsichtig abschleifen, denn noch stehen die Ränder der Motive erhaben über dem Lack und könnten beschädigt werden. Wenn das geschieht, kann man den Fehler mit Ölstiften oder Buntstiften auf Wasserbasis korrigieren. Vor Fortsetzung der Lackierung die Stiftfarben mit Fixativ besprühen.

▲ Risse mit Goldfarbe hervorheben.

▲ Antikisierungsfarbe auftragen, kurz einwirken lassen und wieder abwischen.

Schablonieren

Durch Schablonieren kann man auf sehr einfache Weise sich wiederholende Motive aufbringen und damit erstaunliche Effekte schaffen. Schon die alten Ägypter arbeiteten bei der Ausmalung der Grabkammern und Palastwände mit Schablonen. Das besondere Merkmal aller Schablonenarbeiten ist das zerbrochen wirkende Erscheinungsbild, denn die Einzelfelder der Schablonen müssen ja durch Stege verbunden sein, damit sie nicht auseinander fallen. Dementsprechend können auf die einzelnen Felder unterschiedliche Farben aufgebracht werden. Gute Schablonen kann man aufbewahren, um sie bei Bedarf noch einmal verwenden zu können. Auch kann man komplizierte Motive aus mehreren Schablonen aufbauen.

WERKZEUGE UND MATERIALIEN

In Heimwerkermärkten gibt es fertige Schablonen und Mustervorlagen zur eigenen Herstellung von Schablonen. Origineller sind jedoch oft selbst entworfene und gestaltete Schablonen.

SCHABLONENMATERIAL

Zunächst muss man entscheiden, aus welchem Material man die Schablone herstellen möchte. Davon hängt ab, wie schnell man die Schablone herstellen und wie gut man damit arbeiten kann.

• GEÖLTER MANILAKARTON: Eine traditionelle Wahl zur Herstellung von Schablonen, denn der durch Leinöl oder Schellack wasserfest gemachte Karton ist fest und doch leicht zu schneiden. Allerdings gibt es ihn meist nur in den Größen DIN-A2 und DIN-A3. Da das Papier undurchsichtig ist, muss man das Motiv ggf. erst auf Transparentpapier und von dort im Abdruckverfahren auf den Karton übertragen.

▲ Manilakarton – opak und gut schneidbar.

• AZETATFOLIE: Ein sehr haltbares Schablonenmaterial, das oft auch für kommerziell hergestellte und verwendete Schablonen benutzt wird. Da die Folie transparent ist, kann man Motive direkt mit einem Folienschreiber darauf übertragen und auch die korrekte Positionierung vor dem Farbauftrag überprüfen. Andererseits kann man mit dem Cutter leicht abrutschen und Fehlschnitte setzen, da die Folie sehr glatt ist. Das Schneidemesser immer vorsichtig handhaben und mit gleichmäßigem Druck schneiden.

• TRANSPARENTPAPIER: Ein Material, das die guten Eigenschaften der beiden vorgenannten vereinigt. Es ist haltbar, durchsichtig und lässt sich leicht schneiden. Außerdem kann man es direkt durch den Fotokopierer laufen lassen, was die Übertragung bei gleichzeitiger Größenveränderung von Motiven enorm vereinfacht.

In guten Papierwarengeschäften gibt es starkes Transparentpapier in Blöcken oder Rollen.

▲ Azetatfolie für haltbare Schablonen.

▲ Transparentpapier ist gut schneidbar.

SCHNEIDEWERKZEUGE

Präzise Schnitte sind das A und O einer guten Schablonierarbeit. Je feiner die Konturen, desto schwieriger der Schnitt. Das beste Schneidewerkzeug ist ein Skalpell. Als Unterlage braucht man dicken Karton oder eine Schneidematte, um die Tischplatte zu schonen. Auch Scheren sind brauchbar, doch die Feinarbeiten sollte man immer mit dem Skalpell ausführen.

NÜTZLICHE TIPPS: Schablonieren

• Man kann verschiedene Farben beim Schablonieren sanft ineinander übergehen lassen, wenn man sie mit dem Stupfpinsel aufträgt. Farben auf Ölbasis sind dafür ideal, denn sie mischen sich leicht.

• Schattierte Schablonenbilder entstehen, wenn man nach dem ersten Farbauftrag die Schablone erneut ansetzt, dabei aber um etwa 2 mm versetzt. Mit einer dunkleren Schattierung der Farbe, die man benutzt hat, arbeitet man die sichtbar unbehandelten Flächen entlang der Ränder der Schablone noch einmal nach. Durch den hauchfeinen Rand wirkt das Motiv plastisch.

FARBEN

Besondere Schablonierfarben sind zwar im Handel, doch es kann preiswerter und kreativer sein, mit anderen Farben zu experimentieren.

• DISPERSIONSFARBEN: In einer großen Zahl von Farbtönen und auch in kleinen Probierdöschen zu haben, lässt sich die Dispersionsfarbe einfach gebrauchen. Es gibt sie matt und seidenmatt. Verwendet man sie in Verbindung miteinander, kann man ganz besondere Effekte erzielen, wenn man zum Beispiel auf einen Grundanstrich aus matter Farbe ein schabloniertes Motiv in einer dunkleren Schattierung derselben Farbe in Seidenmatt setzt. Der Effekt wirkt wie die Imitation von schwerem Brokat oder Damast. Alternativ hebt man in einer Reihe einzelne Motive seidenmatt hervor und verleiht dem Gesamtdesign so Tiefe und Bewegung.

▲ Dispersionsfarbe gibt es in Dosen.

• KÜNSTLERACRYLFARBEN: Eine ideale Farbe für Schablonierarbeiten, denn sie ist anpassungsfähig, haltbar und doch wasserlöslich. Man kann sie pur oder leicht verdünnt verwenden. Zu stark verdünnte Farbe kann jedoch unter die Schablone laufen.

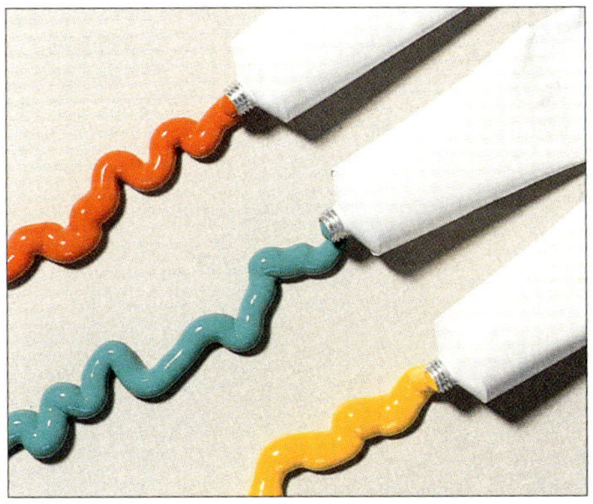

▲ Acrylfarben gibt es in Tuben.

▲ Spray durch Mehrfachauftrag mischen.

• SPRÜHFARBEN: Sprühfarben gibt es in Baumärkten und Geschäften für Künstlerbedarf in sehr vielen Farben. Obwohl sie für die meisten porösen Oberflächen geeignet sind, sollte man für Schablonierarbeiten auf Glas, glasierten Kacheln oder Metall Autolack verwenden. Sprühfarben immer nur in dünnen Schichten wie einen feinen Nebel aufsprühen, damit sie nicht verlaufen und tropfen. Dazu die Sprühdose nicht zu nah an die Oberfläche halten. Sprühfarben kann man mischen, indem man direkt nacheinander verschiedene Schichten aufsprüht, denn die Farben bilden im Grunde winzige Pünktchen, die sich im geschichteten Auftrag überlagern und optisch mischen. Sprühfarben sollte man nur in gut belüfteten Räumen benutzen und dabei einen Mund-Nasen-Schutz tragen.

• ALKYDHARZFARBEN: Sie weisen die Vorzüge der Ölfarben auf, trocknen aber so schnell wie Acrylfarben. Da sie eine butterartige Konsistenz haben, muss man sie zum Schablonieren mit Lösungsmitteln wie Terpentinersatz verdünnen.

• ÖLFARBEN: Sie sind zum Schablonieren zwar grundsätzlich geeignet, ihre Anwendung ist aber schwierig, vor allem weil sie so langsam trocknen. Wer mit Ölfarben vertraut ist, kann schöne, transparent wirkende Effekte mit ihnen erzielen, wenn der Farbe etwas Lack oder Öllasur beigemischt wird. Sehr vorsichtig muss man beim Ablösen der Schablone sein. Die Pigmente der Ölfarben bleiben nach dem Farbauftrag mindestens noch vier Stunden instabil. Es kann also sehr leicht unerwünschte Verschmierungen geben, wenn man die Schablone zu früh abnimmt.

▲ Farbe mit dem Schwamm auftragen.

FARBAUFTRAG

Die Farbe kann mit verschiedenen Mitteln und Geräten aufgetragen werden (siehe Seite 54). Der Farbauftrag mit dem Schwamm ist einfach, sicher und preiswert. Spezielle Schablonierpinsel (Stupfpinsel) haben ihre Vorzüge, sind aber nicht billig.

Indem man die Borsten eines normalen Flachpinsels mit einem Klebestreifen versteift (siehe unten) oder einfach ein Stück weit abschneidet, kann man sich einen einfachen Stupfpinsel selber machen.

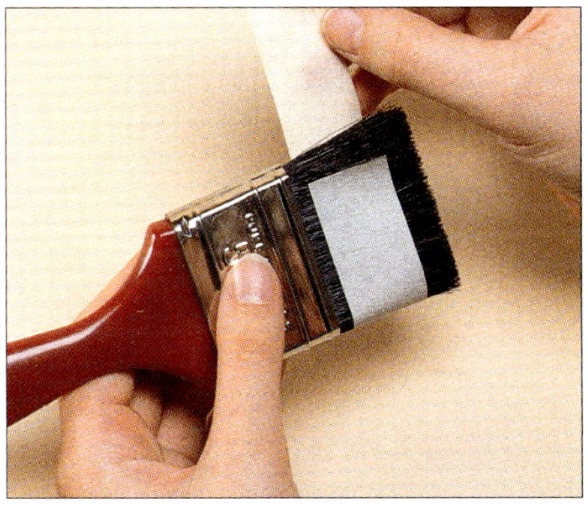

▲ Pinselborsten durch Band versteifen.

❖ *SELBER MACHEN* ❖
Probestücke fertigen

Ehe man eine größere Schablonierarbeit beginnt, sollte man sich erst einmal anhand von Probestücken mit allen Aspekten der Technik vertraut machen. Aus einer Frühstücksflockenverpackung (aus Karton) schneidet man sich eine Schablone mit einem einfachen Motiv. Die gewachste Seite des Kartons ist ideal als Schablonenoberfläche, da sie die Farbe abstößt. Zum Farbauftrag verwendet man ein Stück Küchenschwamm. Den Rest des Schwamms verwendet man als Farbreservoir (siehe Seite 54). Man übt auch mit einem Pinsel, um verschiedene Effekte zu probieren.

SCHABLONEN ENTWERFEN

In Baumärkten und Bastelgeschäften gibt es Vorlagen und fertige Schablonen mit allen möglichen Motiven und Mustern in allen Größen. Für einen individuellen Entwurf muss man sich seine Schablonen selbst gestalten. Vieles bietet sich als Vorlage an. Manche lassen sich von Mustern inspirieren, die sich bereits in ihrem Haus befinden, etwa auf Tapeten, Polsterbezügen, Teppichen, Vorhängen o. Ä. Am einfachsten ist es, das entdeckte Muster abzupausen.

Man konzentriert sich auf ein hervorstechendes Element, lässt alles Beiwerk beiseite und schaut, wie es für sich allein wirkt. Ein einzelnes Motiv ist meist einfacher zu handhaben als

▲ Das Motiv vorsichtig nachzeichnen.

Schablonenmotive, die sich in langer Reihe wiederholen sollen. Für Motivketten eignen sich Blätter oder Schneckenmuster als Verbindungen.

Hat man ein Motiv entdeckt, legt man Transparentpapier darüber und zeichnet den Umriss mit einem weichen Bleistift oder Faserschreiber genau nach. Bei den Innenlinien lässt man diejenigen weg, die beim späteren Schneiden der Schablone störend wären.

▲ Das Motiv vereinfachen.

▲ Die auszuschneidenden Felder ummalen.

Eventuell muss man das ganze Motiv zunächst schablonengerecht bearbeiten, denn Schablonen sind »negative Räume«, das heißt, die ausgeschnittenen Felder bilden später das Muster.

Der negative Raum muss also immer von geschlossenem »positivem« Raum umgeben sein, damit das Motiv eine Umrisslinie hat und optisch nicht »zerfällt«.

Manchmal muss man eigene Umrisslinien und Verbindungsstege schaffen. Eine Traube zum Beispiel erhält ihr Aussehen durch die äußere Form und die Innenform der einzelnen Weinbeeren. Diese müssen einzeln ausgeschnitten werden, doch müssen alle Ausschnitte mit feinen Stegen verbunden sein, damit später jede einzelne Weinbeere von der anderen unterscheidbar bleibt.

Diese Stege sollten mindestens 5 mm dick sein. Sind sie schmaler, könnten sie brechen oder die Farbe könnte darunter laufen, sodass ein verwischtes Bild entsteht. Aus diesem Grund ist ein klares Motiv mit wenigen Stegen einfacher zu benutzen als komplizierte, detailreiche Muster.

NÜTZLICHE TIPPS: Stege zeichnen

- Beim Entwurf eigener Motive sollten alle negativen Räume von positivem Raum umgeben sein, damit das schablonierte Motiv optisch nicht zerfällt. Man vereinfacht sich die Arbeit, wenn man alle Stege und Verbindungen als etwa 5 mm dicke Linien mit einem breiten Faserschreiber malt. Beim Ausschneiden muss man dann diese Linien stehen lassen und darf lediglich die Flächen rechts und links davon wegschneiden. Die fertige Schablone erst testen.

VERKLEINERN UND VERGRÖSSERN

Manche Motive muss man vergrößern, andere verkleinern. Dafür gibt es verschiedene Möglichkeiten.

- FOTOKOPIEREN: Bei vielen Fotokopiergeräten kann man beim Kopieren zugleich die Größe verändern. Das auf Transparentpapier übertragene Motiv – oder falls möglich das Original – wird einfach in der entsprechenden Größenangleichung fotokopiert. Sinnvollerweise macht man mehrere Kopien, auch einige in der Originalgröße.

- RASTER: Eine etwas mühevollere, aber brauchbare Methode. Ist das Original beispielsweise 20 cm hoch, wünscht man es aber in 40 cm Größe, so überzieht man es mit einem Quadratraster von 1 × 1 cm großen Kästchen. Dann zeichnet man sich ein Raster von 2 × 2 cm großen Kästchen und überträgt das Motiv Kästchen um Kästchen aus der freien Hand auf die doppelte Größe. Normales Karopapier oder Millimeterpapier ist eine gute Ausgangsbasis für die Raster, die dann besonders exakt ausfallen. Die Linien des neuen Rasters zieht man mit dünnem Faserschreiber nach, das Motiv überträgt man mit

▲ Vergrößern mit einem Raster.

NÜTZLICHE TIPPS: Seitenverkehrtes Motiv

- Hat man ein Motiv gefunden, das in Form und Größe für eine Schablone zwar ideal wäre, aber leider in die falsche Richtung weist, so überträgt man es auf Transparentpapier und dreht dann das Papier einfach um, sodass das Motiv spiegelverkehrt erscheint. Manche gekauften Schablonen kann man beidseitig verwenden, doch sollte man sie nach Gebrauch sorgfältig reinigen, ehe man sie umgedreht anlegt, damit man die Fläche nicht mit Farbe verschmiert.

▲ Vergrößern mit dem Storchschnabel.

Bleistift, sodass man Fehler wegradieren kann, ohne das Raster zu beschädigen. Zum Verkleinern verfährt man umgekehrt. Man überzieht das Original mit einem großen Raster und überträgt es auf ein kleineres.

• STORCHSCHNABEL: Dieses auch Panthograf genannte Profigerät besteht aus vier Schenkeln, die ein bewegliches Parallelogramm bilden. Die Arbeit mit diesem Gerät erfordert zwar etwas Übung, doch das erzielte Ergebnis kann sehr akkurat ausfallen.

Während man mit einem am Gerät befestigten Stift das Original Linie um Linie nachfährt, zeichnet ein zweiter, an einem passenden Punkt durch das Gerät gesteckter Stift das Original kleiner oder größer auf ein anderes Blatt.

Das Gerät lohnt sich, wenn man viele Motive überträgt. Viele Hobbymaler sagen auch, der Gebrauch des Storchschnabels habe ihre Hand-Augen-Koordination verbessert.

EINZELMOTIVE ZUSAMMENSTELLEN

Möchte man ein großes Motiv aus Einzelteilen zusammenstellen, so legt man die zunächst nur an den Umrisslinien ausgeschnittenen Elemente auf einer Unterlage zurecht, bis das Motiv gefällt.

Man fixiert es mit ablösbarem Sprühkleber, dann legt man Transparentpapier über die Collage und zeichnet das gesamte Motiv mit einem weichen Bleistift oder einem Faserschreiber nach. Schon dabei berücksichtigt man die nötigen Stege und Verbindungsbrücken. Gelegentlich sollten Sie das Transparentpapier hochheben, um zu prüfen, ob Sie keine Linien vergessen haben und wie das Muster ohne die Unterlage wirkt. Gefällt es Ihnen nicht, können Sie die Teile wieder ablösen und neu arrangieren, um andere Zusammenstellungen auszuprobieren.

▲ Motiv auf Transparentpapier übertragen.

Um die Symmetrie des Entwurfs zu prüfen, um Fehlstellen oder mangelnde Übergänge zu finden, hält man den auf das Transparentpapier übertragenen Entwurf mit der Zeichnung nach außen gegen das Licht oder die Fensterscheibe.

MOTIVÜBERTRAGUNG

Wenn möglich sollten Sie den endgültigen Entwurf auf ein Blatt Transparentpapier fotokopieren. Damit haben Sie imNotfall eine Sicherungskopie, falls beim Schneiden etwas schief geht. Aus den durchsichtigen Papieren können Sie das Design direkt ausschneiden (siehe Seite 52).

▲ Motiv aus Einzelteilen zusammenstellen.

Verwenden Sie Manilakarton, müssen Sie das Motiv erst darauf übertragen. Dafür gibt es wiederum verschiedene Möglichkeiten.

• RASTERÜBERTRAGUNG: Genau wie beim Verkleinern oder Vergrößern (siehe Seite 50) legt man ein Quadratraster über das Original und den Manilakarton, wobei man jetzt allerdings gleich große Quadrate wählt. Nun überträgt man das Motiv Kästchen für Kästchen von Hand – eine unsichere, mühsame Methode, die zeichnerisches Talent voraussetzt. Man arbeitet zunächst mit Bleistift und zieht die Linien vor dem Ausschneiden mit einem Faserschreiber nach.

• STECHPAUSEN: Diese von den Frescomalern der Renaissance häufig verwendete Methode ist zwar arbeitsintensiv, aber sehr akkurat. Man legt das Motiv auf eine weiche Unterlage (Zeitungspapier, Stoff) und perforiert mit einer Nadel sämtliche Umrisslinien. Der Abstand zwischen den Löchern sollte nicht zu klein und nicht zu groß sein: Ist die Perforierung zu weit, kann man das Design später nicht gut erkennen.

Spezielle Nadeln zum Stechpausen sind besser geeignet als kurze Stecknadeln, die man schlecht halten kann und die meist zu feine Löcher machen.

Am einfachsten und schnellsten geht es mit der Nähmaschine. Bei großer Stichlänge näht man mit dicker Nadel ohne Faden einfach alle Umrisslinien nach.

NÜTZLICHE TIPPS: Motive übertragen

• Bei jeder Methode muss man immer darauf achten, dass die übereinander gelegten Papiere keinesfalls verrutschen. Man fixiert sie mit ablösbarem Sprühkleber oder mit Büroklammern aufeinander.

▲ Alle Linien mit der Nadel durchstechen.

▲ Kohlepulver durch die Löcher reiben.

• KOHLEPULVER: Die fertige Stechpause legt man auf den Manilakarton und fixiert sie zum Beispiel mit Büroklammern, damit sie nicht verrutscht. Mit einem Wattebausch reibt man Pauspulver (Kohlepulver) durch die perforierten Linien auf den Karton, sodass sich das Motiv in Pünktchen abzeichnet. Die Pünktchen werden dann mit Linien verbunden. Die Methode ist ideal, wenn man viele Schablonen herstellen möchte, denn die Perforation lässt sich immer wieder durchreiben.

• KOPIER- ODER KOHLEPAPIER: Eine der einfachsten Methoden besteht darin, zwischen das Papier mit dem Motiv und der Unterlage, auf die es übertragen werden soll, ein Blatt Kohle- oder Schneiderkopierpapier zu legen und das Muster durchzupausen. Weil der Manilakarton geölt ist, könnten die Linien nicht gut zu sehen sein.

Da man außerdem immer wieder nachschauen muss, ob man keine Linien vergessen hat, sollte man das Motiv samt Kohlepapier mit einer Büroklammer am Untergrund befestigen, damit man keine falschen Anschlüsse oder verschobene Linien bekommt. Das Kohlepapier, mit dem

▲ Durchpausen mit Kohlepapier.

man früher beim Schreiben mit der Schreibmaschine mehrere Durchschläge erhielt, ist für diese Art der Übertragung besonders praktisch.

SCHABLONEN SCHNEIDEN

Man sollte stets mit sehr scharfen Schneidewerkzeugen arbeiten und bei Verwendung des Skalpells oder Cutters eine Schneidematte unterlegen. Bei komplizierten Motiven beginnt man mit den kleinen Details, denn sie lassen sich leichter ausschneiden, wenn noch viel Fläche vorhanden ist. Sind erst einmal große Flächen ausgeschnitten, können bei der Arbeit an Details die Stege leicht reißen.

Es ist sehr viel einfacher, zum eigenen Körper hin zu schneiden, dennoch sollte man das Messer nicht zu flach ansetzen. Man hält die Schablone beim Schneiden mit der freien Hand fest, dabei sollten die Finger nicht in der Schnittlinie liegen, damit man sich

▲ Skalpellgriff mit Band umwickeln.

nicht schneidet, falls die Klinge abrutscht. Während der Arbeit dreht man die Schablone samt Unterlage, sodass man immer von der gleichen Position aus schneiden kann. Bei langen Linien kann man zwischendrin absetzen, denn sie müssen nicht in einem Zug geschnitten werden.

NÜTZLICHE TIPPS: Schneidematten

• Preiswerte Alternativen zu den nicht ganz billigen Schneidematten sind ungebrauchte Linoleumfliesen, die gummibeschichteten Unterseiten von Teppichfliesen oder dicker Karton. Diese Schneideunterlagen können die Klinge allerdings rasch stumpf werden lassen und behindern den zügigen Schnitt der Klinge.

▲ Mit dem Skalpell gleichmäßig schneiden.

• SKALPELL: Die Klinge muss so scharf sein, dass man kaum Druck ausüben muss. Wird die Klinge stumpf, sollte man sie sofort auswechseln. Ist das Gerät sehr schmal und schlecht zu halten, kann man den Griff mit Abdeckband umwickeln, bis man das Skalpell sicher halten kann.

SCHABLONE ZURECHTSCHNEIDEN

Erst wenn man das gesamte Motiv ausgeschnitten hat, schneidet man den Karton oder das Papier darum herum weg, damit die Schablone eine handhabbare Größe bekommt. Soll das Muster mitten auf eine kleine Fläche passen, muss die Schablone die genau passende Größe haben. Soll mit der Schablone ein fortlaufendes, sich wiederholendes Muster aufgebracht werden, müssen die Abschlusskanten vollkommen gerade sein, damit man

NÜTZLICHE TIPPS: Gebrochene Stege

• Abgerissene oder versehentlich durchtrennte Stege repariert man mit einem Stück Klebefilm. Man klebt es über die Bruchstelle und schneidet überschüssigen Film entlang den Konturen der Schablone nach.

▲ Gebrochene Stege mit Klebefilm reparieren.

die Schablone immer wieder exakt ansetzen kann. Die Mittellinien auf der Schablone zu markieren ist ebenfalls hilfreich, wenn man sie immer wieder neu positionieren muss. Dazu malt man ein Quadrat um das Motiv herum und verbindet die gegenüberliegenden Ecken durch zwei Diagonalen. Im Schnittpunkt der Linien liegt die exakte Mitte. Eine horizontale und eine vertikale Linie durch den Mittelpunkt bezeichnen die Mittelpunkte der Außenkanten. Das ist wichtig, wenn man mit zwei Schablonen arbeitet, mit denen man mehrfarbige Muster auftragen will.

VORBEHANDLUNG DER OBERFLÄCHEN

Zunächst muss man prüfen, ob die Oberfläche zum Schablonieren geeignet ist. Wasserlösliche Farben zum Beispiel haften nicht oder nur schlecht auf Ölfarben, umgekehrt jedoch ist eine gute Haftung gewährleistet. Eine mit Dispersionsfarbe gestrichene Wand kann also sowohl mit wasserlöslichen Farben als auch mit Ölfarben schabloniert werden. Trägt man zuletzt einige Schichten Klarlack auf, schützt man die schablonierte Fläche.

▲ Rollen mit dem trockenen Lappen.

Jede Fläche, die man mit Schablonenarbeiten verzieren möchte, muss absolut sauber und staubfrei sein. Oberflächen, die mit matter, seidenmatter oder seidenglänzender Dispersionsfarbe, mit Öllasur, Acryllasur und Lacken gestrichen sind, aber auch Rau- und Glasfasertapeten, lassen sich mit Schablonen bemalen. Die Farbe richtet sich nach dem Grundanstrich.

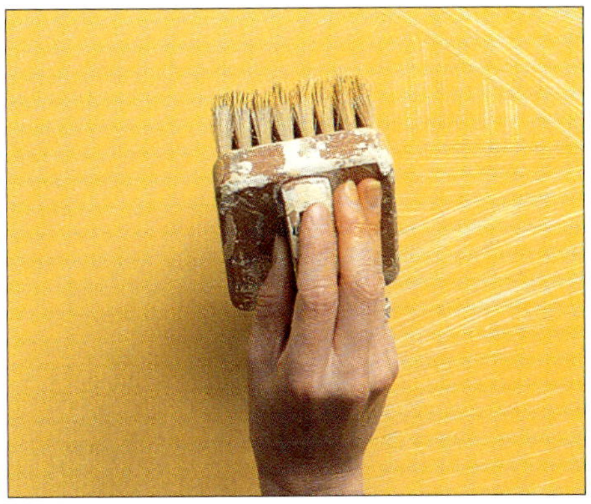

▲ Stupfen mit den trockenen Borsten.

Besonders für Wände eignen sich Grundanstriche mit leichter Strukturierung. Man verdünnt die Wandfarbe je nach Art einfach mit Wasser oder Terpentinersatz und mischt ihr entsprechendes Lasurmittel bei. Dann trägt man sie unregelmäßig mit einem großen Flächenstreicher auf und dreht ein großes Baumwolltuch, als wollte man es auswringen. Man achtet darauf, dass keine losen Fäden heraushängen und rollt diese »Wurst« unter festem Druck über die gestrichene Fläche. Die Farbe bleibt teilweise im Tuch hängen.

▲ Frottage mit Packpapier.

Statt eines gerollten Lappens kann man mit vielen anderen Mitteln Strukturen erzeugen. Zum Beispiel kann man die Farbe mit einem Naturschwamm auf- oder abtupfen. Ein feines Muster ergibt sich, wenn man die Farbfläche mit den trockenen, harten Borsten einer Stupfbürste bearbeitet. Diese Oberflächenbearbeitung ist ideal für kleine Objekte wie Spiegel- oder Bilderrahmen oder Türpaneele.

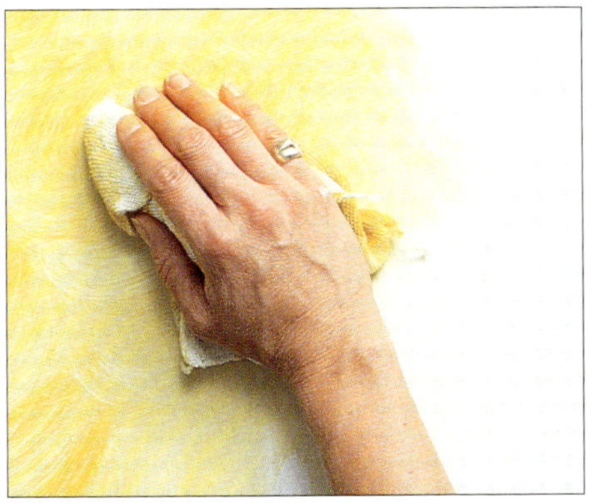

▲ Farbtünchen mit dem Lappen.

Die Technik der Frottage besteht darin, auf die mit Farblasur gestrichene Fläche ein Stück Packpapier zu pressen und gleich wieder abzuziehen.

Die einfachste Technik ist das Farbtünchen mit dem Lappen, bei der die verdünnte Farbe statt mit dem Pinsel mit dem Lappen aufgetragen und verrieben wird. Je tiefer man die Farbe einreibt, desto feiner wird der Effekt.

SCHABLONEN POSITIONIEREN

Nichts ist ärgerlicher als eine verrutschte Schablone, die eigentlich in der Mitte einer Fläche sitzen sollte. Ebenso unbefriedigend ist ein ungenauer Anschluss. Dagegen hilft genaues Messen. Zunächst muss die Schablone absolut gerade Außenkanten haben. Die Mitten ihrer Ober- und Seitenkanten müssen klar sichtbar angezeichnet sein. Ebenso exakt muss die Fläche vermessen sein, die man mit der Schablone verzieren möchte.

Die wichtigste Regel beim Schablonieren lautet: Immer von der Mitte her zum Rand hin arbeiten. Möchte man zum Beispiel einen über die Wand laufenden Fries schablonieren, beginnt man in der genau vermessenen Mitte der Wand und arbeitet von hier aus nach rechts und links. Kleine Abweichungen fallen an den Rändern weniger auf als in der Mitte.

▲ Markierungen zur Deckung bringen.

▲ Schablone mit Klebeband fixieren.

DIE SCHABLONE FIXIEREN

Die Schablone muss fest auf dem Untergrund aufliegen, damit keine Farbe darunter laufen kann. Mit leicht wieder ablösbaren Streifen von Malerband oder Malerkrepp kann man die

▲ Schablone mit Sprühkleber anheften.

NÜTZLICHE TIPPS: Um die Ecke schablonieren

• Soll eine Bordüre um eine Ecke verlaufen, ist akribische Planung nötig. Im Idealfall erreicht man die Zimmerecke genau mit dem Ende des Motivs. Muss man ein Motiv um die Ecke verlaufen lassen, markiert man alle Stellen auf der Wand, an denen die Schablone neu angesetzt werden muss. Die Ecke sollte von jeweils einer Hälfte eines Motivs möglichst gleichmäßig eingenommen werden. Erst wenn alle Felder mit der ganzen Schablone gefüllt sind, knickt man die Schablone so, wie es für die richtigen Anschlüsse in der Ecke erforderlich ist, denn eine einmal geknickte Schablone ist meist für ebene Flächen unbrauchbar.

• Kann man das Motiv ohne geknickte Schablone um die Ecke führen, lässt man die Farbe erst vollständig trocknen, ehe man die Schablone an die andere Wand anlegt, um den Anschluss zu schaffen. Gerade in Ecken kann man, solange die Ober- und Unterkanten korrekt anschließen, mit dem Motiv immer ein wenig schummeln, falls zum genauen Ansatz etwas fehlen sollte.

Schablonen in der richtigen Position auf dem Untergrund befestigen. Stecknadeln oder Reißnägel sind keine gute Befestigung, denn sie hinterlassen bleibende Löcher. Empfehlenswert ist ablösbarer Sprühkleber, den man aber sehr fein dosieren sollte.

Muss die Schablone immer wieder neu angesetzt werden, wischt man den Kleber jedes Mal ab und sprüht neuen auf; keinesfalls mehrere Schichten übereinander aufsprühen!

DIE FARBE AUFTRAGEN

Entscheidet man sich bei wasserlöslichen Farben für einen Auftrag mit dem Schwamm sollte man mit zwei Schwämmen arbeiten. Mit dem ersten nimmt man die Farbe aus dem Gefäß auf und lässt ihn sich völlig mit Farbe voll saugen. Dann drückt man ihn ein wenig aus und verwendet ihn nun als eine Art Stempelkissen, mit dem man den zweiten Schwamm füllt, mit dem man die Schablone austupft: So verhindert man, dass zu viel oder zu flüssige Farbe aufgetragen wird, die dann unter die Schablone laufen könnte. Ein klarer, nicht laufender Probeabdruck auf

▲ Den Schwamm als Farbreservoir verwenden.

Papier bedeutet, dass der Schwamm zum Schablonieren bereit ist. In der Mitte des größten Schablonenausschnitts beginnend, tupft man nun die Farbe mit dem Schwamm auf, sodass er beim Erreichen der Ränder der Ausschnitte nur noch ein Minimum Farbe enthält. Größere Farbintensität erreicht man durch den Auftrag mehrerer Farbschichten. Besonders für Anfänger ist die Arbeit mit dem Schwamm empfehlenswert: Man erhält einen Eindruck davon, wie eine mit dem Schwamm ausgetupfte Fläche wirkt, und man sieht auch sehr schnell, wie das Schablonenmotiv überhaupt aussieht.

Verschmierte Außenränder sind die Folge eines zu dicken Farbauftrags. Erscheint der Farbauftrag zu schwach, besonders an den Rändern, trägt man eine zweite Schicht oder sogar mehrere Schichten auf, jedoch erst dann, wenn die jeweils vorherige getrocknet ist.

Ehe man die Schablone auf die Wand oder den zu verzierenden Gegenstand

▲ Mit dem Stupfpinsel Farbe auftragen.

setzt, macht man immer erst einen Probeabdruck auf einem Blatt Papier. Dabei kann man verschiedene Techniken ausprobieren: den Farbauftrag mit dem Schwamm, mit dem Pinsel oder mit Sprühfarben.

FARBAUFTRAG MIT DEM PINSEL

Man braucht einen speziellen Stupfpinsel mit nicht zu weichen Borsten. Die Borsten werden nur so eben mit der Spitze in die Farbe gestippt, dann streift man überschüssige Farbe auf einem Schwamm oder Tuch ab. Indem man den Pinsel im rechten Winkel zur Schablone hält (so verhindert man, dass eventuell abstehende Borsten unter die Schablone geraten und dort Schmierflecken verursachen), stupft man die freien Flächen der Schablone von der Mitte her zu den Rändern hin aus. Sie sollten eine kleine Schale voll Wasser und sauberer Tücher bereitliegen haben, um verlaufende Farbe sofort wegwischen zu können. Besser vermeiden Sie kleine Unglücke, wenn die Farbe von vornherein nicht zu dünnflüssig ist.

Mit Schablonensticks, Künstelölfarben in Form dicker Stifte kreiert man

▲ Pinsel beim Auftrag senkrecht halten.

einen besonderen Effekt, der mit Ölfarben nicht zu erreichen ist. Der Stick wird auf der Palette gerieben, dann stupft man die Borsten eines harten Ringpinsels in die Farbe und füllt dann mit diesem Pinsel die Schablonenflächen aus, indem man die Borsten in kleinen kreisenden Bewegungen über die Flächen führt.

Schattierte Schablonenbilder entstehen, wenn man nach dem ersten Farbauftrag die Schablone erneut ansetzt, dabei aber um etwa 2 mm versetzt.

▲ Mit versetzter Schablone schattieren.

Mit einer wahlweise helleren oder dunkleren Schattierung der Farbe, die man benutzt hat, arbeitet man die sichtbar unbehandelten Flächen entlang der Ränder der Schablone noch einmal nach. Durch den feinen Rand entsteht ein plastischer Eindruck.

VERWENDUNG VON SPRÜHFARBEN

Da sich Sprühfarben als feiner Nebel verteilen und weit streuen, muss man die Umgebung der Schablone immer sehr weiträumig abdecken, was die Arbeit mit Schablonen sehr mühsam macht.

Auch muss man für die erwünschte Farbintensität mehrere Schichten aufsprühen – was Zeit kostet. Sprüht man zu viel Farbe auf, kann sie unter die Schablone laufen und die ganze Arbeit ruinieren – Gefahren, die bei der Verwendung von Schwämmen oder Pinseln weniger bestehen.

TON-IN-TON-SCHABLONIERUNG

Eine Technik, mit der man eine sehr unauffällige Verzierung erzielt, ist die Ton-in-Ton-Schablonierung. Die Methode ist einfach: Eine gestrichene Grundfläche, zum Beispiel eine mit abgetönter Dispersionsfarbe gestrichene Wand, wird mit derselben Farbe schabloniert, jedoch in einer etwas dunkleren oder helleren Schattierung.

▲ Ton-in-Ton-Schablonieren für zarte Muster.

UMGEKEHRTES SCHABLONIEREN

Zunächst muss man Schablonen bzw. Abdeckmasken herstellen. Die Methode eignet sich ideal für kleine Projekte, für die man die Schablone nur einmal benötigt. Man kann die Schablone zwar wieder verwenden, muss sie aber vorher reinigen, damit sie keine Schmierflecken hinterlässt. Azetatfolie ist das am besten geeignete Material.

Wird bei der normalen Schablonierung der ausgeschnittene Raum innerhalb der Schablone mit Farbe gefüllt, so wird bei dieser Methode der Raum, den die Schablone abdeckt, beim Farbauftrag ausgespart. Die Grundfarbe des Objekts sollte also diejenige sein, in der die ausgesparte Fläche später erscheint. Ist es eine Wand, muss man sie nicht komplett in dieser Farbe streichen, sondern nur an den Stellen, an der die Farbe später erscheinen soll. Auf dieser – absolut trockenen – Farbfläche positioniert man nun die Schablone (die eigentlich eine Maske ist) und fixiert sie mit Sprühkleber. Sie muss rundum gut haften, damit keine Farbe darunter laufen kann. Nun streicht man die gesamte Fläche. Dabei kann man über die ganze Maske fahren, jedoch vorsichtig, um keine feinen Ecken mit dem Pinsel oder der Rolle abzuheben.

▲ Die Maske positionieren.

Solange die Farbe noch feucht ist, entfernt man die Maske vorsichtig. Falls nötig fährt man mit dem Skalpell darunter, um sie abzulösen. Dann lässt man die Farbe vollständig trocknen. Masken und Schablonen, die man wieder verwenden möchte, immer gründlich säubern.

▲ Die Farbe vorsichtig auftupfen.

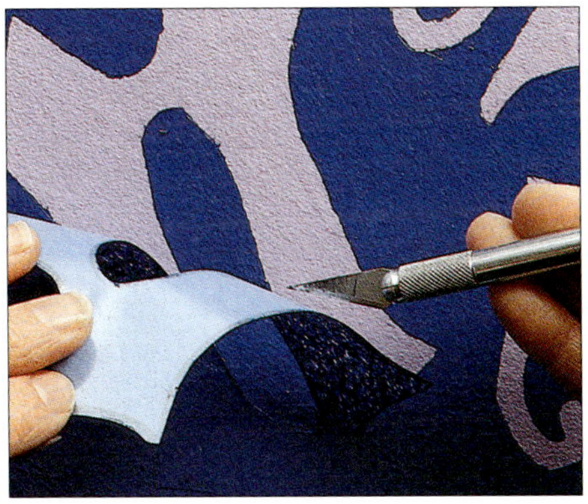

▲ Maske mit dem Skalpell vorsichtig abheben.

LACKIEREN

MIT SCHABLONEN VERZIERTE Oberflächen, die stark beansprucht werden, sollten mit Klarlack geschützt werden. Matt oder seidenmatt trocknende Klarlacke sind besser geeignet als Hochglanzlacke. Es gibt sie als Polyurethanlacke, die als Lösungsmittel Terpentinersatz brauchen, und als wasserlösliche Acryllacke. Beide sind gleich gut, doch wie bei den Farben müssen die Lösungsmittel mit der Grundfarbe verträglich sein. Polyurethanlack verträgt sich mit beiden Farbtypen, trocknet aber nicht vollkommen klar aus. Es lässt das schablonierte Motiv also leicht vergilbt aussehen – ein Vorteil, wenn man einen leicht antiken Effekt erzielen

▲ Zum Schutz Klarlack auftragen.

möchte. Man verstärkt ihn, indem man zusätzlich ein wenig Farbe an den Lack gibt, etwa Umbra oder Siena, die man vorher gut mit Terpentinersatz verdünnt hat.

Lacke müssen vor dem Verstreichen immer erst gut umgerührt werden, denn sie können sich im Gebinde absetzen, wenn sie lange stehen.

Man verstreicht Lacke mit fast senkrecht gehaltenem Pinsel mit kurzen Strichen. Auch trägt man immer mehrere dünne Schichten auf – niemals eine einzige dicke Schicht, denn sie trocknet schlecht, kann reißen und Verfärbungen erzeugen.

Soll die gesamte Oberfläche nicht nur geschützt, sondern zugleich auch die Farbe gedämpft werden, kann man Kalkwachs auftragen (siehe das Projekt »Kleiner Nachttisch«, Seite 175). Das Wachs wird mit einem Tuch oder mit Küchenpapier auf das ganze Objekt verteilt. Ehe man mit einem sauberen

▲ Die Farbe mit Kalkwachs dämpfen.

weichen Tuch nachpoliert, lässt man das Wachs eine halbe Stunde trocknen.

Zum Schutz sehr feiner, empfindlicher Schablonierarbeiten bietet sich auch Schellack an. Das mit Blattgold verzierte Butler Tray auf Seite 129 wurde mit schützendem Schellack gestrichen, ehe die Klarlackschichten aufgetragen wurden.

Im Gegensatz zum bisher Gesagten wurden die schablonierten Motive auf dem Vitrinenschränkchen (Seite 195) unlackiert gelassen, denn für sie war Sprühfarbe verwendet worden, die im Allgemeinen strapazierfähiger ist als andere Farben. Außerdem handelt es sich um eine Glasinnenfläche, die seltener angefasst wird und deshalb geringerer Abnutzung ausgesetzt ist.

▲ Schabloniertes Glas ohne Lackschutz.

ABTÖNEN UND SCHLEIFEN

SOLL EIN ANTIKEFFEKT ERZEUGT werden, kann man die letzte Lackschicht mit einer Bürste bearbeiten, bevor sie trocknet. Vor dem Auftragen neuer Lackschichten die trockenen Lackschichten mit Schleifpapier abschleifen.

NÜTZLICHE TIPPS: Schablonen aufbewahren

- Schablonen, die man wieder verwenden möchte, immer flach liegend aufbewahren. Nasse Schablonen mit ablösbarem Sprühkleber auf eine Glasplatte kleben, sodass sie sich beim Trocknen nicht wellen können. Alle Farbreste gründlich entfernen. Eine dünne Schicht Talkumpuder nimmt noch vorhandene Feuchtigkeit restlos auf.

▲ Für zweifarbige Motive wie diese Putte von Seite 182 zwei Schablonen verwenden.

Mosaik

Mosaike sind eine jahrtausendealte Kunstform. Kleine, bunte Steinstücke sowie Glas- und Porzellanscherben werden auf einem Halt gebenden Grund zu einem Bild oder zu einem geometrischen Muster zusammengesetzt.

Mosaike können sehr einfach oder auch sehr diffizil gestaltet sein. Man kann vom Fußboden über Tischplatten bis hin zu Vasen, Übertöpfen und Bilderrahmen so ziemlich alles mit ihnen gestalten.

Für ein Mosaik mit relativ großen Steinen braucht man keine besonderen handwerklichen oder künstlerischen Fähigkeiten. Man muss nur ein wenig Experimentierfreude mitbringen, dann gelingen sowohl geordnete als auch völlig zufällig gestaltete Muster.

UTENSILIEN

Das wichtigste Utensil, die Mosaiksteine, kann unterschiedlichster Herkunft sein. Bastelgeschäfte und Baumärkte haben kleine, gleichmäßig geformte Mosaiksteine in vielen Farben im Angebot; sie sind auf Papierbogen aufgeklebt. Daneben gibt es auch Beutel mit losen Steinen aus unterschiedlichen Materialien wie Glas, glasierter Keramik und Kunststoff.

Eigene Mosaiksteine kann man aus dem Glas alter Flaschen, aus zerbrochenem Porzellan und Steingut oder Fliesen und Kacheln herstellen. Will man eine Flasche zum Zweck der Herstellung von Mosaiksteinchen zerschlagen, wickelt man sie in ein altes Tuch und zerschlägt sie mit dem Hammer. Die größeren Scherben sortiert man vorsichtig aus. Die kleinen Scherben und Splitter gibt man samt dem locker zusammengefassten Tuch in den Hausmüll. Zum Zerbrechen und akkuraten Zerkleinern von Mosaiksteinen empfiehlt sich eine spezielle Brechzange.

▲ Werkzeuge für Mosaikarbeiten.

▲ Fliesenbrechzange mit Feder.

FLIESENBRECHZANGE

Eine Fliesenbrechzange ist ein nützliches Werkzeug, wenn man häufiger Mosaikarbeiten ausführen möchte. Diese Zangen haben, anders als eine normale Beißzange, eine Feder, die verhindert, dass die Schneidebacken direkt mit dem Material in Kontakt kommen. Es bleibt ein minimaler Raum und das Material wird mit Hebelkraft gebrochen, nicht geschnitten. So entsteht eine unregelmäßig geformte Kante.

Zum Schneiden braucht man einen Fliesenschneider, der das Material anritzt; entlang der Ritzkante kann man es dann vorsichtig brechen.

SCHUTZBRILLE

Während man Mosaiksteinchen schneidet oder bricht, sollte man zum Schutz der Augen unbedingt eine Schutzbrille tragen.

KLEBER UND MÖRTEL

Zunächst klebt man die Mosaiksteinchen mit Weißleim oder speziellem Keramikkleber auf die Oberfläche. Sehr kleine Steinchen hält und platziert man am besten mit einer Pinzette. Für Gegenstände, die man im Haus behält, kann man Fugenmörtel aus dem Heimwerkermarkt verwenden. Für Gegenstände wie Gartentische mit Mosaikplatte, die im Freien stehen sollen, ist Zementmörtel besser geeignet. Beide kann man nach Wunsch mit Spezialfarben abtönen.

❖ *SELBER MACHEN* ❖
Fugenmörtel

Wer seinen eigenen Fugenmörtel anrühren möchte, nimmt gesiebten Sand und gesiebten Zement und mischt beide zu jeweils gleichen Teilen. Man gibt langsam Wasser zu, hält die Mischung aber relativ trocken; sie sollte sich krümelig anfühlen und keinesfalls breiig werden. Ein Spritzer Spülmittel macht die Mischung elastischer. Beim Anrühren zum Schutz der Haut stets Handschuhe tragen. Für kleine Objekte ist eine Fertigmischung besser geeignet.

▲ Unbedingt eine Schutzbrille tragen!

▲ Muster auf Mosaikgrund übertragen.

MUSTER ENTWERFEN

Wie bei allen anderen Projekten sollte man auch hier einen Entwurf machen, um eine Vorstellung von der fertigen Arbeit zu entwickeln.

Als Anfänger sollte man mit einfachen Entwürfen beginnen, die mehr von der Farbe als vom Muster bestimmt sind. Eckige Formen sind erheblich einfacher zu gestalten als runde, vor allem wenn die Steinchen relativ groß sind. Wenn man Kurven gestalten möchte, setzt man also besser viele kleine Teilchen aneinander, statt zu versuchen, eine größere Scherbe rund zu brechen.

Man zeichnet einen Entwurf auf eine Fläche, die der späteren Mosaikfläche entspricht, lässt kleine Räume für die Fugenmasse und vermerkt die Farben für die einzelnen Flächen. Dann überschlägt man, wie viele Mosaiksteinchen man in den verschiedenen Farben benötigt.

Man überträgt den Entwurf auf die Mosaikgrundfläche und ritzt sie, wenn das Material es erlaubt, mit dem Cutter, damit der Kleber später besser haftet.

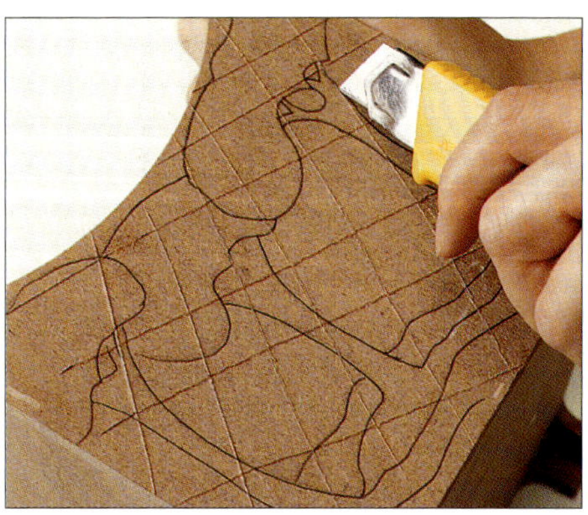

▲ Den Grund zur besseren Haftung einritzen.

STEINCHEN BRECHEN

Man sollte zunächst aus Testgründen ein oder zwei billige Fliesen aus dem Baumarkt, ein paar Mosaiksteinchen von den Papierbogen, Porzellan-, Steingut- und Glasscherben brechen, um ein Gefühl für die einzelnen Materialien zu erhalten. Immer von beiden Seiten aus, also sowohl mit der Zange als auch mit der haltenden Hand, Druck ausüben.

Manche Materialien sind leichter zu brechen als andere. Glasiertes Steingut und dünnes Porzellan bricht leicht, gefärbtes Flaschenglas kann sehr schwer

▲ Steinchen mit der Zange zerbrechen.

zu brechen sein. Man bedeckt es mit einem Tuch und zerschlägt es vorsichtig mit einem Hammer. Je kälter das Glas, desto leichter zerbricht es. Man sollte es also vorher eine Zeit lang ins Gefrierfach legen. Bei dieser Arbeit immer eine Schutzbrille und einen Mund-Nasen-Schutz tragen!

STEINCHEN KLEBEN

Man legt die gebrochenen, nach Farben sortierten Steinchen zunächst

▲ Große Stücke mit dem Hammer zerbrechen.

▲ Glasiertes Steingut bricht leicht.

auf den Entwurf. Ist das ganze Bild fertig ausgelegt und ist man mit dem Ergebnis zufrieden, nimmt man Steinchen für Steinchen auf, bestreicht sie mit Weißleim, setzt sie an der entsprechenden Stelle auf die eigentliche Mosaikfläche und drückt sie etwas an. Sehr kleine Steinchen nimmt man mit einer Pinzette auf.

▲ Mosaiksteinchen mit Weißleim aufkleben.

Zwischen den Steinchen bleiben kleine Zwischenräume, die später mit Mörtel gefüllt werden.

Wer sich seiner Sache sehr sicher ist, kann die Steinchen direkt aufkleben, ohne sie erst auf dem Entwurf zu arrangieren.

▲ Fertig geklebtes Mosaik vor dem Verfugen.

DAS MOSAIK VERFUGEN

MAN VERWENDET EIN FERTIGES Mörtelpulver, das man nach Packungsanweisung mit Wasser anrührt, oder man mischt aus Sand und gesiebtem Zement im Verhältnis 1 : 1 einen eigenen Fugenmörtel an. Möchte man den Mörtel färben, setzt man der Trockenmasse die entsprechende Farbe zu und vermischt sie gründlich. Man streicht die breiige Mörtelmasse mit einem Gummischaber über die gesamte Mosaikfläche und füllt alle Fugen gut mit der Masse aus. Der Mörtel dient sowohl zur weiteren Fixierung der Steine als auch zur dekorativen Füllung der Zwischenräume. Ehe der Mörtel trocknet, wischt man den Überschuss mit einem feuchten – nicht nassen – Schwamm oder Tuch so gründlich wie möglich ab.

▲ Mörtel aus Sand und Zement anrühren.

Hat man eine Fertigmischung verwendet, muss man das Objekt lediglich 8 Stunden trocknen lassen. Selbst angerührter Mörtel muss unter Feuchtigkeit binden. Man hält den Gegenstand deshalb zwei Tage lang feucht, indem man ein feuchtes – kein nasses – Tuch darüber breitet und das Ganze mit Plastikfolie abdeckt. Kleine Gegenstände kann man in eine Plastiktüte stecken. Dann nimmt man die Folie ab und lässt den Mörtel an der Luft trocknen. Falls einige Mosaiksteine nach der Trocknung noch mit Mörtel verschmutzt sind, reinigt man sie mit speziellem Fliesenreiniger, der Salzsäure enthält. Dazu säurefeste Schutzhandschuhe anziehen.

▲ Mörtel fest in die Fugen drücken.

▲ Oberfläche mit feuchtem Tuch abwischen.

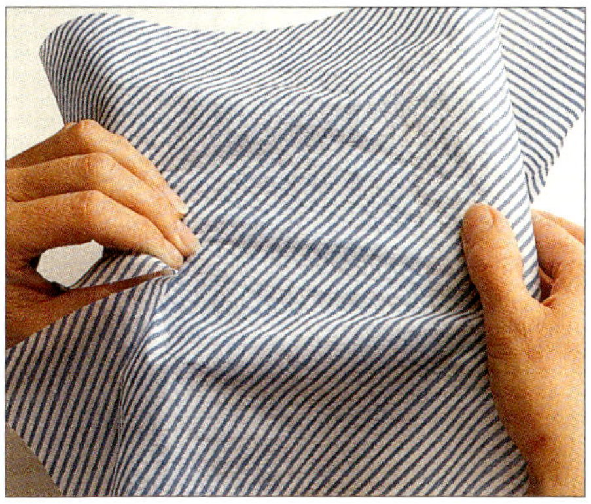

▲ Mörtel zum Binden feucht halten.

NÜTZLICHE TIPPS: Porzellanscherbenmosaik

• Kleine Objekte, die man mit einem Mosaik aus Porzellanscherben verzieren will, bestreicht man mit angerührtem Zement. Dann drückt man die Porzellanscherben so hinein, dass das erwünschte Muster entsteht. Den Zement einfach abbinden und trocknen lassen.

MOSAIKPROJEKTE

MAN KANN AUCH große Projekte wie ganze Fußböden in Angriff nehmen, doch gerade kleine Projekte, wie die in diesem Buch vorgestellten Bilderrahmen und die Vase, sind echte Trödelprojekte, für die alte Holzrahmen und eine Terrakottavase als Grundlage dienten. Für solche Objekte kann man statt der Mosaiksteine auch Glasperlen, Muscheln und Kiesel verwenden.

▲ Rahmen eignen sich gut für Mosaike.

▲ Mit Mosaik verzierte Stücke können mit anderem Zierrat dekoriert werden.

Vergolden

Die Kunst des Vergoldens ist sehr alt und beliebt. Schon die Ägypter wandten ebenso wie die südamerikanischen Inka Vergoldungstechniken an, um Gegenstände aus beliebigen Materialien wie aus Gold erscheinen zu lassen. Obwohl man von Vergolden spricht, können auch andere hauchdünne Metallblätter, haftende Pulver und Cremes aufgebracht werden, vor allem aus Silber, Bronze, Kupfer und Aluminium, aber auch aus Platin. Ein Hauch von Gold kann einen ganzen Raum verwandeln, zum Beispiel wenn man einen Bilderrahmen, eine Vase oder einen Lampenfuß damit überzieht. Fast alle Grundstoffe, sogar Gips und einfaches Pappmaché kann man mit dem zarten Blattgold überziehen und dadurch wertvoll wirken lassen.

MATERIALIEN UND UTENSILIEN

Welche Utensilien man zum Vergolden benötigt, hängt von der Art der Vergoldung ab. Keinesfalls muss man sich in große Unkosten stürzen, um extravagante Projekte zu gestalten. Man braucht in jedem Fall Schleifpapier, weiche Tücher und Pinsel von guter Qualität. Während Vergoldungspulver auf ganz normalem Lack haftet, benötigt man für Blattgold einen speziellen Haftgrund, der auch Anlegemittel genannt wird (siehe unten). Bei der Wahl der Technik spielen verschiedene Überlegungen eine Rolle: Wie viel Aufwand möchte man treiben? Wie viel Zeit möchte man investieren? Wie überzeugend soll das fertige Objekt wirken?

SCHLEIFPAPIERE

Welches Schleifpapier man verwendet, hängt von der Oberfläche des Objekts ab, das man vergolden möchte. In jedem Fall sollte man grob-, mittel- und feinkörniges Schleifpapier zur Hand

▲ Oberflächen immer erst abschleifen.

▲ Scharfe Schneidewerkzeuge verwenden.

haben und für eine glatte Oberfläche sorgen. Falls es die Oberfläche gestattet, kann man auch feinkörnige Papiere für einen Nassschliff verwenden, der meist besonders fein und glatt wird.

SCHNEIDEWERKZEUGE

Die Frage danach stellt sich nur bei Verwendung von Blattmetallen. Für sie kann man Scheren und scharfe Cutter verwenden, am besten ist aber ein spezielles Vergoldermesser, das wie eine Palette mit scharfer Kante aussieht: Mit dem Messer kann man das Blattgold nicht nur mit einem einzigen scharfen Schnitt durchtrennen, man kann es damit auch heben. Beim Schneiden mit Schere oder Cutter kann das hauchzarte Metallblatt leicht reißen. Beim Anlegen immer für ein wenig Überschuss sorgen. Er wird zum Schluss mit dem Pinsel entfernt.

FARBE

Je nachdem was und wie man zu dekorieren wünscht, sollte man den Untergrund vor dem Vergolden mit Bolus

▲ Schleifpapier und Bolus zur Vorbereitung.

(Siegelerde) streichen. Bolus ist eine spezielle braune Farbe, die einerseits als Grundierung und andererseits als eine Art Spachtelmasse dient, mit der kleine Risse, Unebenheiten und Fehlstellen gefüllt werden. Bolus ist gebrauchsfertig im Handel und lässt sich sehr fein abschleifen. Auch eine seidenmatte Grundierung – jedoch keine matte und auch keine hochglänzende – kann aufgetragen werden. Achten Sie stets darauf, dass Grundierung und Haftgrund die gleiche Basis haben: entweder Öl oder Wasser (siehe unten).

HAFTGRUND

Vergoldungspulver haftet auf ganz normalem Lack. Für Blattgold hingegen braucht man einen besonderen Haftgrund, ein Anlegemittel, wie man fachsprachlich sagt. Es hält das Blattgold auf dem Untergrund und versiegelt die vergoldete Fläche. Es gibt Anlegemittel auf Wasser- und auf Ölbasis. Je nach Marke und Art brauchen sie zum Trocknen 20 Minuten bis 24 Stunden. Für große Objekte braucht man ein

▲ Anlegemittel zur Blattgoldfixierung.

Anlegemittel mit längerer Trocknungszeit, damit man in Ruhe arbeiten kann. Das Blattgold muss angelegt werden, bevor das Mittel ganz trocken ist. Es muss jedoch immer noch klebrig sein. Auch Goldpulver kommt auf den Lack, solange er noch feucht ist: Bringt man das Goldpulver zu früh auf, legt es sich nicht vollkommen glatt an und wirkt stumpf und leblos; ist das Anlegemittel bereits zu trocken, hält das Gold nicht und blättert stellenweise ab.

PINSEL UND APPLIKATOREN

Pinsel werden sowohl für die Aufbringung von Goldpuder als auch zum Anlegen von Blattgold gebraucht. Sie sollten buschig und weich sein. Pony- oder Eichhörnchenhaar ist ideal. Den Vergoldungspinsel von allen anderen Pinseln getrennt halten, nur für diesen Zweck verwenden und möglichst nicht auswaschen, sondern nur trocken ausklopfen. Die Investition für einen teuren Pinsel lohnt sich.

NÜTZLICHE TIPPS: Anlegemittel

- Je schneller das Anlegemittel trocknet, desto geringer ist die Gefahr, dass sich Staub darauf ablagert. Andererseits ist sehr rasch trocknendes Anlegemittel sehr fragil und anfällig für Risse. Versuchen Sie, ein nicht zu rasch trocknendes Anlegemittel und eine absolut staubfreie Arbeitsumgebung zu finden. Vermeiden Sie Zugluft!
- Um zu prüfen, ob das Anlegemittel zur Aufbringung des Goldes bereit ist, bestreicht man neben dem eigentlichen Objekt ein Teststück Holz ebenfalls mit Anlegemittel. Von Zeit zu Zeit sollten Sie versuchen, Blattgold darauf anzubringen. Sobald es gut auf dem Testholz haftet, ist der eigentliche Arbeitsgegenstand zum Vergolden bereit.

Mit einem Wattestäbchen drückt man das Blattgold an schwierigen Stellen, Rillen u. Ä. vorsichtig in die richtige Position. Für große, glatte Flächen kann man ein Samttuch nehmen, mit dem man auch vergoldete Flächen poliert.

DER GOLDEFFEKT

Blattgold, Goldcreme und Goldpuder haben ihre jeweiligen Vorteile. Blattgold ist, wenn es gut aussehen soll, nicht ganz einfach zu handhaben und erfordert Zeit. Dafür behält es aber lange seinen Glanz. Goldcreme ist beliebt für kleine Objekte oder für leuchtende Akzente. Außerdem verwendet man sie zur Ausbesserung vergoldeter Gegenstände. Die Arbeit mit Goldpuder ist nicht sehr sauber, aber man braucht nur wenige Zusatzutensilien. Als Haftgrund genügt normaler Klarlack.

- BLATTGOLD: Blattgold gibt es lose und zum Abziehen von transparenter Folie, auf der es durch eine Wachsschicht haftet. Man sollte nur dieses Blattgold verwenden, weil es sehr viel einfacher zu handhaben ist. Der Fachhandel hält es in Bögen verschiedener Größen bereit. Professionelle Vergolder benutzen so genannte Vergolderkissen, um das Blattgold glatt aufzubringen, aber für die Zwecke eines Hobbybastlers genügt ein weicher Pinsel oder ein Seidenschal. Die Metalloberfläche sollte man nicht berühren (das Blattgold bleibt an den Fingern haften), sondern mit der Trägerfolie nach oben möglichst genau platzieren. Durch leichten Druck anlegen, dann erst die Folie abziehen.

- GOLDCREME: Von Vergoldern wird sie üblicherweise zur Ausbesserung von Fehlstellen verwendet, wenn zum Beispiel das Anlegemittel schon trocken geworden ist und das Blattgold dort nicht haftet. Da sie aber leicht zu handhaben ist, kann man die Creme auch zum Vergolden kleiner Objekte nehmen.

▲ Blattgold auf Folie.

▲ Goldcreme in verschiedenen Farbtönen.

- GOLDPUDER: Eine schnelle Alternative zu Blattgold, die allerdings unbedingt mit einer Klarlackschicht geschützt werden muss. Außerdem staubt das Pulver, sodass man die Arbeitsfläche gründlich abdecken muss. Das Pulver kann auf Flächen aufgetragen werden, die mit Klarlack vorgestrichen sind, der noch nicht völlig getrocknet ist. Man nimmt zum Auftrag einen weichen Pinsel. Risse und Fehlstellen in Blattvergoldungen kann man mit Pulver bedecken.

LACK

Der vergoldete Gegenstand ist gegen Kratzer nicht geschützt und kann im Laufe der Zeit nachdunkeln. Um beides zu verhindern, trägt man mehrere dünne Schichten Klarlack auf. Wünscht man einen leicht antikisierten Effekt, verwendet man klaren Sprühlack oder klaren Hochglanzlack für Holz (auf Ölbasis), den man mit etwas Künstlerölfarbe in Siena gebrannt oder Umbra natur abtönt (siehe Seite 63).

▲ Vergoldete Fläche mit Lack schützen.

BLATTGOLD ANLEGEN

Ein Blick auf vergoldete Gegenstände in Geschäften und Antiquitätenläden ist hilfreich, um sich ein Bild vom Aussehen vergoldeter Objekte zu machen. Auch sie weisen kleine Unebenheiten auf, die letztlich kaum ins Gewicht fallen.

Obwohl man eine möglichst vollkommene Oberfläche anstrebt, wird es beim Anlegen der Blätter zu winzigen Lücken oder Überlappungen kommen. Wenn man das fertige ganze Stück vor sich hat, fallen diese kleinen Fehler aber nicht mehr auf.

Zunächst muss man das Objekt sehr sorgfältig abschleifen, denn eine glatte Oberfläche ist unabdingbar. Das Blattgold ist so dünn, dass sich jede noch so kleine Unebenheit deutlich abzeichnet, deshalb muss man das geschliffene Objekt auch sehr gründlich entstauben, am

▲ Oberflächen vorsichtig abschleifen.

besten mit einem Staubbindetuch. Rillen und Vertiefungen reinigt man mit einem Wattestäbchen.

Bevor man mit dem Anlegen des Blattgolds beginnt, muss man für eine absolut staubfreie Umgebung sorgen, denn jeder umherfliegende Staub klebt an dem Anlegemittel sofort an. Am besten deckt man die Umgebung der Arbeitsfläche mit feuchten Tüchern ab. Auch an den Arbeitsgeräten darf keinerlei Staub haften. Man sollte das Abschleifen und das Anlegen des Blattgolds in zwei verschiedenen Räumen erledigen.

Ist der Gegenstand oder die Fläche groß, sollte man ein oder zwei Schichten Bolus oder einer Farbe nach Wahl auftragen. Möchte man Anlegeöl verwenden, muss man Ölfarbe für den Anstrich wählen. Nachdem die Farbe getrocknet ist, muss man mit feinkörnigem Schleifpapier abschleifen.

Mit einem weichen Pinsel trägt man eine dünne Schicht Anlegemittel auf und hinterlässt möglichst keine Pinselspuren. Obwohl Anlegemittel auf Wasserbasis milchig aussieht, trocknet es klar. Nun wird das Blattgold auf der Folie vorsichtig auf passende Größe geschnitten, wobei man ein wenig Zugabe lässt, die man erst später entfernt. Da das Gold auf dem Anlegemittel sofort haftet, dürfen versehentlich mit Anlegemittel bestrichene Stellen, die nicht vergoldet werden sollen, nicht mit dem Gold in Berührung kommen. Man legt das Gold mit der Folie nach oben auf das Objekt und reibt es mit einem Wattebausch, einem weichen Pinsel oder einem Tuch an, dann löst man die Folie sehr vorsichtig ab.

Mit einem weichen Pinsel streicht man das Blattgold nun aus. Feine Fältchen sollten mit dem Pinsel geglättet werden können. Zuletzt entfernt man Überschüsse, indem man sie wegpinselt. Auf der Trägerfolie verbliebene Reste von Blattgold können zum Auskleiden von Ecken, Rillen und unzugänglichen Stellen benutzt werden.

▲ Überschüssiges Blattgold wegpinseln.

Auch kleine Fehlstellen zwischen einzelnen größeren Blättern, die man nacheinander angelegt hat, kann man mit solchen Resten vorsichtig füllen. Auch kann man kleine Risse oder Fehlstellen, solange das Anlegemittel noch klebrig ist, mit Goldpulver überpinseln.

Das Objekt nach den Anweisungen auf der Anlegemittelpackung vollständig trocknen lassen und dann mit einem Samtlappen oder Wattebausch vorsichtig polieren. Da die Oberfläche noch sehr empfindlich ist, nur ganz wenig Druck ausüben.

▲ Fehlstellen mit Goldpuder ausbessern.

Das Stück ist jetzt zwar vergoldet, aber noch sehr anfällig gegen Kratzer

▲ Mit Bolus grundieren.

▲ Blattgold exakt anlegen.

▲ Oberfläche leicht polieren.

und andere Gebrauchsspuren. Man schützt die empfindliche Oberfläche deshalb mit einigen Schichten Klarlack. Entweder verwendet man Klarlack aus der Sprühdose oder man trägt Klarlack mit dem Pinsel auf. Jede Lackschicht muss erst restlos trocknen, ehe man die nächste aufträgt.

EIN STÜCK ANTIKISIEREN

MÖCHTE MAN EINER VERGOLDETEN Oberfläche ein gealtertes Aussehen geben, kann man dem Klarlack, sofern er wasserlöslich ist, ein wenig Beize zusetzen, denn dadurch erhält der Gegenstand eine wie nachgedunkelt erscheinende Oberfläche. Man kann das ganze Stück oder auch nur solche Stellen damit streichen, die natürlicherweise am ehesten durch Staub nachdunkeln und Patina ansetzen würden.

▲ Lack zur Antikisierung abtönen.

Allerdings trägt man zunächst immer erst eine ungetönte Schicht Lack auf.

Bei Lacken auf Ölbasis verwendet man zum Einfärben etwas Künstlerölfarbe in Siena gebrannt oder Umbra natur. Man trägt eine getönte Lackschicht auf und lässt sie trocknen. Dann

▲ Zwei Schichten getönten Lack auftragen.

▲ Überschüssigen Lack abwischen.

kann man mit einer noch etwas dunkler getönten Lackschicht nochmals nacharbeiten. Mit einem weichen Tuch kann man den Lack von Stellen abwischen, an denen sich normalerweise keine Patina gebildet hätte, denn der dunkle Lack soll nur solche Stellen bedecken, die natürlicherweise durch Staubansammlung gedunkelt erscheinen würden.

VERGOLDEN MIT GOLDCREME

EINFACHER UND SCHNELLER geht das Vergolden mit Goldcreme. Auch Oberflächen wie Pappmaché, die nicht oder nur schlecht geschliffen werden können, kann man mit Goldcreme vergolden. Man kann sie auch verwenden, um gestrichenen Oberflächen einen Goldhauch zu verleihen. Die preiswerte, leicht zu handhabende Creme lässt sich allerdings nicht so blank polieren wie Blattgold.

Das vergoldete Objekt kann aber mit Sprühlack oder (getöntem) Klarlack lackiert werden. Bei dem hier abgebildeten Stern wurde der Lack effektvoll für die tiefer liegenden Gesichtspartien verwendet.

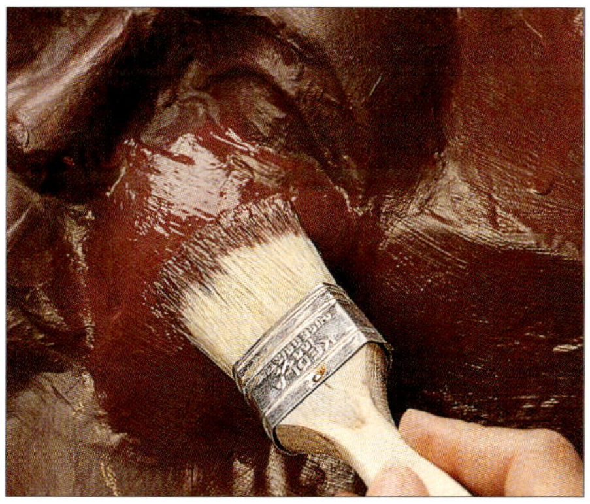

▲ Erst eine Schicht Bolus auftragen.

▲ Goldcreme mit den Fingern auftragen.

Unbehandelte Oberflächen streicht man zunächst mit Bolus oder einer Farbe nach Wahl. Ist diese Schicht trocken, verreibt man die Goldcreme gleichmäßig mit den Fingern – auch in Rillen und Vertiefungen. Eventuell ein Wattestäbchen dafür verwenden.

Die Goldcreme nach Anweisung trocknen lassen (gewöhnlich etwa zwei Stunden), dann die Fläche mit einem

▲ Mit einem weichen Tuch polieren.

weichen Tuch blank reiben, falls ein leichter Glanz erwünscht ist.

VERGOLDEN MIT GOLDPUDER

EINE ANDERE SCHNELLE und effektive Möglichkeit des Vergoldens ist der Auftrag von Goldpuder. Die Arbeit damit ist sauberer als mit Goldcreme, außerdem ist die behandelte Fläche strapazierfähiger, weshalb sich Goldpulver für Lampenfüße, Griffe und Türknaufe eignet. Beim Auftrag lässt sich allerdings nicht vermeiden, dass Goldstaub umherfliegt; wenn möglich sollte man also im Freien arbeiten.

Wie bei den anderen Vergoldungsmethoden kann man wahlweise eine

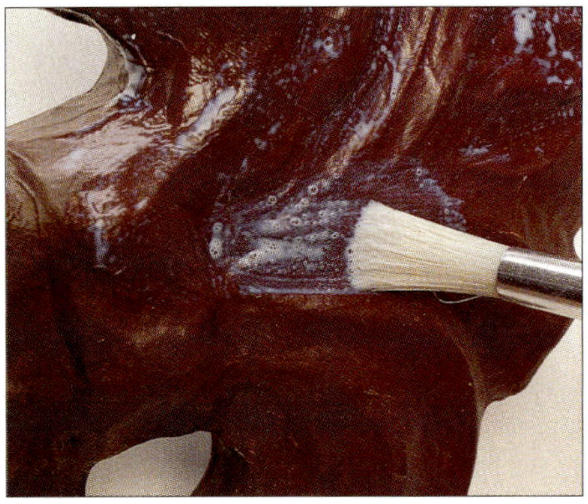

▲ Anlegemittel auftragen.

Grundierung aus Farbanstrich oder Bolus auftragen. Ist die Farbe trocken, trägt man ein dünne Schicht Anlegemittel oder Klarlack auf und lässt sie so weit trocknen, dass bei Berührung noch eine gewisse Klebrigkeit zu spüren ist.

Stupfen Sie einen sauberen weichen Pinsel in das Goldpulver und verteilen Sie damit das Pulver auf der leicht klebrigen Fläche. Tragen Sie das Pulver relativ dick auf, denn es wird in die

▲ Goldpulver mit Pinsel aufbringen.

klebrige Oberfläche eingesogen. Pinseln Sie den Überschuss ab, bis Sie das Objekt anfassen können, ohne zu viel Staub an den Fingern zu behalten. Wenn Sie verschiedenfarbige Pulver

▲ Eine schützende Lackschicht auftragen.

▲ Blattgold, Goldpuder und Goldcreme.

auftragen und mit dem Pinsel leicht verteilen, können Sie einen changierenden Effekt erzielen. Nachdem die Oberfläche vollständig getrocknet ist, schützt man sie durch Klarlack.

METALLICFARBE ANMISCHEN

MIT DEN PULVERN KANN MAN eine Farbe anrühren, mit der man kleine Risse im Blattgold ausbessern kann. Natürlich kann man mit der Farbe auch bei gestrichenen Objekten durch Goldränder Akzente setzen.

Man gibt etwa einen Teelöffel des Pulvers in eine flache Schale oder auf eine Untertasse. Dann fügt man langsam etwas Leinöl zu und vermischt das Ganze mit dem Pinsel, bis alles gut verrührt ist und die Mischung die Konsistenz von Crème double hat. Nun gibt man vier Tropfen Sikkativ (Trocknungsbeschleuniger) an die Mischung. Die Farbe muss dicklich, aber dennoch glatt und sehr geschmeidig sein.

Ist die Goldfarbe fertig, kann man sie mit einem feinen Künstlerpinsel auf kleine Risse, Fehlstellen und Lücken in

▲ Metallpulver mit Leinöl mischen.

▲ Der Mischung Sikkativ zugeben.

der Vergoldung eines Stücks auftragen. Diese Farbe trocknet aber eher matt und verbindet sich deshalb nicht einheitlich mit der glänzenden Oberfläche.

GEEIGNETE OBJEKTE

VORAUSGESETZT, DIE OBERFLÄCHE wurde richtig vorbehandelt, kann man beinahe alle Objekte vergolden. Vergoldete Details wie Rillen oder Kanten an

▲ Auch kleine Objekte kann man vergolden.

großen Objekten oder kleine Zierstücke wie Rahmen, Lampenfüße und Kerzenständer wirken intensiver als ganze Flächen.

Auch Kieselsteine, Muscheln, trockene Zweige, Tannenzapfen und andere natürliche Objekte kann man vergolden. Hüten Sie sich jedoch vor einem allzu aufdringlichen Auftrag. Gold, Silber und andere Edelmetalle wirken am besten, wenn sie sparsam und vor allem für glänzende Akzente eingesetzt werden.

TABLETTS

Der Gedanke, ein ganz normales Haushaltstablett mit Gold oder anderem Edelmetall zu verzieren, kommt den

▲ Mit Gold veredeltes altes Tablett.

wenigsten Menschen. Tatsächlich ist das Blattgold bei häufigem Gebrauch eines Gegenstands ja sehr gefährdet. Doch ein Tablett, das nur für festliche Gelegenheiten benutzt wird, kann durch Zierkanten aus Gold, die durch Klarlack geschützt werden, zu einem besonderen Glanzpunkt werden, wie zwei Projekte dieses Buchs, das Lackierte Butler Tray auf Seite 129 und das Blattgoldtablett auf Seite 138, belegen.

LAMPENFÜSSE UND VASEN

Vasen und Lampenfüße eignen sich für den Hobbybastler besonders gut zum Vergolden. Vergoldet man auch die Innenseiten der Schirme, verstärkt man diesen Effekt noch. Entsprechend kann man auch Kerzenständer aus Holz mit Gold- oder Silberblatt oder entsprechendem Pulver oder einer Creme sehr elegant dekorieren.

SCHACHTELN

Schachteln aus Holz oder Pappmaché kann man mit Blattgold zu edlen kleinen Kästen umgestalten, die ideale Geschenke ergeben. Schlägt man sie mit Samt aus, kann man Schmuck darin aufbewahren.

BILDER- UND SPIEGELRAHMEN

Schlichte oder durch Schnitzereien kunstvoll verzierte Rahmen sind seit jeher beliebte Objekte zur Vergoldung. Man kann die ganzen Rahmen mit Blattgold, Goldcreme oder -pulver vergolden oder andersfarbig gestrichene Rahmen lediglich mit Gold akzentuieren oder auch goldene Motive aufbringen.

Als Beispiel dafür dient der bedruckte Spiegelrahmen auf Seite 110.

▲ Vergoldete Accessoires ziehen die Aufmerksamkeit auf sich.

▲ Schlichte Kästen werden mit Gold zu extravaganten Behältern.

Stempeldruck

KLEINMÖBEL ODER WÄNDE mit Stempeln zu bedrucken ist eine alte Technik, die in jüngster Zeit wieder beliebter wird. Man kann mit dieser Technik auf rohen Oberflächen sehr leicht sich wiederholende Muster aufbringen, ohne sich all der Mühen des Schablonierens zu unterziehen. Auch Stempeldrucke können etwas nachlässig oder höchst akkurat ausgeführt werden. Der besondere Effekt ergibt sich oft aus der willkürlich scheinenden Verteilung der Abdrucke.

Man muss also viel Zeit für eine genaue Abmessung aufwenden. Obwohl man meist Gummi- oder Holzstempel benutzt, kann man mit anderen Stempelmaterialien wie Metall, Schwämmen oder sogar Gemüsen experimentieren.

STEMPELMATERIALIEN

AUS EINER VIELZAHL VERSCHIEDENER Materialien kann man Stempel zum Drucken herstellen. Die Wahl bestimmt das Aussehen, die Klarheit und die Haltbarkeit des späteren Drucks. Stempel, die für eine große Fläche sehr oft verwendet werden sollen, müssen aus haltbarem und leicht zu reinigendem Material sein. Für kleine Objekte, die man mit zwei oder drei Abrucken verzieren möchte, kann man einen Stempel aus Gemüse verwenden, den man nach Gebrauch wegwirft.

• GUMMISTEMPEL: Aus kompaktem Gummi geschnittene Stempel kann man oft wiederverwenden. Im Fachhandel gibt es sie mit vielen unterschiedlichen Motiven und in verschiedenen Größen als Fertigprodukte zu kaufen. Darüber hinaus sind sie als Sonderanfertigung nach eigener Motivvorlage bestellbar oder man stellt sie nach eigenen Ideen selbst her (siehe dritte Spalte rechts).

▲ Gummistempel kann man oft verwenden.

▲ Naturschwamm erzeugt strukturierte Motive.

• FESTER SCHWAMM, KORK UND LEDER: Die mit diesen Stempeln gedruckten Motive erscheinen in sich strukturiert. Weniger haltbar als Gummistempel.

• KARTOFFELN: Aus relativ festen Knollen- oder Wurzelgemüsen wie Kartoffeln oder Möhren kann man einfache Stempel für geringe Ansprüche schneiden. Man kann die Stempel nicht aufbewahren. Der Abdruck wirkt leicht strukturiert.

• STEMPELKISSEN: Im Fachhandel für Büroartikel gibt es Stempelkissen in verschiedenen Farben und Größen. Sie sind ideal zum schnellen, einfachen Drucken. Für Namensstempel u. Ä. konzipiert, enthalten die Kissen schnell trocknende Farben, die auf vielen Oberflächen gut haften.

• FARBE: Man kann nahezu alle Farben verwenden; die zu bedruckende Oberfläche bestimmt die Wahl, denn nicht jede gewählte Farbe haftet auf jedem Grund.

GUMMISTEMPEL ANFERTIGEN

MAN WÄHLT EIN MOTIV UND überträgt es auf Papier oder entwirft es selbst. Dann überträgt man es auf ein kompaktes Stück Gummi, und zwar auf die Seite, die später die Stempeloberfläche bildet. Je einfacher und klarer das Motiv, desto besser, denn man muss die Umrisslinie ja ausschneiden. Für ein detailliertes Muster nimmt man lieber Linoleum für Linolschnitt, das man mit speziellen Instrumenten ausschneidet.

DEN STEMPEL SCHNEIDEN

Mit Weißleim klebt man Schaumstoff auf ein Stück Holz, das der Größe des Stempels entspricht. Es können einzelne Stücke sein, denn der Schaumstoff bildet nur den Untergrund des eigentlichen Stempels. Mit einer scharfen Schere oder einem Teppichmesser schneidet man das Motiv Stück für Stück aus dem Gummi aus und klebt es mit Weißleim auf den Schaumstoff. Fest anpressen. Stellen, die nicht gut kleben, nachleimen.

▲ Ausschnitte auf Schaumstoff positionieren.

▲ Stempel auf einem Stück Papier testen.

STEMPEL TESTEN

Den Stempel satt mit Farbe einstreichen, am besten mit einem Schwamm. Den Stempel auf einer ebenen Fläche auf ein Stück Papier drücken und gerade nach oben abheben. Es erscheint der Abdruck, wie er später auf der zu bedruckenden Oberfläche zu sehen sein wird. Falls erforderlich, kann man nun noch Korrekturen anbringen. Ist man zufrieden, schneidet man mit dem Cutter den Schaumstoff neben dem Gummimotiv weg, sodass das Stempelbild frei auf dem Holz liegt. So kann der Schaumstoff keine ungewollten Abdrücke auf der Oberfläche hinterlassen, wenn man den Stempel fest aufdrückt.

MIT DEM STEMPEL DRUCKEN

Mit einem Pinsel oder Schwamm Farbe auf den Stempel auftragen. Der Stempel muss vollständig bedeckt sein, die Farbe (vorzugsweise Künstleracrylfarbe) sollte undurchsichtig und nicht zu dünnflüssig sein. Stempel und Farbe erneut auf Papier prüfen und dabei zugleich überschüssige Farbe abstreifen. Dann den Stempel auf die gewünschte Fläche setzen und mit nicht zu starkem Druck aufpressen. Bei größeren Motiven darauf achten, dass der ganze Stempel guten Kontakt mit der Fläche hat. Den Stempel mit beiden Händen gerade und ohne viel zu wackeln von der Fläche abheben.

Je nach der verwendeten Farbe und der Art des Stempels kann man ihn mehrmals aufdrücken, ehe man ihn neu mit Farbe bestreicht. Schwämme nehmen viel Farbe auf und können entsprechend mehrmals aufgedrückt werden, wobei die Einzelabdrücke immer schwächer werden. Schwämme sollten beim ersten Abdruck nur leicht auf die Oberfläche gedrückt werden; erst wenn die Farbe fast verbraucht ist, sollte man mehr Druck ausüben.

NÜTZLICHE TIPPS: Seitenverkehrtes Bild

- Braucht man einen spiegelverkehrten Abdruck des Motivs, stempelt man das Motiv auf eine Gummiunterlage und schneidet daraus einen seitenverkehrten neuen Stempel.

▲ Überschüssigen Schaumstoff wegschneiden.

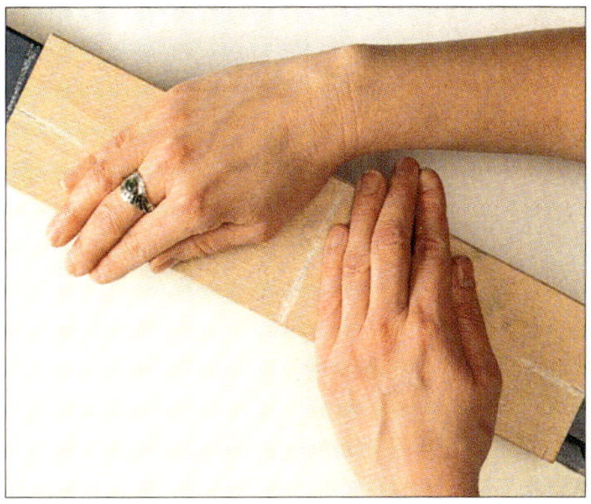

▲ Gleichmäßigen Druck ausüben.

KARTOFFELSTEMPEL

DIE KNOLLE HALBIEREN, die Schnittfläche trockentupfen. Eine Schablone darauf legen und mit einem Cutter den Umriss nachschneiden. Dann alles, was außerhalb des Umrisses liegt, wegschneiden, sodass das Motiv erhaben steht (siehe auch Seite 110).

NÜTZLICHE TIPPS: Kartoffelstempel

- Da Gemüse viel Wasser enthalten, muss man dicke Farbe verwenden und den Stempel zwischendurch mit Küchenpapier abwischen, damit die Farbe nicht verdünnt.

▲ Den Umriss des Motivs mit dem Cutter nachschneiden.

Bauernmalerei

IM GESAMTEN EUROPÄISCHEN Kulturkreis haben sich besondere Formen der Freihandmalerei herausgebildet, die man umfassend als Bauernmalerei bezeichnen könnte, weil sie eher im ländlichen Umfeld anzutreffen waren und sind.

Alles wurde gestrichen: Haushaltsgegenstände wie Töpfe, Kannen und Geschirre, Kleinmöbel wie Kästen oder Uhrengehäuse, aber auch Schränke, Betten, Truhen und Kommoden. Es wurde bemalt, vorzugsweise mit Blumenmotiven, aber auch mit anderen Mustern in einer einfachen Technik ausgeschmückt, die auf den folgenden Seiten vorgestellt wird. Wenn man als Hintergrund eine dunkle Farbe wählt, kommen die in leuchtenden Farben aufgemalten Motive besonders gut zur Geltung.

DIE STRICHFÜHRUNG (siehe nebenstehende Seite)

ROSENBLÜTENBLÄTTER

1 Rosenblüten malt man in dieser Reihenfolge: erst zwei Innenblätter, dann, von links nach rechts, drei große äußere Blütenblätter, denen am unteren Rand noch drei kleine Blätter folgen. Wenn die Farbe trocken ist, mit Gelb drei Staubfäden einfügen. Den Pinsel gerade halten und so auf den Untergrund drücken, dass die Haare zur Hälfte flach aufliegen. In schwungvoller Kurve einen leichten Bogen zeichnen, dabei den Pinsel leicht anheben.

DEKORATIVE WELLENLINIEN

2 Den Pinsel gerade aufsetzen, sodass nur die Haarspitzen den Untergrund berühren. Dann von links nach rechts eine Kurve beschreiben. Den Pinsel aufdrücken und wieder anheben.

GÄNSEBLÜMCHENBLÄTTER

3 Das erste Viertel des Pinsels auf die Oberfläche drücken, schwungvoll wegziehen und dabei anheben. Verwendet man die Striche als waagrechte Verzierung, kann man jeweils mit der Pinselspitze einen Punkt dazwischen setzen.

▲ Ein mit Bauernmalerei in Emailfarben verzierter alter Eisenkessel.

DÜNNE STRICHE, STAUBFÄDEN

4 Die Pinselspitze auf die Oberfläche drücken, zur spitz auslaufenden Seite hin wegziehen und dabei anheben.

KLEINE ROSENBLÜTENBLÄTTER

5 Die Pinselführung ist die gleiche wie bei den Rosenblütenblättern (1), doch setzt man weniger Pinselfläche auf und zieht kleinere Bögen.

BLÄTTER

6 Man beginnt und endet auf der Pinselspitze. Dazwischen malt man mit verstärktem Druck eine von oben nach unten verlaufende schwungvolle Kurve mit linksseitiger – dann, nach neuem Ansatz mit rechtsseitiger – Ausbuchtung. Zuletzt die Mitte füllen.

LANGE UND GEBOGENE LINIEN

7 Wie unter 4 beschrieben vorgehen, jedoch mit wenig Druck von oben nach unten ziehen. Den Farbauftrag immer von der breiteren Seite beginnend zum feinen Ende hin führen.

NÜTZLICHE TIPPS: Maltechniken

- Auf genügend große Abstände achten, wenn man die Motive beginnt, damit man auch die Ausschmückungen und die verbindenden kleinen Motive noch gut unterbringen kann.

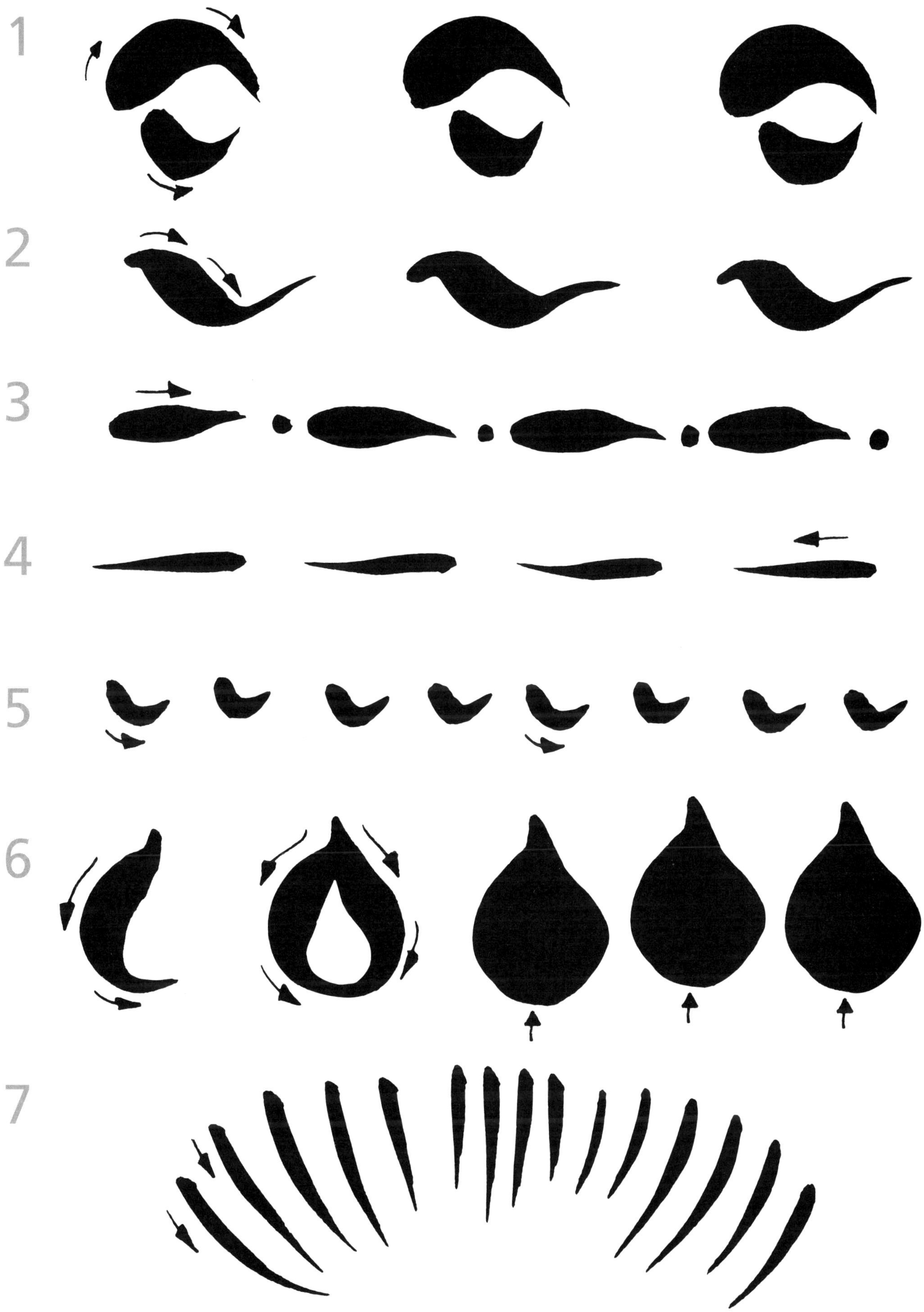
1
2
3
4
5
6
7

ROSEN

• WEISSE ROSE: Man beginnt mit einem Kreis in Hellrot, auf den man rote Schatten setzt. Mit sauberem Pinsel malt man weiße Blütenblätter und gelbe Staubfäden.

▲ Hellroter Kreis und rote Schatten.

▲ Weiße Blütenblätter und gelbe Staubfäden.

• ROTE ROSE: Man beginnt mit einem Kreis in Braunrot, auf den man schwarze Schatten setzt. Mit sauberem Pinsel malt man rote Blütenblätter und gelbe Staubfäden.

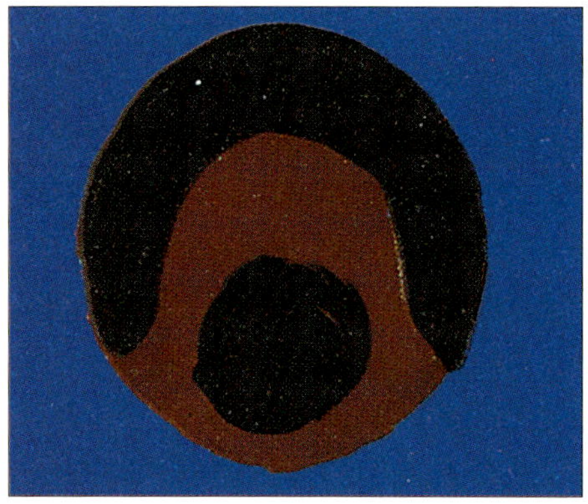

▲ Braunroter Kreis und schwarze Schatten.

▲ Rote Blütenblätter und gelbe Staubfäden.

• GELBE ROSE: Man beginnt mit einem Kreis in Orange, auf den man dunkelrote Schatten setzt. Mit sauberem Pinsel malt man gelbe Blütenblätter und Staubfäden.

▲ Orangeroter Kreis und dunkelrote Schatten.

▲ Gelbe Blütenblätter hinzufügen.

GÄNSEBLÜMCHEN

Man beginnt mit einem Kreis weißer Blütenblätter. Ist die Farbe getrocknet, setzt man in die Mitte einen gelben Kreis. Ist dieser trocken, setzt man in Rot um die eine Seite des gelben Flecks einen schwungvollen Halbkreis.

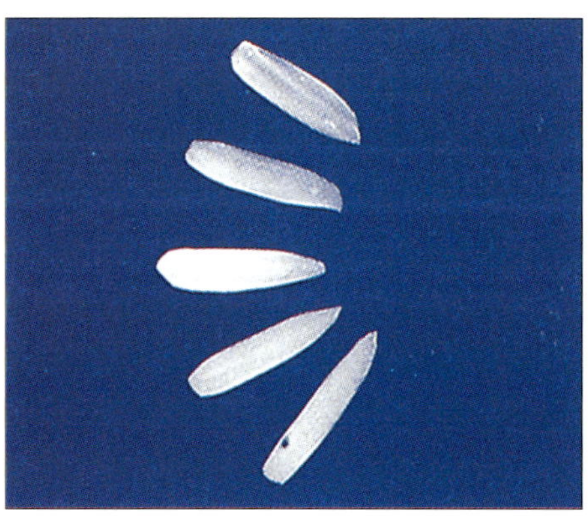

▲ Weiße Blütenblätter malen.

In der gleichen Weise kann man andere einfache Blüten gestalten, etwa kleine violettfarbene Veilchen oder hellblaue Vergissmeinnicht. Man schaut sich die Blüten in der Natur an und gestaltet sie dann frei nach.

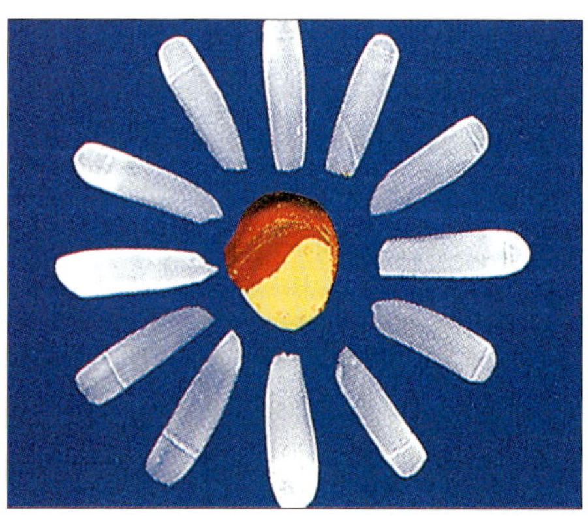

▲ Gelbe Mitte mit Rot akzentuieren.

BLÄTTER

Für die Blätter verwendet man ein abgetöntes Grün. Die untere Mitte füllt man mit angetönten Grün aus. Die Blattrippen kann man mit feinen Strichen in Gelb oder auch in leuchtendem Grün einsetzen.

▲ Grünes Blatt mit gelben Rippen.

Antikisierungstechniken

VIELEN MENSCHEN GEFÄLLT ES, ein Stück vom Trödel künstlich zu antikisieren und ihm den Anschein eines viel benutzten Objekts zu geben. Ein solcher Antikeffekt kaschiert einerseits irreparable kleine Schadstellen, andererseits verleiht es dem Objekt den Charme des Historischen. Es gibt viele Möglichkeiten, ein Stück künstlich wie gealtert aussehen zu lassen. Man kann diese Methoden in verschiedenen Stadien der Aufarbeitung anwenden. Manche sind sehr einfach, andere der hier vorgestellten Techniken erfordern etwas mehr Aufwand.

VOR DEM STREICHEN

EIN STÜCK NEUES ROHES HOLZ kann man älter aussehen lassen, indem man es mit Holzbeize auf Wasserbasis streicht. Walnuss ist ein geeigneter Farbton. Das Holz sollte porös sein, damit die Beize eindringen kann, und muss zunächst gut von Staub, Schmutz und Fett gesäubert werden. Dazu nimmt man am besten warmes Wasser, dem ein Reinigungsmittel zugesetzt wurde. Man kann auch eine Schicht verdünnten braunen Schellack auftragen, aber die Verwendung von Beize ist einfacher und unproblematischer. Später wird dann Farbe aufgetragen, die stellenweise wieder abgewischt wird, sodass der mit Beize oder Schellack gefärbte dunkle Grund durchscheint.

NACH DEM STREICHEN

MIT BELIEBIGER FARBE GESTRICHENE Flächen können künstlich antikisiert werden, indem man die Farbe vorsichtig abschleift. Dazu verwendet man feines Schleifpapapier, Siliziumkarbidpapier oder feine Stahlwolle, die man, je nach Art der Farbe, entweder mit Brennspiritus (für Dispersionsfarben) oder Wasser (für traditionelle Farben) anfeuchtet. Jedes Schleifmittel erzeugt einen anderen Effekt; sie können allein oder in Kombination angewendet werden. Eine andere Möglichkeit besteht darin, vor der Anstrichfarbe an exponierten Stellen, besonders an Kanten und Ecken, Wachs aufzutragen. Die Farbe hält dann nicht gut und lässt sich dort leicht abwischen oder abschleifen.

▲ Die Kanten mit Stahlwolle abschleifen.

▲ Bei Dispersionsfarbe Spiritus verwenden.

ANTIKISIERUNGSLASUR

MÖCHTE MAN EINEM OBJEKT in wenigen Minuten das Aussehen eines Gegenstands verleihen, der jahrelang auf einem Dachboden gestanden und dort Staub angesammelt hat, trägt man eine künstliche Patina auf. Dafür mischt man Lasurmittel mit einer dunklen Farbe, zum Beispiel Umbra natur (siehe das Badezimmerschränkchen Seite 192). Diese Lasur trägt man auf das fertig gestrichene Objekt auf und wischt sie unmittelbar danach mit einem sauberen Lappen oder einem

▲ Mit getönter Lasur eine bräunliche Oberfläche erzeugen.

zusammengeknüllten Nylonstrumpf wieder ab. Lediglich in Rillen, Furchen oder Kerben lässt man die Lasur unabgewischt trocknen. Den Übergang zwischen helleren und dunkleren Partien kann man mit einem Schlichtpinsel so vertreiben, dass ein harmonischer Übergang entsteht.

Um Fliegendreck zu imitieren, muss man ein wenig verdünnte Umbra natur mit dem Pinsel auf die Lasur spritzen. Man nimmt Farbe mit den Borstenspitzen eines Stupfpinsels auf und fährt mit dem Finger über die Borsten, sodass die Farbe spritzt. Dabei sollte man nicht zu viele Spritzer produzieren. Holzwurmlöcher malt man entweder als winzige Pünktchen in Umbra natur oder Schwarz mit dem Pinsel auf oder man bohrt sie mit einem sehr feinen Bohrer.

▲ Découpage ganz zum Schluss antikisieren.

Découpagearbeiten kann man wie beschrieben antikisieren, jedoch erst wenn alle Lackschichten aufgetragen und getrocknet sind, damit sich die Bilder nicht verfärben.

STUPFTECHNIK

Gegenstände, die jahrelang benutzt wurden, zeigen an den Stellen, an denen sie regelmäßig berührt wurden, natürlich stärkere Spuren der Abnutzung als an anderen Stellen.

Ein Türgriff zum Beispiel wird stärker beansprucht als das Türblatt. Diese Spuren kann man imitieren, indem man Farbe in noch feuchte Lasur stupft, wodurch sowohl helle als auch dunkle Flecken entstehen.

Nachdem man die Oberfläche mit reiner, ungetönter Öllasur bestrichen

▲ Reißlack über die erste Farbe streichen.

hat, stupft man mit dem Stupfpinsel eine hellere Lasur auf Stellen, die im Gebrauch heller werden; mit demselben Pinsel tupft man eine dunklere auf die übrige Fläche. Man wechselt von der dunkleren zur helleren Fläche, reinigt aber den Pinsel, ehe man wieder dunkle Lasur damit aufnimmt.

REISSLACK

Reisslack oder Peelingmedium wird aufgetragen, wenn Farbe aussehen soll, als würde sie abblättern. Die Technik, die man horizontal oder vertikal anwenden kann, eignet sich für Flächen, die nicht größer sind als 60 cm^2,oder für Streifen, die nicht breiter als 30 cm

▲ Zweite Farbe über den Reißlack streichen.

sind. Man trägt eine Grundierung aus Dispersionsfarbe auf und lässt sie vollständig trocknen. Diese Farbe wird später durch die feinen Risse hindurch sichtbar sein. Als Nächstes trägt man mit einem Flachpinsel oder Roller eine satte Schicht Reißlack auf. Wenn er

NÜTZLICHE TIPPS: Reißlack

- Wenn man eine mit Reißlack behandelte Oberfläche zum Schutz mit Klarlack überstreicht, muss man rasch arbeiten und darf bereits gestrichene Bereiche nicht noch einmal überstreichen, da die Chemikalien im Klarlack den Reißlack reaktivieren können. Die Farbe löst sich dann und verschmiert. Auch darf man nur einen wasserlöslichen Klarlack verwenden.

▲ Die Oberfläche mit Schleifpapier abschleifen.

▲ Für Krakelüren zwei Lacke auftragen.

völlig getrocknet ist, trägt man eine zweite Schicht Dispersionsfarbe auf. Man darf den Pinsel gut mit Farbe füllen, sollte sie jedoch nur in einer Richtung in einem Zug aufstreichen. Aufgetragene Farbe nicht noch einmal überstreichen!

KRAKELÜRENLACKE

WENN MAN EINEN NICHT OFENFESTEN, glasierten Porzellanteller unter den heißen Grill stellt, reißt die Glasur und bricht in ein typisches Netzwerk feiner Risse auf. Dieser Effekt wird bei Keramiken und Glasoberflächen gern künstlich erzeugt. Auch auf alten Ölgemälden zeigen sich diese Krakelüren oft.

▲ Risse durch Farbe sichtbar machen.

Die Technik ist ideal für Gegenstände, die in kleinen Abschnitten bearbeitet werden können, etwa für Schachteln und Kästen. Auch Gegenstände, die man mit Découpage dekoriert hat, wirken sehr schön, wenn man zum Schluss diese Technik anwendet. Die benötigten Lacke, ein langsam trocknender Grundlack auf Ölbasis und ein schnell trocknender Reißlack auf Wasserbasis, gibt es in Fertigsets.

▲ Verschiedenfarbige Wachse rufen verschiedene Farbeffekte hervor.

Auf die mit Seidenglanzlack auf Wasser- oder Ölbasis bemalte Oberfläche streicht man eine dünne Schicht Krakelürenlack auf Ölbasis. Zugleich streicht man auf eine Probefläche ein wenig von diesem Lack, um zu testen, wann der Lack zum zweiten Aufstrich bereit ist. Wünscht man größere Risse, trägt man den zweiten Lack auf, solange der Grundlack sich noch klebrig anfühlt (auf dem Probestück testen). Sollen sehr kleine Risse entstehen, lässt man den Grundlack auf Ölbasis restlos austrocknen, ehe man den wasserlöslichen Reißlack aufträgt.

Wenn der zweite Lack getrocknet ist und man die Risse erkennen kann, gibt man einen Tupfen Künstleracrylfarbe (Umbra natur) auf einen weichen

▲ Zusätzlich Farbspritzer aufbringen.

Baumwolllappen, verteilt die Farbe auf der ganzen Oberfläche des Objekts und wischt sie sofort danach wieder ab. Die Farbe bleibt in den Lackrissen haften und lässt diese so deutlicher hervortreten. Man kann auch Ölfarbe nehmen, die man mit Terpentinersatz abwischt. Zuletzt kann man zusätzlich ein paar Spritzer Farbe aufbringen.

GETÖNTES WACHS

IM HANDEL IST EINE GROSSE AUSWAHL an speziellen Wachsen zum Antikisieren von Möbeln erhältlich. Man kann sie allein oder in Kombination mit den soeben beschriebenen Lasuren verwenden. Walnussfarbene Wachse sind besonders zum Antikisieren gestrichener Oberflächen geeignet, denn sie haben eine antik wirkende Farbe und verleihen einen sanften Mattglanz. Bei gelackten Oberflächen muss man beachten, dass Wachs nur auf Mattlacken haftet; Seiden- oder Hochglanzlacke muss man erst mit feiner Stahlwolle aufrauen. Man trägt das Wachs mit einem Lappen oder mit Küchenpapier auf und lässt es etwa eine halbe Stunde lang einziehen, ehe man es mit einem Lappen glänzend poliert.

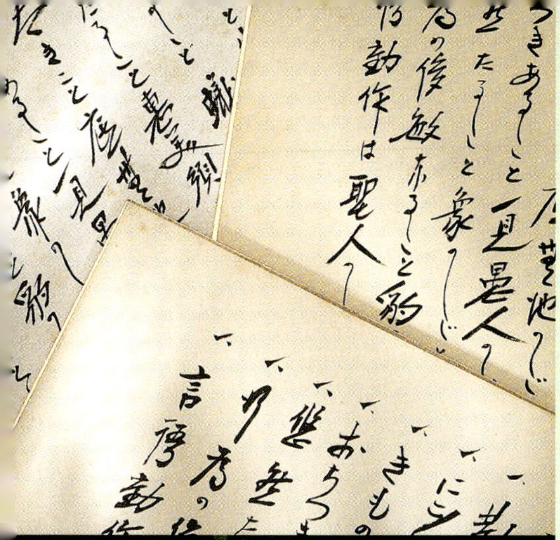

Inspirationsquellen

Die Inspiration für ein Projekt sollte möglichst spontan kommen. Dabei kann man aus den unterschiedlichsten Quellen schöpfen. Je unerwarteter und ungewöhnlicher die Quelle der zündenden Idee, desto individueller wird das Ergebnis ausfallen. Wer seiner Fantasie freien Lauf lässt, entwickelt bald ein Urvertrauen in die eigene Intuition, das einem hilft, alle Ideen im Hause zu nutzen und immer grössere Projekte mit immer besserem Ergebnis auszuführen.

Muster und Formen

Oft wird man angeregt, wenn man irgendwo das Zusammenwirken von Formen, Mustern und Farben sieht. Man erkennt, wie sich auf allen möglichen Gegenständen Konturen, Formen und Farben gegenseitig beeinflussen. Einfache Formen und Muster sind häufig die besten Quellen kreativer Ideen; man muss sie sich nur losgelöst als fortgesetztes Schablonenmuster oder fragmentiert als ein Mosaik vorstellen. Reicht die Vorstellung alleine nicht, spielt man mit Pinsel und Farbe auf dem Papier.

Muster und Formen kommen überall in der Natur vor, seien es die erstaunlichen Zeichnungen auf einem Schmetterlingsflügel, die schillernden Muster auf einer Vogelfeder, die frappierenden bunten Zeichnungen auf den Körpern von Zierfischen

in einem Aquarium, seien es Wolkenformationen oder das Geäst eines Baums. Daneben finden sich künstlich erzeugte Formen und Muster wie der verschlungene Mechanismus eines Uhrwerks oder die einfache Form einer Sprungfeder. Wichtig ist die genaue Beobachtung aller Gegenstände und ihrer Details, und zwar aus unterschiedlichen Blickwinkeln. Die kleinste Blüte oder Knospe, die dickste Regenwolke, das Geflecht eines Weidenzauns, die Äderung eines Blatts, die Rinde eines Baumes, die Wellen eines Flusses, alles kann den Gestaltungstrieb anregen. Zur Umsetzung in die Praxis muss man sich klar sein, was für einen Effekt man für sein Projekt sucht, welche Art von Form oder Muster mit ihm harmoniert. Gerade Streifen verbreiten zum Beispiel ein Gefühl von Ordnung und Förmlichkeit; Wellen und Wirbel wirken dagegen eher ver-

spielt. Starre, gerade Formen passen sich strukturierten Flächen schlecht an. Bedenken Sie also immer, was für einen Gegenstand Sie bearbeiten möchten und ob sich das gefundene Muster dafür eignet. Bei kreativen Ideen gibt es grundsätzlich

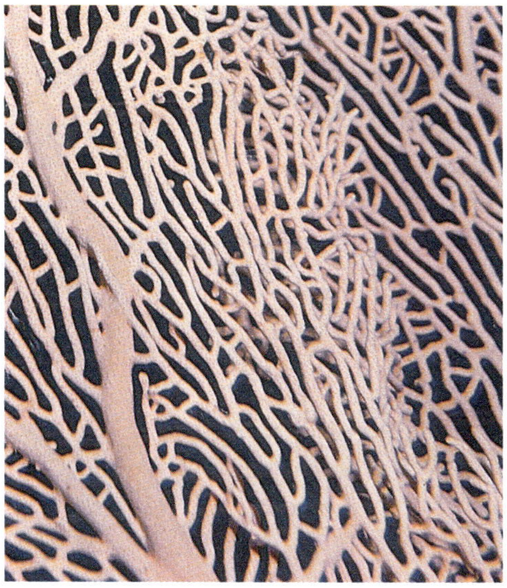

keine beschränkenden Regeln, man kann so lange mit Farben und Mustern experimentieren, bis man das gewünschte Design am Ende gefunden hat.

Strukturen

ALLES, WAS WIR BERÜHREN, von den Seiten dieses Buches bis zur Rinde eines Baumes, hat eine eigene Struktur. Viele Dekorationstechniken entstehen aus dem Spiel mit diesen Strukturen. Egal ob man plastische Muster mit dicken Ölfarben entwirft oder eine Oberfläche durch Wachs oder Hochglanzlack vollkommen glättet oder künstlich aufraut, um ihr ein viel benutztes Aussehen zu geben – die Oberflächenstruktur bestimmt oft die Ausgangsidee. Die verschiedenen Strukturen bieten eine breit gefächerte Palette von Farben und Empfindungen.

Struktur fühlt man nicht nur bei Berührung. Verschieden strukturierte Oberflächen reflektieren unterschiedliche Mengen Licht und lassen dadurch eine ebene Fläche plastisch erscheinen. Das bedeutet, dass die Struktur auch Einfluss auf die

Farbe hat. Eine einheitliche Grundfarbe wirkt durch kleine Schatten, die die Erhebungen der Oberfläche werfen – einmal heller, einmal dunkler, je nachdem wie das Licht einfällt. Die Beschaffenheit der Oberfläche kann zart sein wie ein feiner

Seidenschal oder so rau wie die abblätternde Farbe an einem Scheunentor. Struktur ist so allgegenwärtig, dass man sie oft gar nicht zur Kenntnis nimmt, weil man nur auf die Form und die Farbe eines Gegenstands achtet. Dabei fühlt sich auch die Oberfläche meist anders an, wenn sich Formen und Farben eines Objekts ändern. Ebenso ändert sich die Beschaffenheit der Oberfläche, je nachdem ob man ein Einzelstück in der Hand hält oder eine geschichtete Menge dieser Objekte befühlt. Diese immer neuen Varianten in Ton und Struktur sind ein idealer Ausgangspunkt, wenn man sich überlegt, wie das fertige Objekt

nach seiner Neugestaltung aussehen soll. Wünscht man eine glatte, glänzende oder eher eine matte oder gar raue Oberfläche? Möchte man den Eindruck einer plastischen Oberfläche erwecken, indem man changierende Farben aufstupft? Oder möchte

man eine glatte Fläche erzeugen, indem man die Konturen des Farbauftrags verwischt? Ein Blick auf viele verschiedene Strukturen hilft bei der Entscheidung.

Natur

Die Natur ist eine riesige, überall und jederzeit zugängliche Inspirationsquelle. Egal ob Blüten oder Blätter, Bäume oder Gemüse, Tiere aller Art oder auch unbelebte Formen wie Steine, leere Schneckenhäuser oder Muscheln, alles kann mit seinen Formen und Farben Anregungen für eigene Designs bieten. Egal ob Felder oder Wälder, eine Parkanlage in der Stadt oder der Garten hinter dem Haus, egal ob brandendes Meer oder nur sanfte Wellen, egal ob Insekten, die eine Blüte besuchen oder Vögel in der Luft – die Natur ist jederzeit um uns.

Man muss keine großen Streifzüge unternehmen, um Inspiration und Anregung zu finden; einzelne Objekte können vielfältige Farben und Strukturen bieten. So etwas Alltägliches wie ein Apfel kann unterschiedliche Formen, Farben und Muster

annehmen. Als Ganzes bietet er einen völlig anderen Anblick als ein geschälter Apfel. Selbst das Kernhaus sieht anders aus, je nachdem ob man den Apfel halbiert, in Viertel oder in Scheiben schneidet – ganz zu schweigen von der großen Vielfalt verschiedener Apfelsorten. Da gibt es welche mit grasgrüner glänzender Schale, andere sind rot und glänzend, wieder andere sind gefleckt oder gesprenkelt und ihre Schale ist matt, manchmal sogar ausgesprochen rau. Doch nicht nur der Apfel ist interessant, sondern auch der Baum, von dem er stammt: die Blätter, die Blüten, die Zweige und Äste, die Rinde des Baums. Alles – Fische oder Blüten, Insekten oder Sanddünen – hat eine Fülle von Anregungen zu bieten. Jedes Element der Natur kann aus verschiedenen Blickwinkeln betrachtet werden. Man kann seine Farbe seine Form, seine Bewegung im Wind, seine

Musterung oder das Spiel des Sonnenlichts darauf betrachten – die Möglichkeiten sind endlos. Die Natur ist so reichhaltig und vielfältig, dass man die Ideen, die sie liefert, unmöglich alle ausschöpfen kann.

Jeder Spaziergang, jede Reise und jeder Gang zum Supermarkt kann Anstöße und Ideen liefern. In guter Stimmung und an einem schönen Tag werden Sie unzählige Einfälle haben.

Licht und Farbe

LICHT UND FARBEN SIND überall um uns: das lebhafte, warme Rot einer Rose, das zarte Schillern der Regenbogenfarben in einer Seifenblase – wo immer man hinschaut, ist das Spiel der Farben und des Lichts um uns. Tatsächlich sind alle Farben im Licht enthalten. Erst wenn ein Lichtstrahl gebrochen, eingefangen oder von einer Oberfläche reflektiert wird, wird auch die Farbe sichtbar. Farben können Erinnerungen oder Gefühle wachrufen und die Stimmung beeinflussen. Auch das Licht verfügt über diese Eigenschaften, vor allem das Sonnenlicht.

Farben können kräftig und leuchtend oder zart und gedeckt sein. Viele Farben werden mit Gefühlen in Verbindung gebracht, und für manche Therapieformen wird die Wirkung der Farben auf unsere Stimmung und Gefühle genutzt. Blau, das eine

Lieblingsfarbe vieler Menschen ist, wird oft wegen ihrer harmonisierenden Qualitäten gewählt. Rot hingegen signalisiert Leidenschaft und warmes Gelb wird geschätzt, weil es an Sonnenlicht erinnert. Im Allgemeinen wird man für ein Projekt Far-

ben wählen, die mit den schon im Raum vorhandenen Farben eine Einheit bilden oder sie ergänzen. Allerdings beeinflusst auch Licht die Farbwirkung enorm. Eine Farbe, die in künstlichem Neonlicht toll aussieht, kann in natürlichem Licht nichtssagend wirken. Auch können Farben, die direkter Sonneneinstrahlung ausgesetzt sind, ausbleichen oder vergilben. Das wird die Wahl der Farbart ebenso beeinflussen wie der Farbton, den man wählt. Selbst die Frage, wie die Oberfläche das einfallende Licht zurückwerfen wird, sollte beachtet werden, denn die Farben können dadurch an manchen Stellen hervorge-

hoben und an anderen in den Hintergrund gedrängt werden. Darüber hinaus interagieren Farben miteinander, sodass immer neue Farbeindrücke entstehen. Ein kräftiges Blau wirkt neben einem lebhaften Rot völlig anders als neben einem blassen

Gelb oder einem zarten Grün. Wer sich genau umsieht, wird schnell bemerken, wie intensiv und nachhaltig Farbe und Licht unser Leben beeinflussen.

Jahreszeiten

Zur Vielfalt der Natur gehören auch die wechselnden Jahreszeiten. Die Pflanzen und viele Tiere verändern im Laufe der Jahreszeiten ihr äußeres Erscheinungsbild, und Landschaften ändern ihr Gesicht. Auch wir selbst sind diesem Wechsel unterworfen und passen uns ihm an, indem wir je nach Jahreszeit besondere Nahrungsmittel bevorzugen und andere Farben und Stoffe für die Kleidung wählen. Die wechselnden Jahreszeiten bieten uns eine Fülle verschiedener Strukturen, Empfindungen und Anblicke – sie alle können uns vielfältig inspirieren.

Obwohl die meisten Menschen unserer Breiten die Jahreszeiten mit bestimmten Vorstellungen verknüpfen – etwa den Winter mit Weihnachten oder den Frühling mit Ostern – hat jede einzelne Jahreszeit doch viel mehr Eindrücke zu bieten. Nicht

nur die Temperaturen ändern sich, auch die Pflanzen verändern sich sichtbar. Während der Gedanke an den warmen, wohltuenden Sonnenschein des Sommers zugleich an blauen Himmel, einen Sandstrand oder Meeresrauschen denken lässt, ruft der Gedanke an Winter Erinnerungen an das Knirschen frischen Schnees unter den Stiefelsohlen und das Knistern des Feuers im Kamin hervor. Die herbstliche Ernte, die ersten Frühjahrsblüten, Sommerurlaub und Wintersport sind allgemein bekannte Bilder, doch bei jedem Menschen evozieren sie andere und vor allem persönliche und individuelle Vorstellungen. Stellen Sie sich zum Beispiel einen schlichten Birnbaum vor: Im Frühjahr zeigen sich daran die ersten Blätter und bald auch die Knospen, die sich bis zum Sommer zu Blüten entwickeln, die von emsigen Insekten besucht werden. Während das

Jahr voranschreitet, die Blüten langsam welken und abfallen, bilden sich die Früchte, die stetig wachsen und prall und saftig werden, bis sie im Herbst entweder geerntet werden oder von selbst überreif abfallen. Mit dem beginnenden Winter färben

sich dann die Blätter, fallen schließlich ab und hinterlassen einen kahlen Baum, auf den der Schnee fällt, bis im neuen Frühjahr der Kreislauf erneut beginnt.

Kunst und Geschichte

DIE ALLTÄGLICHSTEN Gegenstände können zu leicht erreichbaren Inspirationsquellen werden. Ein Stapel Bücher oder ein Schmuckstück, eine alte Geburtstagskarte, eine Tapete mit interessantem Muster, alles, was wir im täglichen Gebrauch haben, kann auf der Suche nach einer zündenden Idee helfen. Sich bereits im Raum umzusehen, in dem man sein Stück Trödel aufstellen möchte, kann eine Anregung liefern. Hobbys und Interessen können helfen, einen individuellen Entwurf zu gestalten, der ideal zur Umgebung des Stücks passt.

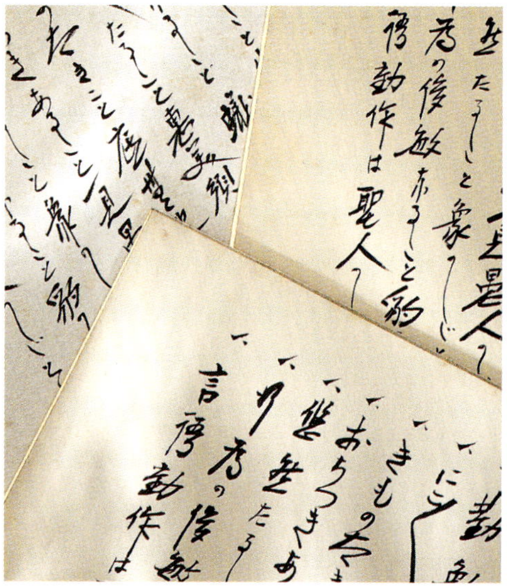

Kunst und Geschichte umfassen eine große Bandbreite möglicher Themen. Für viele Menschen sind sie mit der klassischen Geschichtsschreibung assoziiert; sie lassen sie an Antiquitäten denken, an griechische Mythologie oder an antike Architektur.

Andere verknüpfen die Begriffe mit persönlicheren Vorstellungen – mit alten Familienbildern, Aspekten der eigenen kulturellen Identität oder einfach mit Kindheitserinnerungen. Die mit Kunst und Geschichte verknüpften Vorstellungen kennen kein

Falsch oder Richtig, man muss nur wissen, was die Begriffe für einen selbst bedeuten. Manche Menschen finden alte Drucke in Kunstbüchern oder Landkarten inspirierend, andere fühlen sich von ihrer Lieblings-Popband inspiriert oder von einem Roman. Ideen können visuell oder eine rein gedankliche Vorstellung sein, sie können sich von Hör- oder Fühlbarem herleiten. Die Konturen einer alten Landkarte oder das Zifferblatt einer historischen Uhr können vortreffliche dekorative Muster abgeben. Aber auch Stiche oder Schriftbilder aus alten Büchern können anregen. Viele Gegenstände vom Trödelmarkt können

selbst die Inspiration in sich bergen, zum Beispiel wenn sie Verzierungen aufweisen, die man auf andere Stücke übertragen kann. Ein altes Schmuckstück kann sowohl von seinem Design her als auch durch die Farben der Steine stimulieren. So

kann beispielsweise ein schlichtes Holzkästchen, wenn man durch das Schmuckstück inspiriert wurde, zu einer edel wirkenden Schmuckschatulle umgestaltet werden.

ZONA TEMPERATA
TERRA

Wohnzimmerprojekte

Das Wohnzimmer, der oft meist benutzte Raum der Wohnung, sollte in jedem Fall gemütlich und zugleich stilvoll sein und die individuelle Persönlichkeit der Bewohner widerspiegeln. Hier, wo die Familie zusammenkommt, wo man sich mit Freunden und Bekannten zusammensetzt, ist eine angenehme Atmosphäre besonders wichtig; gerade die Kleinigkeiten spielen dabei eine wichtige Rolle. Ein dekorativer Bilderrahmen oder eine kleine Tischlampe, aber auch grössere Stücke wie ein Schreibtisch oder ein Paravent sind ideale Projekte, um persönliche Akzente zu setzen.

Durchbrochener Paravent

DIESER HÜBSCHE ALTE PARAVENT, der mit seinen filigranen Durchbrüchen an orientalische Fenster erinnert, war mit dicken Schichten brauner Farbe gestrichen. Unter der vorsichtig abgeschliffenen Farbe kam eine intakte Oberfläche zum Vorschein. Dem ganzen Stück konnte mit einem frischen nachtblauen Anstrich neues Leben eingehaucht werden. Passend zu dieser Farbe wurden mit einem Stempel goldene Sterne auf den Rahmen gedruckt. Einfach mit dem Finger auf die Kanten aufgetragene Goldcreme setzte einen edlen Akzent.

❖ WERKZEUG UND MATERIAL ❖

- Mittel- und feinkörniges Schleifpapier
- Staubbindetuch
- Seifenwasser und alte Zahnbürste
- Alte Tücher oder Plastikbahnen
- Acryl- oder Dispersionsfarbe in Nachtblau
- Flacher Malerpinsel
- Künstlerpinsel
- Lineal und Kreide
- Motivstempel
- Stempelroller oder Pinsel
- Goldene Wasserfarbe
- Alter Unterteller
- Goldcreme
- Polyurethan (Lackspray), seidenmatt

1 Den Paravent mit mittlerem und feinem Schleifpapier abschleifen, um die alte Farbe zu entfernen. Schleifstaub mit dem Staubbindetuch abwischen. Unzugängliche Stellen mit Seifenwasser und einer Zahnbürste reinigen. Gut trocknen lassen.

▲ Paravent mit dem Flachpinsel streichen.

2 Den Fußboden mit Plastikfolie abdecken. Den Paravent mit zwei Schichten Acryl- oder Dispersionsfarbe streichen. Für die Feinarbeit einen Künstlerpinsel verwenden. Es geht leichter, wenn man den Wandschirm legt oder Sprühfarbe verwendet.

3 Durch das Ornament ist die Position der Stempelmotive auf dem Rahmen leicht zu bestimmen, sie werden jeweils genau oberhalb oder seitlich der Ornamente angebracht. Vorsichtshalber mit Kreide jeweils eine Markierung auf den Rahmen setzen und darauf achten, dass die Markierungen auf allen drei Paraventteilen in gleicher Höhe liegen.

4 Etwas Goldfarbe auf einen Unterteller geben. Mit Stempelroller oder Pinsel die Farbe auf den Stempel auftragen und den Rahmen des Paravents an den markierten Stellen mit dem Sternstempel bedrucken. Für sehr klare Stempelmotive mit vollem Umriss den Stempel für jeden Aufdruck neu mit Farbe bestreichen. Den Stempel gerade aufsetzen, andrücken und gerade wieder abheben.

▲ Goldcreme mit dem Finger auftragen.

Ein alter, sehr dekorativer Paravent.

5 Mit dem Zeigefinger auf alle Ornamentkanten ein wenig Goldcreme auftragen, verreiben, trocknen lassen und mit einem weichen Tuch polieren. Zuletzt den Paravent gleichmäßig mit seidenmattem Polyurethanlack-Spray einsprühen und vollkommen trocknen lassen.

NÜTZLICHE TIPPS

- Wenn das Stempelmotiv etwas verwittert wirken soll, den Stempel nur bei jedem dritten Auftrag neu mit Farbe bestreichen.

Weitere Farbeffektprojekte:
Bilderrahmen, siehe Seiten 100–105; Dekorierter Lloyd Loom Chair, siehe Seiten 108–109; Bedruckter Spiegelrahmen, siehe Seiten 110–111; Deckenleuchter mit Grünspaneffekt, siehe Seiten 118–120; Karaffe mit Gläsern, siehe Seiten 124–125; Shakerstuhl, siehe Seite 126–128; Bemalter Eisentopf, siehe Seite 164–165.

Beschriftete Lampenschirme

Nichts ist einfacher, als schlichte Lampenschirme zu dekorieren. Für diese beiden Exemplare wurde nicht mehr benötigt als normaler Naturbast, ein Permanentmarker mit Goldfarbe und eine Stange Siegellack. Die Modeerscheinung, Textilien, Porzellan und vieles andere in allen möglichen Schriftarten und Sprachen zu beschriften, lieferte die Idee für dieses Projekt. Es gibt zahlreiche Bücher über Schreibschriften mit zahlreichen Abbildungen; aus Wörterbüchern kann man fremdsprachige Phrasen entnehmen. Wer im Entwerfen handschriftlicher Motive noch unerfahren ist, übt zunächst auf Papier, ehe er den Lampenschirm beschriftet.

❖ WERKZEUG UND MATERIAL ❖

- Lampenschirm
- Goldspray aus der Dose
- Mund-Nasen-Schutz
- Plastikfolie oder Papier
- Permanentmarker mit feiner Miene, Goldschrift
- Zeichenpapier
- Naturbast
- Rouladennadel
- Alleskleber oder Heißklebepistole
- Skalpell und Schneidematte
- Siegellack und Petschaft (Siegelstempel)
- Karton
- Kleber

1 Wer den Schirm innen vergolden möchte, muss die Außenfläche gut mit Papier oder Plastikfolie abdecken. Dann sprüht man die Innenseite mit Goldfarbe aus. Die Farbe vollkommen trocknen lassen.

2 Nachdem man eine Schriftart und passende Sprüche gewählt hat, übt man zunächst auf Papier, um mit dem Goldstift in flüssigem Zug zu schreiben.

Man muss sowohl die Schrift als auch die Handhabung des Stifts üben, der zwischendurch immer wieder geschüttelt und möglichst senkrecht gehalten werden muss.

3 Beherrscht man die gewählte Kalligraphie und die Handhabung des Stifts, kann man den Schirm beschriften. Man hält den Schirm dabei mit einer Hand gut fest. Damit die Goldfarbe nicht verschmiert, beginnt man oben mit der Beschriftung. Eventuell die Arbeit unterbrechen und die Schrift erst trocknen lassen. Wenn man den Stift schüttelt, weil der Farbfluss nachlässt, kann Farbe in Spritzern austreten. Die Spritzer können ein dekorativer Effekt auf dem Schirm sein. Wünscht man ihn nicht, darf man den Stift nicht über dem Schirm schütteln.

Einfache Lampenschirme gibt es neu und antik.

▲ Ein paar der benötigten Utensilien.

▲ Bast um die Nadel legen und flechten.

▲ Den Bast am Ende ausfransen.

Migliori
La vie
Migliori

4 Sechs Bastfäden schneiden, die reichlich dem zweifachen Umfang der unteren Schirmöffnung entsprechen. Die Stränge um eine festgesteckte Rouladennadel legen (siehe Abb. Seite 92) und einen Zopf flechten. Den Zopf mit Alleskleber um die untere Öffnung des Schirms kleben, dabei lose Fäden als Überhang stehen lassen und etwas ausfransen. Für die obere Öffnung ebenfalls Bastfäden schneiden und wie beschrieben flechten und ankleben, jedoch keinen fransigen Überhang bilden, sondern die Enden verknoten und aneinander stoßen lassen. Auf den oberen Bastrand kann man auch verzichten.

5 Den Siegellack über offener Flamme erhitzen, bis er schmilzt. Einen dicken Tropfen Lack auf Karton tropfen und sofort das Petschaft hineindrücken. Wenn der Lack getrocknet und ausgekühlt ist, mit dem Skalpell eng um den Siegellack herumschneiden, sodass der Karton am Siegel haften bleibt. Das Siegel auf das ausgefranste Ende des Bastzopfs kleben. Den Siegellack nicht direkt auf den Schirm tropfen: Beim Eindrücken des Siegels könnte man ihn beschädigen.

▲ Das Siegel mit dem Skalpell ausschneiden.

▲ Ausgeschnittenes Siegel aufkleben.

▲ Den Bastzopf vorsichtig mit Weißleim ankleben.

NÜTZLICHE TIPPS

- Eine runde Fläche zu beschriften ist schwierig. Üben Sie mit einem Papier, das Sie um den Schirm legen.
- Stifte mit Goldfarbe müssen während der Arbeit immer wieder geschüttelt werden. Möchte man keine Spritzer auf seiner Arbeit haben, muss man den Stift über einem Stück Papier ausschütteln.
- Siegellack und Siegelwachs, das wie eine Kerze einen Docht in der Mitte hat, bekommt man in gut sortierten Schreibwarengeschäften und im Versandhandel. Dort gibt es zur Erweichung von Siegellack auch spezielle Spirituslämpchen. Der teuerste Siegelstempel ist ein graviertes Petschaft. Statt einen teuren Siegelstempel zu verwenden, kann man aber auch eine Münze auf einen Bolzenkopf kleben und damit einen Siegelabdruck machen.

Weitere Kleinprojekte:

Bilderrahmen, siehe Seiten 100–105; Bedruckter Spiegelrahmen, siehe Seite 110–111; Blattgoldtablett, siehe Seiten 138–139; Bemalter Eisentopf, siehe Seiten 164–165; Potichomanie-Glas, siehe Seiten 188–189; Wäschekasten, siehe Seiten 200–201; Mosaikvase, siehe Seiten 227–229; Dekorative Blumentöpfe, siehe Seiten 236–238.

Runder Couchtisch

DIESES SCHÖNE TISCHCHEN stand nach einer Hausrenovierung als Sperrmüll auf der Straße. Der Lack war teilweise abgeblättert und das ganze Stück war sehr schmutzig, doch die elegante Form blieb sichtbar. Die feinen Rillen auf den Beinen und die Leiste um den Tischrand riefen nach einer deutlichen Betonung. Der Raum, in dem das Tischchen stehen sollte, verlangte nach einer hellen Farbe. Für den Anstrich wurde also ein helle Cremefarbe auf Wasserbasis gewählt, und für die Zierstreifen wurde dieser Grundfarbe malachitgrünes Pigmentpulver untergemischt. Der Tisch musste zunächst gründlich abgeschliffen werden. Damit die neue Farbe einen Haftgrund hatte, wurde der Tisch zunächst mit Holzversiegler vorgestrichen.

❖ WERKZEUG UND MATERIAL ❖

- Mittel- und feinkörniges Schleifpapier
- Staubbindetuch
- Holzversiegler
- Flache Malerpinsel
- Feiner Künstlerpinsel
- Cremefarbe auf Wasserbasis
- Pigmentpulver in Malachitgrün
- Kleiner Behälter
- Abdeckband (nach Bedarf)
- Cremefarbenes Möbelwachs (Acrylbasis)
- Saubere fusselfreie Lappen

Dieser alte Tisch musste nur gereinigt und gründlich abgeschliffen werden.

▲ Mit Schleifpapier vorsichtig abschleifen.

1 Den Tisch mit mittlerem, dann mit feinem Schleifpapier abschleifen, bis eine glatte Oberfläche entstanden ist. Abblätternder alter Lack muss restlos entfernt werden. Den Schleifstaub mit einem Staubbindetuch abwischen. Das ganze Möbel mit einer Schicht Holzversiegler streichen und vollständig trocknen lassen.

2 Zwei Schichten wasserlösliche Farbe auftragen (Dispersions- oder Acrylfarbe sind möglich). Die erste Schicht trocknen lassen, ehe man die zweite aufstreicht. Auch sollte man die erste Farbschicht mit feinem Schleifpapier abschleifen: Das garantiert eine glatte Oberfläche und gute Haftung der Farbe.

▲ Mit Cremefarbe streichen.

3 Etwas Cremefarbe in einen Behälter geben und Pigmentpulver darüber streuen. Mit dem Pinsel vermischen und Cremefarbe oder Pulver zugeben, bis die gewünschte Farbe erreicht ist. Die Farbe sollte eine etwas dickere Konsistenz haben als die unvermischte wasserlösliche Cremefarbe.

▲ Cremefarbe und Pigmentpulver mischen.

▲ Die Leiste mit feinem Pinsel streichen.

▲ Die Rillen vorsichtig ausmalen.

▲ Den Tisch mit Acrylwachs polieren.

4 Mit dem Künstlerpinsel die feinen Rillen an den Beinen mit Farbe füllen. Lässt sich die Farbe nicht gut verstreichen, den Pinsel etwas anfeuchten und erneut Farbe damit aufnehmen.

Hat man ein Möbelstück ohne Zierrillen, kann man Abdeckband so aufkleben, dass dünne Linien dazwischen frei bleiben, die man anschließend übermalt. Den Rand an der Tischplatte ebenso streichen.

Die Farbe vollständig trocknen lassen, dann wie beschrieben eine zweite Schicht auftragen.

5 Mit einem sauberen weichen Tuch eine Wachsschicht auftragen und kreisförmig verreiben. Etwa 10 Minuten trocknen lassen, dann mit einem frischen weichen Tuch polieren. Den gesamten Vorgang wiederholen, bis ein strapazierfähiger, zarter Glanz entstanden ist. Es sind mindestens zwei Wachsaufträge nötig.

Für Tische, die viel benutzt werden sollen, sind fünf oder sechs Schichten Acrylwachs empfehlenswert. Bienenwachs und getönte Wachse sind nicht geeignet, da sie den Farbton der Anstrichfarbe verändern.

NÜTZLICHE TIPPS

- Wenn man alte Möbel überstreichen will, ist es nicht nötig, alte Farben und Lacke komplett zu entfernen. Die Flächen müssen lediglich sauber und gut abgeschliffen sein, damit die neue Farbe darauf haften kann.
- Möchte man einen besonderen Akzent setzen, kann man ein kleines dekoratives Muster wählen, eine Schablone schneiden und mit deren Hilfe wiederkehrende Motive aufbringen.

Weitere Tischprojekte:
Tisch mit Traubenmotiv, siehe Seiten 114–117; Küchenstuhl und Klapptisch, siehe Seiten 154–157; Damenschreibtisch, siehe Seiten 170–171; Kindertisch mit Stühlen, siehe Seiten 204–206; Eiserner Gartentisch, siehe Seiten 224–226.

▲ Kleine Ziermotive mit Hilfe einer Schablone aufmalen.

Nähschränkchen

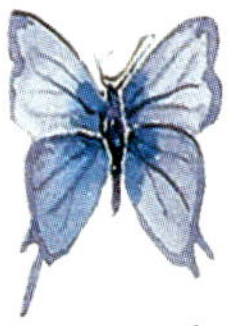

DIESES ALTE Schubladenschränkchen war in sehr gutem Zustand. Es musste lediglich gründlich abgeschliffen werden. Da das Schränkchen viele glatte Flächen aufweist, lag es nahe, an eine verspielte Blumendekoration mit Découpage zu denken.

Die Paneele und Schubladenflächen wurden mit dem Pinsel gestrichen, die Rahmenkonstruktion wurde mit der Schwammtechnik getupft, was dem Farbauftrag eine leichte Struktur verleiht. Die Motive wurden aus bedrucktem dünnem Geschenkpapier ausgeschnitten.

❖ WERKZEUG UND MATERIAL ❖

- Feine Stahlwolle
- Terpentinersatz
- Feinkörniges Schleifpapier
- Staubbindetuch
- Seidenglanzlack auf Ölbasis
- Pinsel
- Acrylfarben und Lasur
- Naturschwamm
- Papiermotive
- Skalpell und Schneidematte
- Feine Scheren
- Klebepads
- Weißleim
- Roller
- Acryllack
- Polyurethanklarlack, hochglänzend

Das Nähkästchen hat große Flächen, die sich zur Dekoration eignen.

1 Das Möbelstück mit Stahlwolle und Terpentinersatz abreiben, um alte Politur, Schmutz und Staub zu entfernen. Danach gründlich abschleifen und mit einem Staubbindetuch abwischen. Zwei Schichten Seidenglanzlack auf Ölbasis auftragen, dazwischen trocknen lassen und erneut abschleifen.

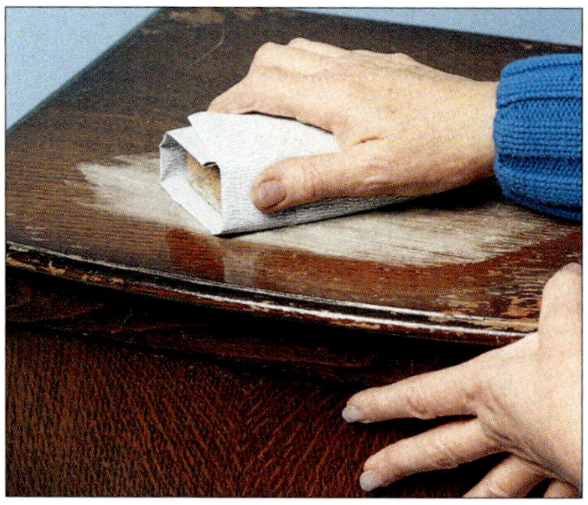

▲ In Richtung der Maserung abschleifen.

2 Rahmenkonstruktion und Beine mit abgetönter, mit Lasur vermischter Acrylfarbe mit einem Schwamm tupfen, bis ein zart strukturiertes Muster entstanden ist. Den Vorgang mit einer zweiten, etwas dunkler abgetönten Acryllasur wiederholen.

▲ Motive vorsichtig ausschneiden.

3 Für das Découpagemuster Motive auswählen und mit dem Skalpell und/oder feinen Scheren ausschneiden. Die ausgeschnittenen Motive auf dem Schränkchen anordnen und mit Klebepads zur Probe fixieren, dann mit Weißleim ankleben. Mit dem Roller überschüssigen Leim ausdrücken und mit einem Tuch wegwischen.

▲ Die ausgeschnittenen Bilder arrangieren.

4 Trocknen lassen und zwei bis drei Schichten Polyurethanklarlack auftragen. Vorsichtig abschleifen, Schleifstaub abwischen und erneut eine Schicht Lack auftragen. So fortfahren, bis die Papiermotive völlig mit Lack bedeckt sind.

NÜTZLICHE TIPPS

- Griffe und Beschläge an einem Möbelstück lassen sich leicht austauschen. Schon ein anderes Material lässt ein Möbelstück völlig anders aussehen.

Weitere Découpage-Projekte:
Schreibtisch mit Découpagefläche, siehe Seiten 106–107; Besteckkasten, siehe Seiten 134–135; Damenschreibtisch, siehe Seiten 170–171.

Bilderrahmen

GERADE DIE KLEINIGKEITEN verleihen einem Raum erst sein Flair. Die Möglichkeiten, Bilderrahmen zu gestalten, sind schier endlos, und einfach ist es obendrein. Nahezu jede Technik kann man anwenden. Man kann die Rahmen streichen, mit Schablonen oder Druckstempeln dekorieren bzw. Mosaiksteine oder Perlen darauf kleben. Mit jeder dieser Techniken kann man unterschiedliche Designs schaffen. Die Ideen können von vielen Quellen gespeist werden – einem Vorhangmuster, einer Tapete oder einem Teppich. Vor allem zählt die eigene Fantasie.

GGeometrisch gemusterter Rahmen

❖ WERKZEUG UND MATERIAL ❖

- Flacher Holzrahmen
- Acrylfarbe in Dunkelblau
- Flacher Malerpinsel
- Acryllasur
- Künstleracrylfarbe
- Stupfpinsel
- Stoff mit geometrischem Muster
- Schere und Abdeckband
- Blattgold in Streifenform
- Anlegemittel
- Klarlack und Pinsel

1 Den Rahmen auf beiden Seiten mit Acrylfarbe streichen und trocknen lassen. Acryllasur und Künstleracrylfarbe mischen. Die Lasur mit dem Stupfpinsel auf den Rahmen stupfen und so einen leicht gescheckten Effekt erzeugen.

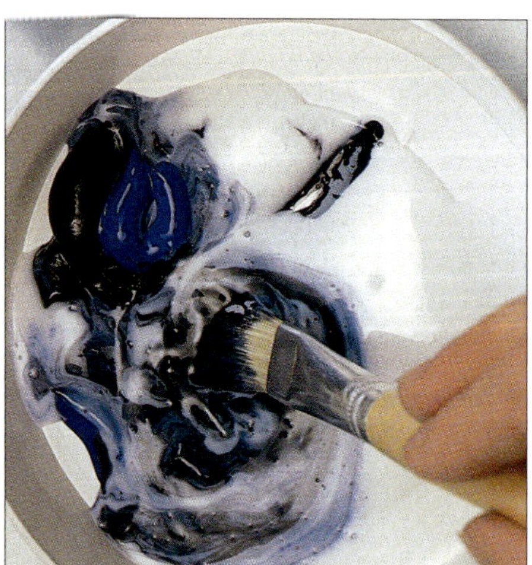

▲ Acryllasur und -farbe mischen.

▲ Schablonen aus Stoff ausschneiden.

2 Während die Lasur trocknet, schneidet man aus dem Stoff die passenden geometrischen Formen aus. Die Stoffausschnitte als Schablonen auf dem getrockneten Rahmen so arrangieren, dass ein harmonisches, auf den verschiedenen Rahmenteilen symmetrisches Muster entsteht,

▲ Lasurmischung mit hartem Pinsel aufstupfen.

▲ Abdeckband um Stoffschablonen kleben.

3 Abdeckband so um die Stoffausschnitte herum aufkleben, dass alle Flächen außer den mit Stoff belegten abgedeckt sind. Nun die Stoffausschnitte entfernen – die freien Flächen entsprechend den geometrischen Formen des späteren Designs. (Das Abdecken ist nicht unbedingt nötig, dient aber als Richtschnur.)

4 Auf die nun freien Felder einer Seite des Rahmens Anlegemittel streichen. Wenn es fast trocken ist, Blattgoldstreifen mit der Folie nach oben darauf legen, andrücken und die Papierfolie abziehen. Wenn das Blattgold gut anliegt, das Abdeckband entfernen. So fortfahren, bis alle Seiten des Rahmens mit Blattgold belegt sind. Zum Schutz kann man ganz zum Schluss Klarlack auftragen, allerdings ist das bei Bilderrahmen, die keiner besonderen Abnutzung ausgesetzt sind, nicht unbedingt nötig.

▲ Blattgoldstreifen in die freien Felder kleben.

NÜTZLICHE TIPPS

• Möglichst Abdeckband mit sehr geringer Haftkraft zu benutzen, damit weder die Acrylfarbe noch das Blattgold beschädigt werden, wenn man sie wieder ablöst.

• Eine andere Methode, um zu einem sehr ähnlichen Ergebnis zu kommen, besteht darin, einen Schablonenkarton zu schneiden, der genau den Maßen des Rahmens entspricht. Das Design wird dann auf dieser Schablone arrangiert, die Umrisse werden auf das Schablonenmaterial aufgezeichnet und mit dem Skalpell ausgeschnitten. Mit ablösbarem Sprühkleber klebt man die Schablone auf den Rahmen und besprüht ihn dann mit Goldfarbe aus der Spraydose.

Weitere Goldprojekte:
Beschriftete Lampenschirme, siehe Seiten 92–94; Schreibtisch mit Découpagefläche, siehe Seiten 106 107; Deckenleuchter mit Grünspaneffekt, siehe Seiten 118–120; Blattgoldtablett, siehe Seiten 138–139; Bettzeugtruhe, siehe Seiten 172–174.

Gestrichener Holzrahmen

❖ WERKZEUG UND MATERIAL ❖

- Flacher Holzrahmen
- Mittel- und feinkörniges Schleifpapier
- Staubbindetuch
- Acrylfarben in zwei Tönen (nach Wahl)
- Flacher Malerpinsel
- Siliziumkarbidpapier
- Schleifklotz
- Acrylklarlack und Pinsel

▲ Kanten zeigen mehr Abnutzung.

1 Den Rahmen nacheinander mit den Schleifpapieren bearbeiten und den Staub mit einem Staubbindetuch abwischen. Mit dem Flachpinsel die erste (hellere) der beiden Acrylfarben auf den Rahmen streichen, trocknen lassen. Dann zwei unordentlich gestrichene Schichten der zweiten (dunkleren) Farbe darauf streichen.

2 Das Siliziumkarbidpapier anfeuchten, um den Schleifklotz legen und den Rahmen damit abschleifen. Dabei stellenweise bis auf die erste Farbe abschleifen, an anderen Stellen nur bis auf die erste Schicht der dunkleren und an manchen Stellen kaum etwas von der Farbe abschleifen. Den Schleifklotz immer nur in einer Richtung bewegen und dabei der Maserung des Holzes folgen – nicht quer zur Maserung schleifen! Die Außen- und Innenkanten des Rahmens besonders weit abschleifen.

3 Den Rahmen trocknen lassen und mit einem Staubbindetuch abwischen. Zwei bis drei Schichten matten Acrylklarlack auftragen. Den Lack zwischen den Aufträgen trocknen lassen und abschleifen.

NÜTZLICHE TIPPS

• Um den Effekt der abgetragenen Farbe zu verstärken, kann man zum Abschleifen Stahlwolle verwenden. Allerdings muss es sehr feine Stahlwolle sein und man darf nicht zu starken Druck ausüben.

Weitere Antikisierungsprojekte:
Deckenleuchter mit Grünspaneffekt, siehe Seiten 118–120; Kamin im Graniteffekt, siehe Seiten 136–137; Schränkchen mit Bildpaneelen, siehe Seiten 144–146; Stuhl mit Freihandbemalung, siehe Seiten 147–149; Antikisierter Hängeschrank, siehe Seiten 158–160; Stuhl mit Folkloremotiv, siehe Seiten 161–163; Kommodenschrank mit Schnitzereien, siehe Seiten 168–169; Badezimmerschränkchen, siehe Seiten 192–194; Kindertisch mit Stühlen, siehe Seiten 204–206; Eiserner Gartentisch, siehe Seiten 224–226.

Perlenbesetzter Rahmen

❖ WERKZEUG UND MATERIAL ❖

- Flacher Holzrahmen
- Acrylfarbe und Flachpinsel
- Kreidestift
- Kleber
- Glas- und Plastikperlen

▲ Muster aus verschiedenen Glasperlen.

1 Den Rahmen vorbereiten, wie bei den anderen Projekten beschrieben, und mit Acrylfarbe streichen. Wenn die Farbe trocken ist, nach Wunsch eine zweite Schicht auftragen.

2 Mit einem Kreidestift markieren, wo man die verschiedenen Perlen aufkleben möchte. Die Markierungen können entweder von den Perlen bedeckt oder wieder weggewischt werden. An der Innenkante beginnend, klebt man die Perlen im vorgesehenen Muster auf den Rahmen auf. Größere Perlen klebt man einzeln. Man hält sie dabei mit einer Pinzette, indem man sie mit Kleber bestreicht und platziert.

3 Felder, die mit sehr kleinen Perlen beklebt werden sollen, bestreicht man mit Kleber. Dann streut man die Perlchen darüber und drückt sie fest.

NÜTZLICHE TIPPS

- Es lohnt sich, auf einem Stück Papier von der Größe des Rahmens erst einen Entwurf zu machen, auf dem man die genaue Position der Perlen skizziert oder die Perlen lose verteilt. So stellt man sicher, dass man die richtigen Perlen an der richtigen Stelle aufklebt und auch von allen Perlen die erforderliche Menge parat hat.
- Statt der Perlen kann man andere Gegenstände für Collagen verwenden, von Steinchen und Muscheln bis zu getrockneten Blüten und Gewürzen wie Sternanis und Pfefferkörnern.

Weitere Projekte mit Perlen:
Deckenleuchter mit Grünspaneffekt, siehe Seiten 118–120.

Mosaikrahmen

❖ WERKZEUG UND MATERIAL ❖

- Flacher Holzrahmen
- Bleistift
- Lineal
- Mosaiksteinchen
- Fliesenbrechzange
- Weißleim oder Fliesenkleber
- Schutzbrille
- Gummihandschuhe
- Fugenmörtel
- Schwamm
- Lappen

1 Ein Muster entwerfen und mit Bleistift und Lineal auf dem Rahmen aufzeichnen. Bedenken Sie dabei, dass das Brechen der Mosaiksteinchen nicht einfach ist und deshalb gerade geometrische Muster leichter zu gestalten sind als Motive mit Rundungen.

2 Mit der Fliesenbrechzange die benötigten Mosaiksteinchen brechen oder vorgeformte Steine verwenden. Kleine Unregelmäßigkeiten sind dabei durchaus erwünscht, denn sie machen den typischen Mosaikeffekt aus.

3 Als Erstes die schräg über die Ecken laufenden Steine mit Weißleim auf den Rahmen kleben, dann die dreieckigen Steine rund um den Innensaum des Rahmens aufkleben.

4 Danach die restlichen Mosaiksteinchen auf den Rahmen kleben. Ist der Rahmen dick genug, so beklebt man auch die Außenkante mit Mosaiksteinchen. Das fertig geklebte Mosaik mindestens 24 Stunden trocknen lassen.

NÜTZLICHE TIPPS

- Will man gefärbten Fugenmörtel verwenden, muss man genug anmischen, denn es ist schwer, die genaue Farbe nachzumischen.
- Beim Brechen der Steine Schutzbrille und einen Mund-Nasen-Schutz tragen; beim Verfugen mit Mörtel Handschuhe anziehen.

Weitere Mosaikprojekte:
Mosaikvase, siehe Seiten 227–229.

▲ Das Mosaik mit der Diagonale beginnen.

Schreibtisch mit Découpagefläche

Dieser Schreibtisch war ursprünglich ein schlichter alter Küchentisch. Obwohl er viele Jahre lang als Esstisch gedient hatte, war er in gutem Zustand. Er musste nur abgeschliffen werden, dann konnte er mit einer gehörigen Menge Holzbeize in Eibenholzfarbe gestrichen werden. Ein großer Bogen Geschenkpapier mit einer alten Landkarte und anderen alten Motiven, wie den sieben Weltwundern, bot die passenden Bilder für die Schreibfläche. Die alte Weltkarte entsprach der Rolle des Tischs als einem Ort, wo Korrespondenzen mit Menschen in aller Welt erledigt werden sollen. Ein Schaustück jedes Wohn- oder Arbeitszimmers.

❖ WERKZEUG UND MATERIAL ❖

- Eibenholzfarbene Beize
- Flacher Malerpinsel
- Bleistift
- Stahllineal
- Skalpell und Schneidematte
- Scharfe Scheren
- Geschenkpapier mit passenden Motiven
- Weißleim
- Großes Tuch
- Permanentmarker in Goldschrift
- Klarlack
- Feinkörniges Schleifpapier
- Staubbindetuch

1 Den Tisch nach den Anweisungen auf der Dose mit Beize streichen. Trocknen lassen und nach Bedarf weitere Schichten auftragen, bis die gewünschte Grundfarbe erreicht ist. Mit Lineal und Bleistift die Position der einzelnen Motive ausmessen und leicht markieren.

2 Die Motive mit dem Skalpell auf der Schneidematte ausschneiden. Gerade Schnitte entlang der Kante des Stahllineals führen. Rundungen mit einer kleinen, scharfen Schere schneiden.

3 Die Motive mit Weißleim an den vorgesehenen Stellen aufkleben. Dazu die kleinen Motive auf der Rückseite mit Weißleim einstreichen und mit einem Tuch auf die Tischplatte drücken. Dabei darauf achten, dass alle Ränder gut ankleben. Für das große Motiv Weißleim auf die Tischplatte streichen, das Motiv auflegen und mit dem mehrfach gefalteten großen Tuch andrücken.

Nicht zu viel Druck ausüben, denn das dünne, feuchte Papier kann leicht reißen. Leichte Wellen werden sich glätten, wenn der Leim trocknet.

4 Mit einem Permanentmarker alle Motive umrahmen und goldene Zierleisten mit Hilfe des Lineals aufzeichnen. Aus freier Hand entlang der Außenkante und rund um die große Karte in der Mitte feine Dekorlinien hineinmalen. Die Tischfläche mit mehreren Schichten Klarlack streichen. Nach dem dritten Lackauftrag beginnend die trockene Lackschicht jeweils mit Schleifpapier bearbeiten und den Schleifstaub wegwischen.

NÜTZLICHE TIPPS

- Das Lineal mit der Vorderseite auflegen, wenn man mit dem Permanentmarker gerade goldfarbene Linien zieht. Das verringert die Gefahr, die Linien zu verschmieren.

Weitere Tischprojekte:
Runder Couchtisch, siehe Seiten 95–97; Tisch mit Traubenmotiv, siehe Seiten 114–117; Küchenstuhl und Klapptisch, siehe Seiten 154–157; Damenschreibtisch, siehe Seiten 170–171; Eiserner Gartentisch, siehe Seiten 224–226.

▲ Das Muster ausmessen und markieren.

▲ Verzierungen aus freier Hand malen.

▲ Kleine Motive für den dekorativen Rand.

AMERICA
ZONA TORRIDA
ZONA TEMPERATA
TERRA

Dekorierter Lloyd Loom Chair

DIE LLOYD-LOOM-MÖBEL, die in den 1920er- und 30er-Jahren sehr beliebt waren, sind bis heute Klassiker geblieben. Die Originale wurden aus Kostengründen aus speziellem braunem Papier gemacht, das zu langen Schnüren gedreht und um Stahlgestelle gewickelt wurde, sodass der Eindruck entstand, es handle sich um Korbgeflecht. Der hier vorgestellte Sessel ist ein Stück jüngeren Datums, das bereits mit Ölfarbe gestrichen war. Da man das Material nicht abbeizen kann, wurde der Sessel lediglich gründlich gesäubert und dann frisch gestrichen.

❖ WERKZEUG UND MATERIAL ❖

- Drahtbürste
- Stahlwolle
- Mittel- und feinkörniges Schleifpapier
- Staubbindetuch
- Staubsauger
- Grundfarbe
- Malerpinsel
- Zweite Farbe
- Abdeckband
- Klarlack (eventuell mit etwas Umbra natur abgetönt)

Lloyd Loom Chairs kann man durch einen frischen Anstrich rasch neues Leben einhauchen.

1 Den Sessel gründlich mit einer Drahtbürste reinigen, um Staub, Schmutz und abblätternde Farbe zu entfernen. Mit Stahlwolle nacharbeiten, dann den Sessel gründlich mit dem Staubbindetuch abwischen und mit dem Staubsauger absaugen. Sichtbare Metallteile mit Stahlwolle reinigen.

▲ Abblätternde Farbe mit der Bürste entfernen.

2 Den ganzen Sessel mit der Grundfarbe streichen und die Farbe vollkommen trocknen lassen. Von der Mitte des Rückenteils aus beginnend schmales Abdeckband so über die Innenflächen kleben, dass ein Rautenmuster entsteht. Darauf achten, dass das Band gut anliegt.

▲ Streichen und trocknen lassen.

▲ Rautenmuster mit Abdeckband kleben.

3 Den ganzen Sessel mit der zweiten Farbe streichen. Trocknen lassen, dann erst das Abdeckband lösen. Den Sessel mit einer schützenden Schicht Klarlack streichen. Nach Wunsch kann man dem Lack ein wenig Umbra natur beimischen.

▲ Zweite Farbe aufstreichen.

Weitere Stuhl- und Sesselprojekte:

Chinesischer Lackstuhl, siehe Seiten 121–123; Shakerstuhl, siehe Seiten 126–128; Stuhl mit Freihandbemalung, siehe Seiten 147–149; Küchenstuhl und Klapptisch, siehe Seiten 154–157; Stuhl mit Folkloremotiv, siehe Seiten 161–163; Kindertisch mit Stühlen, siehe Seiten 204–205.

Bedruckter Spiegelrahmen

Ein Muster mit Stempeln aufzubringen ist eine einfache Methode, um eine Fläche mit sich wiederholenden Motiven zu schmücken. Ein fester Gummi- oder Holzstempel ist ideal für eine größere Arbeit mit klaren Umrissen. Da das Schneiden der Stempel die größte Arbeit ist, sollte man einfache Muster wählen. Anfänger können mit Motiven beginnen, die man aus Gemüsen wie Kartoffeln oder Möhren schneiden kann (siehe unten). Das Geheimnis gelungener Stempelarbeiten liegt immer in der Schlichtheit der Motive.

❖ WERKZEUG UND MATERIAL ❖

- Farbe zum Streichen des Rahmens
- Flacher Malerpinsel
- Feinkörniges Schleifpapier
- Staubbindetuch
- Kreide
- Stempel
- Künstleracrylfarbe
- Kunststoffschwamm
- Wattestäbchen

1 Den Spiegelrahmen zum Anstreichen in der üblichen Weise durch Abschleifen und Säubern mit dem Staubbindetuch vorbereiten. In der gewählten Grundfarbe zwei Schichten auftragen und jeweils trocknen lassen.

2 Mit Kreide die Stellen markieren, an denen man den Stempel ansetzen muss. Bei großen Stempeln auch die Mitte des Stempelrückens markieren und diese Markierung auf dem Rahmen wiederholen. Das erleichtert die genaue Platzierung der sich gegenüberliegenden Motive.

▲ Rahmen mit der Grundfarbe streichen.

3 Mit einem Schwamm Künstleracrylfarbe gleichmäßig auf die gesamte Stempelfläche auftragen. Möchte man mehrere Farben verwenden, streicht man sie gleichzeitig auf und stempelt nur einmal, denn einen Stempel erneut exakt zu platzieren ist nahezu unmöglich.

▲ Stempel auf Papier ausprobieren.

4 Den Stempel mit den Kreidemarkierungen zur Deckung bringen und erst dann aufdrücken, wenn man sicher ist, dass die Position stimmt. Mit gleichmäßigem Druck, bei gleichzeitiger ganz leichter Schaukelbewegung des Stempels, das Motiv aufdrucken.

▲ Stempelposition mit Kreide markieren.

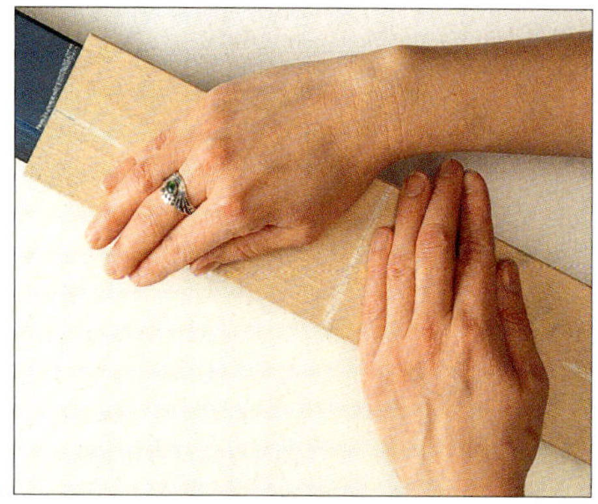

▲ Stempel mit gleichmäßigen Druck andrücken.

5 Den Stempel gerade nach oben abheben, damit keine Farbe verschmiert wird. Unerwünschte Farbe sofort mit einem Wattestäbchen wegwischen. Völlig trocknen lassen.

NÜTZLICHE TIPPS

Aus großen Kartoffeln kann man einfache Stempel schneiden.

1 Die Kartoffel waschen und längs oder quer halbieren. Die Schnittfläche eine Zeit lang trocknen lassen und mehrmals mit Küchenpapier abwischen.

2 Mit einem Stift ein einfaches geometrisches Motiv aufmalen. Alles, was außerhalb des Umrisses liegt, mit einem Cutter oder scharfen Küchenmesser wegschneiden, damit das Motiv erhaben heraussteht.

3 Da Kartoffeln viel Wasser enthalten, muss man dicke Farbe verwenden und den Stempel regelmäßig zwischendurch mit Küchenpapier abwischen. Weil die Stempel nicht lange halten, muss man bei größeren Arbeiten Stempel nachschneiden. Dazu stempelt man das Motiv auf Papier und verwendet diesen Abdruck als Schablone, um einen neuen Stempel zu schneiden.

Weitere Stempeldruckprojekte:
Durchbrochener Paravent, siehe Seiten 90–91.

Esszimmerprojekte

Einerseits ganz funktional, andererseits aber auch der Geselligkeit dienend, sollte das Esszimmer die perfekte Umgebung für kleine Familienmahlzeiten und für feine Menüs mit Freunden sein. Auf den folgenden Seiten werden zahlreiche kleine und grössere Projekte vorgestellt, die dabei helfen, ein Esszimmer atmosphärisch abzurunden oder auch völlig neu zu gestalten.

Tisch mit Traubenmotiv

Der Esstisch ist das unverzichtbare Zentrum jedes Speisezimmers. Ein funktionales Möbel also, das entweder unter einem Tischtuch verborgen ist oder wie hier ein effektvolles Prunkstück darstellt. Der immer noch zweckdienliche alte Tisch sollte einen hellen Anstrich erhalten. Dazu musste zunächst einmal der alte Lack abgebeizt werden. Nachdem der Tisch mit heller Ölfarbe gestrichen und die Platte mit einem Lasureffekt vorbereitet worden war, wurde mit verschiedenen Schablonen das Traubenmotiv in der Mitte und der Blattkranz rund um den Rand aufgebracht. Einige Schichten Acryllasur geben der Platte die nötige Strapazierfähigkeit, denn wer möchte ein so hübsches Motiv unter einer Tischdecke verbergen?

❖ WERKZEUG UND MATERIAL ❖

- Verschiedene Pinsel
- Abbeizmittel
- Mittel- und feinkörniges Schleifpapier
- Feine Stahlwolle
- Staubbindetuch
- Cremefarbener Seidenglanzlack auf Ölbasis
- Feines Granatpapier
- Farbroller für Ölfarbe
- Künstlerölfarbe in Umbra gebrannt und lichtem Ocker
- Farbbehälter
- Großer Löffel
- Transparente Öllasur
- Terpentinersatz
- Stupfbürste
- Klarsichtfolie (Stücke von 30 cm^2)
- Maßband
- Permanentmarker mit feiner Spitze
- Azetatfolie für Schablonen
- Skalpell und Schneidematte
- Ablösbarer Sprühkleber
- Schablonensticks in Weinrot, Dunkelblau, Blattgrün und dunklem Smaragd
- Acryllasur, seidenmatt oder hochglänzend trocknend

1 Lack und Schmutz vollständig mit einem guten Abbeizmittel nach Packungsanweisung entfernen. Mit mittelkörnigem, dann mit feinkörnigem Schleifpapier bearbeiten, danach mit feiner Stahlwolle, die mit Terpentinersatz angefeuchtet wurde, abreiben. Trocknen lassen, mit Staubbindetuch abwischen.

2 Den Tisch umdrehen und auf die Oberseite der Platte stellen. Die Unterseite der Platte und die Beine mit cremefarbenem Seidenglanzlack streichen. Trocknen lassen, mit Granatpapier abschleifen, abwischen und eine zweite Schicht Farbe auftragen; trocknen lassen. Den Tisch wieder umdrehen und auch die Platte wie beschrieben zweimal mit cremefarbenem Seidenglanzlack streichen.

Ist die Tischplatte nach dem zweiten Anstrich nicht völlig glatt, nochmals mit Granatpapier abschleifen, mit dem Staubbindetuch abwischen und eine dritte Schicht cremefarbenen Seidenglanzlack auftragen.

▲ Benötigte Farben und Utensilien.

Dieser schlichte Esstisch bot die Grundlage für ein schönes Schablonenmotiv.

3 Einen Löffel transparente Öllasur in einen Farbbehälter geben. Eine Tubenbreite Künstlerölfarbe in lichtem Ocker und halb so viel in Umbra gebrannt hinzufügen. Verrühren, bis die Mischung glatt ist. Im gleichen Mengenverhältnis mehr Ölfarbe zufügen, bis eine dunkle Karamellfarbe erreicht ist. Nach und nach Öllasur und Terpentinersatz im Verhältnis 2:1 zufügen und einen Löffel Seidenglanzlack beimischen.

▲ Ölfarbe mit Öllasur mischen.

4 An einer wenig sichtbaren Stelle, zum Beispiel einem Tischbein, mit einem Pinsel etwas von der Lasurfarbe über der getrockneten Ölfarbe auftragen und die Pinselspuren in der Lasur sofort mit der Stupfbürste vertreiben, indem man die harten Borsten kurz gerade aufsetzt und sofort

▲ Karamellfarbene Lasur aufstreichen.

wieder abhebt. Beherrscht man diese Technik, kann man die Tischplatte mit Lasur streichen und mit der Stupfbürste die Pinselspuren vertreiben.

5 Aus der Klarsichtfolie Quadrate mit 30 cm Seitenlänge schneiden. Eines der Quadrate mit beiden Händen zwischen Daumen und Zeigefinger nehmen und 30 cm hoch über die Tischplatte halten. Auf die Mitte der Folie blasen, loslassen und die Folie auf den Tisch sinken lassen. Über die gesamte Folie blasen, bis sie locker auf

▲ Pinselspuren mit Stupfbürste vertreiben.

der Lasur klebt. Die Folie an einer Ecke fassen und mit einem Ruck abreißen.

Den Vorgang über der gesamten Tischplatte wiederholen, dabei keine Stelle auslassen. Wenn die Folie keine Lasur mehr annimmt, ein neues Stück nehmen. Nach der Prozedur die Tischplatte unberührt trocknen lassen.

6 Die Azetatfolie über die Vorlage auf Seite 244 legen und die Umrisse der Motive mit einem feinen Permanentmarker nachzeichnen. Mit einem scharfen Skalpell auf einer Schneidematte die Schablonen ausschneiden. Es gibt verschiedene Elemente: Blätter, Stiel und Ranke, Weinbeeren in zwei Größen sowie stilisierte Ranken. Man braucht Schablonen aus allen Elementen und eine Schablone, die Blätter, Stiel und zwei Trauben vereint.

▼ Mit Klarsichtfolie Wirbel in der Lasur erzeugen.

7 In der Mitte der Tischplatte einen Kreis ausmessen und die große Schablone darin positionieren. Sie wird viermal gebraucht. Mit den ausgeschnittenen Weinbeeren werden später die großen Trauben vollendet. Mit den kleinen Weinbeeren werden kleine Trauben dazwischen gesetzt.

▲ Umrisse der Vorlage nachzeichnen.

8 Die Rückseite der Schablone mit ablösbarem Sprühkleber einsprühen und die Schablone an der vorgemerkten Stelle anlegen. Die Sticks an einem Stück Folie anreiben. Die an der Folie haftende Farbe dient als Palette für die Schablonierung. Mit dem Schablonierpinsel Farbe vom Blattgrün aufnehmen und die Blätter kreisförmig ausstupfen. Danach ein wenig Smaragdgrün aufnehmen und die Blattränder schattieren. Mit einem zweiten Pinsel Rot und Blau einzeln und graduell abgemischt für die Weinbeeren verwenden (Fertigstellung der Trauben siehe Schritt 9). Zunächst rund um den Tisch arbeitend die anderen Mittelmotive aufbringen, bis der Innenkreis geschlossen ist.

▲ Die Schablonen farbig ausstupfen.

9 Die Zusammenstellung einer Traube unbedingt erst auf Papier üben, möglichst mit einer echten Traube als Vorbild. Nur halb oder zu einem Viertel sichtbare Beeren vermitteln den Eindruck von Fülle und Räumlichkeit. Außerdem muss die Traube oben breit sein und nach unten spitz zulaufen. Rot und Blau vermischt ergeben zusammen Violett, das je nach den Anteilen der jeweiligen Farben heller oder dunkler ausfällt. So kann man die einzelnen Trauben unterschiedlich färben und ihre Umrisse klar abgrenzen. Man beginnt mit den zwei oberen, zur großen Schablone gehörenden Trauben. Danach malt man die große Weinbeere rechts außen und die in der Mitte darunter liegende.

Nachdem man etwa fünf ganze Beeren schabloniert hat, nimmt man die Schablone der kleineren Beeren und setzt einige von diesen ein. Zuletzt setzt man mit heller Farbgebung halb verdeckte Beeren dazwischen und an die Seiten.

▲ Den Motivaufbau erst auf Papier üben.

▲ Ansicht der fertigen Tischplatte.

▲ Rand aus Weinblättern schablonieren.

Ölfarben trocknen sehr langsam, man sollte die Motive also mindestens 48 Stunden lang in einem gut belüfteten Raum trocknen lassen. Je nach Größe und Form des Tischs möchte man vielleicht zusätzlich Trauben in gleicher oder anderer Größe einfügen. Man geht dann vor wie beschrieben. In diesem Fall diente die kleinste Weinbeere als Schablone für die zwischengesetzten Trauben.

10 Für den Blattkranz am Rand des Tischs verwendet man wieder die große Schablone, deckt jedoch den Stiel zwischen den Blättern und die Weinbeeren mit aufgeklebter Azetatfolie ab, denn es werden nur die Blätter benötigt. Zwischen die Blätter setzt man das stilisierte Rankenmotiv.

11 Für den schützenden Lack könnte man einen Klarlack auf Ölbasis verwenden. Da er die darunter liegenden Farben aber gelbstichig werden lässt, verwendet man besser Acryllasur, von der mehrere dünne Schichten aufgetragen werden. Es gibt die Lasur seidenmatt, matt und glänzend trocknend. Alle drei Lasuren sind milchig, solange sie feucht sind, werden aber beim Trocknen klar. Man streicht eine Schicht über den gesamten Tisch; die Platte streicht man mehrmals und lässt die einzelnen Schichten zwischen den Aufträgen gründlich trocknen. Während des Auftrags schon gestrichene Stellen nicht überpinseln, weil sich sonst Pinselspuren bilden.

▲ Platte mit Acryllasur lackieren.

NÜTZLICHE TIPPS

- Die Tischbeine zuerst bearbeiten, um die Lasurtechnik zu üben. Die noch feuchte Lasur sofort stupfen, um die Pinselspuren zu vertreiben.
- Die Klarsichtfolie bereits geschnitten griffbereit legen, damit man damit den besonderen Lasureffekt aufbringen kann, ehe die Lasur trocknet.
- Mit den Schablonen, vor allem dem Traubenmotiv, erst auf Papier üben, damit man eine klare Vorstellung davon hat, wie man die Motive aufbaut.

Weitere Projekte mit Schablonen:
Dekorierter Lloyd Loom Chair, siehe Seiten 108–109; Kleiner Nachttisch, siehe Seiten 175–177; Schrank mit Putten, siehe Seiten 182–185.

Deckenleuchter mit Grünspaneffekt

GRÜNSPAN NENNT MAN DIE natürliche Patina, die sich mit der Zeit auf Metallen wie Kupfer und Bronze bildet. Diese Patina lässt sich auf Metall, Holz, Stuck und anderen Oberflächen sehr überzeugend mit Farbe nachahmen, besonders gut auf Metallobjekten mit reicher, filigraner Verzierung, wie diesem alten, fünfarmigen Deckenleuchter. Schon der Leuchter selbst wirkte nach der Renovierung sehr edel, doch fehlte ihm der letzte Pfiff. Leichte Ketten mit Glassteinen, einst als Christbaumschmuck verwendet, boten sich als zusätzliche Dekoration des Kandelabers an, der nun an einen Kristalllüster erinnert. Ehe man ein so altes Stück tatsächlich an die elektrische Leitung anschließt, unbedingt die Kabel von einem Elektriker überprüfen lassen!

❖ WERKZEUG UND MATERIAL ❖

- Warmes Seifenwasser
- Stahlwolle
- Alte Zahnbürste
- Staubbindetuch
- Saubere Lappen
- Flacher Künstlerpinsel oder Plattpinsel
- Dispersionsfarbe in Schokoladenbraun
- Verschiedene Stupfpinsel
- Grünspanset oder Dispersionsfarbe in hellen und dunklen Jadetönen
- Goldcreme
- Glasfarben
- Dünner Golddraht
- Maßband
- Kleine Zange
- Küchenpapier
- Verschiedene Glasperlen und -tropfen
- Lineal

Bei alten Lampen unbedingt erst die Kabel überprüfen lassen.

1 Den Leuchter mit Seifenwasser und Stahlwolle gründlich reinigen. Mit der alten Zahnbürste vor allem aus den Rillen, Kerben und Vertiefungen der Verzierungen allen Schmutz und Staub vollständig entfernen. Mit einem trockenen Tuch gut nachreiben. Den Leuchter trocknen lassen, mit dem Staubbindetuch erneut gut abreiben, um allen verbliebenen Staub gründlich zu entfernen.

▲ Braune Grundfarbe aufstreichen.

2 Den Leuchter mit dem Plattpinsel mit schokoladenbrauner Dispersionsfarbe streichen. Auch alle Rillen und Vertiefungen ausmalen. Dazu eventuell einen flachen Künstlerpinsel verwenden. Die Dispersionsfarbe völlig trocknen lassen. Sollte die Farbe an manchen Stellen nicht haften, eine zweite Schicht Farbe auftragen und den Leuchter erneut trocknen lassen.

3 Ein wenig von der hellgrünen Dispersionsfarbe in den Deckel des Gebindes gießen und die harten Borstenspitzen eines runden Stupfpinsels hineintauchen. Überschüssige Farbe auf Papier abstreifen. Mit dem fast trockenen Pinsel die verbliebene Farbe auf den Leuchter stupfen, so dass er wie mit feinem Mehltau überzogen aussieht. Die Farbe nicht bis in die Tiefe der Rillen stupfen.

▲ Helles Grün auf das Braun stupfen.

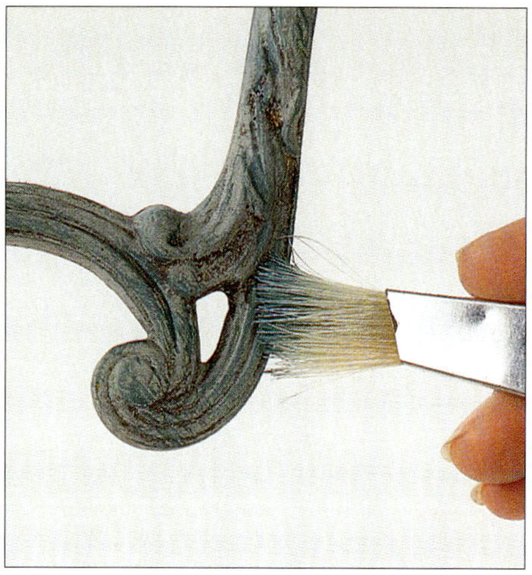

▲ Dunkles Jadegrün aufstupfen.

4 Mit dem flachen Künstlerpinsel ein wenig dunkelgrüne Dispersionsfarbe aufstreichen; zu starken Farbauftrag sofort wieder abwischen. Mit leichten Pinselstrichen einige der vorstehenden Verzierungen und einige der Vertiefungen hervorheben. Dadurch werden die Strukturen der Verzierungen betont, denn der helle Untergrund wird nicht gänzlich übermalt, er soll vielmehr durchscheinen.

5 Wenn die Farbe wiederum restlos getrocknet ist, mit den Fingern kleine Mengen Goldcreme auf Kanten und exponierten Stellen verreiben. Auch in einige der Vertiefungen etwas Goldcreme reiben.

6 Dekorative Teile, mit denen man den Leuchter zusätzlich schmücken möchte, etwa Weinblätter aus Papier, werden ebenfalls mit der Grünspantechnik bemalt. Glasperlen und Glastropfen, die man an den Leuchter hängen möchte, werden auf feinen Golddraht aufgefädelt. Einige der Perlen und Tropfen kann man eventuell mit Glasfarbe bemalen, oder man verwendet gleich entsprechend gefärbte Perlen.

Befestigen Sie kurze Perlenschnüre mit Drahtschlingen unterhalb der Lichtquellen an jedem Leuchterarm und führen Sie zuletzt eine lange Perlenschnur sehr locker drapiert rund um den Leuchter von Arm zu Arm.

▲ Mit Goldcreme Akzente setzen.

NÜTZLICHE TIPPS

- Soll der Leuchter wirklich als Lampe dienen und nicht nur als Zierstück an der Decke hängen, muss man unbedingt vor Arbeitsbeginn von einem Elektriker überprüfen lassen, ob alle Kabel und Kontakte in Ordnung sind und die Lampe gefahrlos verwendet werden kann!
- Zu Festen wie Weihnachten kann man den Deckenleuchter mit Stechpalmenzweigen oder Misteln und Goldblättern zusätzlich schmücken.
- Ehe man sich der Mühe unterzieht, einen alten Deckenlüster zu renovieren, sollte man ausmessen, ob er mit der Zimmerhöhe harmoniert. Die modernen Wohnungen haben eine deutlich geringere Deckenhöhe als Altbauwohnungen. Wenn der Lüster zu niedrig hängt, stößt man sich den Kopf; hängt er zu dicht unter der Decke, wirkt er nicht stilecht.

Weitere Farbeffektprojekte:
Runder Couchtisch, siehe Seiten 95–97; Karaffe mit Gläsern, siehe Seiten 124–125; Shakerstuhl, siehe Seiten 126–128; Kamin im Graniteffekt, siehe Seiten 136–137; Blattgoldtablett, siehe Seiten 138–139; Antikisierter Hängeschrank, siehe Seiten 158–160; Stuhl mit Folkloremotiv, siehe Seiten 161–163; Kommodenschrank mit Schnitzereien, siehe Seiten 168–169; Schränke mit Jalousietüren, siehe Seiten 198–199; Kindertisch mit Stühlen, siehe Seiten 204–206; Gitterbett mit gedrucktem Motiv, siehe Seiten 218–219; Eiserner Gartentisch, siehe Seiten 224–226.

▲ Den Lüster mit Glasperlen und Tropfen schmücken.

Chinesischer Lackstuhl

Schlichte alte Holzstühle gibt es ziemlich preiswert in Trödelläden und auf Flohmärkten; mancher hat alte Stühle auf dem Dachboden oder im Keller stehen. Kaum ein anderes Möbelstück ist so anpassungsfähig wie Stühle, die man praktisch in jeder gewünschten Weise streichen und dekorieren kann. Inspirationsquelle für diesen Stuhl war ein Kinderbuch und eine daraus gestaltete Pantomimenvorstellung mit chinesischen Drachen. Drachen und chinesische Schriftzeichen werden bei diesem Projekt als Découpage verwendet (Vorlagen finden Sie auf Seite 244). Als Grundfarbe bietet sich leuchtendes Rot an, das man mit chinesischen Lackarbeiten assoziiert und das ausgezeichnet zu den schwarzen Motiven passt.

❖ WERKZEUG UND MATERIAL ❖

- Warmes Seifenwasser und Lappen
- Mittel- und feinkörniges Schleifpapier
- Staubbindetuch
- Ölfarbe in leuchtendem Rot, seidenmatt oder hochglänzend
- Flacher Malerpinsel
- »Chinesische« Motive (Drachen und Schriftzeichen, siehe Seite 246)
- Skalpell und Schneidematte
- Kleine, scharfe Schere
- Ablösbarer Sprühkleber oder Klebepads
- Fixativ
- Weiches Tuch
- Schwarze Künstlerölfarbe
- Weißleim
- Hochglanzklarlack
- Lackpinsel

1 Den Stuhl mit warmen Seifenwasser abwaschen, trocknen lassen, mit Schleifpapier abschleifen. Wenn der alte Lack abgeschliffen ist, den Stuhl mit einem Staubbindetuch abwischen, damit die Ölfarbe gut haftet. Den Stuhl umdrehen und zunächst die Unterseite und die Beine mit roter Ölfarbe streichen. Wenn die Farbe trocken ist, den restlichen Stuhl streichen. Die Farbe nach Gebindehinweis trocknen lassen, dann wie beschrieben eine zweite Schicht Farbe auftragen.

2 Die Motive in ausreichender Menge fotokopieren. Dabei gleich nach Bedarf verkleinern oder vergrößern und auch beachten, dass man sie nach beiden Richtungen ausgerichtet benötigt. Entweder die Motive von Seite 244 nehmen oder Motive aus anderen Quellen wählen. Alle Bilder sorgfältig mit Skalpell und/oder Schere ausscheiden.

Dieser Stuhl aus einem Trödelladen brauchte zur Vorbereitung nur eine gründliche Reinigung.

▲ Leuchtend rote Ölfarbe aufstreichen.

▲ Die ausgeschnittenen Motive aufkleben.

▲ Die Schriftzeichen aufkleben.

3 Die Motive mit Sprühkleber oder Klebepads zur Probe aufkleben. Wenn das Arrangement der Motive gefällt, dann jedes Bild an der vorgesehenen Stelle mit Weißleim aufkleben. Mit einem sauberen, weichen Tuch gut andrücken, damit alle Ränder gut haften und überschüssiger Leim austritt und abgewischt werden kann. Wenn der Leim gebunden hat, alle Motive mit Fixativ übersprühen, damit die Kopierfarbe sich nicht löst.

4 Wünscht man einen Antikeffekt, verstreicht man mit den Fingern etwas schwarze Künstlerölfarbe direkt aus der Tube über die Kanten und Verbindungsstellen des Stuhls. So erhält der Stuhl ein altes, abgenutztes Aussehen. Der Effekt wirkt besonders echt, wenn man auch die Teile der Sitzfläche behandelt, die normalerweise durch Gebrauch abgenutzt werden. Vor allem, wenn die Sitzfläche eine Mulde hat, kann man den hinteren Rand dieser Mulde auf diese Weise betonen.

Wer keinen Antikeffekt wünscht, überspringt diesen Arbeitsschritt. Die Ölfarbe restlos trocknen lassen, ehe man den Stuhl lackiert.

5 Für den typischen Lackeffekt und zum Schutz der Motive mehrere Schichten Hochglanzklarlack auftragen. Die Schichten zwischen jedem Auftrag trocknen lassen. Lack auf Ölbasis neigt zum Vergilben, ist aber bei Ölfarbengrund nötig, da wasserlösliche Lacke schlecht haften. Im Farbengeschäft bekommt man Rat, welche Lacke geeignet sind.

▲ Die Kanten mit Ölfarbe antikisieren.

NÜTZLICHE TIPPS

- Wenn man Stühle streicht, stellt man sie immer erst auf den Kopf, um die Unterseite und die Beine zu streichen. Farbe trocknen lassen, dann erst umdrehen und den restlichen Stuhl streichen.
- Möbel, die bis auf das Grundholz abgebeizt und abgeschliffen wurden, müssen zunächst mit Grundierung und Voranstrich behandelt werden, damit die eigentliche Farbe haftet.
- Zur Erzeugung des typisch orientalischen Lackeffekts benötigt man Klarlacke. Erkundigen Sie sich im Fachgeschäft, welche Lacke bei der jeweiligen Grundfarbe angebracht sind.

Weitere Stuhlprojekte:
Dekorierter Lloyd Loom Chair, siehe Seiten 108–109; Shakerstuhl, siehe Seiten 126–128; Stuhl mit Freihandbemalung, siehe Seiten 147–149; Küchenstuhl und Klapptisch, siehe Seiten 154–157; Stuhl mit Folkloremotiv, siehe Seiten 161–163; Kindertisch mit Stühlen, siehe Seiten 204–206; Schaukelstuhl, siehe Seiten 214–217; Deckstuhl, siehe Seiten 232–233.

▲ Mehrere Schichten Lack zum Schutz und für den Glanzeffekt auftragen.

Karaffe mit Gläsern

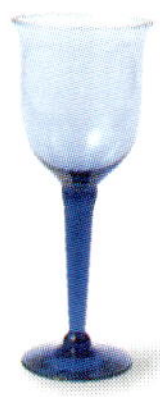

DEKORIERTE GLÄSER SIND EIN attraktiver Blickfang in einem Regal oder Vitrinenschrank. Selbst billige Pressgläser aus dem Ramsch können so veredelt werden. Da die Gläser lediglich Zierstücke sein sollen, wurde für einen Eisblumeneffekt Emailfarbe aus der Sprühdose verwendet. Außerdem kamen Lackmalstifte und Glitter zum Einsatz. Möchte man dekorierte Gläser weiterhin benutzen, muss man spezielle Glasfarben verwenden. Damit die Dekorationsmotive einheitlich ausfallen, arbeitet man am besten mit Schablonen. Vorlagen für die hier verwendeten Motive (Stern und Fleur-de-Lis) finden sich auf Seite 244. Selbstverständlich kann man auch eigene Schablonen entwerfen oder andere Vorlagen suchen.

❖ WERKZEUG UND MATERIAL ❖

- Warmes Seifenwasser
- Tücher
- Spiritus
- Siliziumkarbidpapier
- Mund-Nasen-Schutz
- Abdeckfolie
- Emailsprühfarben
- Azetatfolie
- Permanentmarker mit dünner Miene
- Skalpell
- Schneidematte
- Glitterglue
- Permanentmarker mit Goldmiene
- Zeitungen
- Glasfarben (nach Bedarf)
- Kleiner Künstlerpinsel

1 Die Gläser in warmem Seifenwasser gut spülen und abtrocknen. Anschließend mit einem Tuch mit Spiritus abwischen. Zuletzt die Gläser außen mit angefeuchtetem Siliziumkarbidpapier abschleifen.

2 Die Umgebung gut mit Folie abdecken (oder die Gläser in einen offenen großen Karton stellen), Mund-Nasen-Schutz anlegen und die Gläser aus ca. 30 cm Abstand dünn mit Emailfarbe besprühen. Dabei möglichst im Freien arbeiten oder für gute Belüftung sorgen. Die Farbe trocknen lassen und eine zweite Schicht aufsprühen.

3 Azetatfolie über die Vorlagen für die Schablonen legen und die Umrisse mit dem Permanentmarker durchzeichnen. Auf der Schneidematte mit dem Skalpell die Schablonen ausschneiden. Den Stern in einer kleinen und einer etwas größeren Version ausschneiden, die stilisierte Lilie (Fleur-de-Lis) wird für die hier vorgestellten Gläser nur in einer Größe benötigt.

Billige Gläser werden mit Farbe zu wertvollen Schaustücken.

4 Die Sternschablonen anlegen und gut festhalten. Umrisslinien mit dem Goldstift nachziehen, Schablone entfernen und den Umriss mit dem Goldstift ausmalen. Das Lilienmotiv auf den Fuß der blauen Gläser legen und ebenfalls die Umrisse des Motivs nachzeichnen, mit Glitterglue ausfüllen.

5 Den Stöpsel der Karaffe mit einer Spirallinie in Glasfarbe bemalen. Die Farbe trocknen lassen, dann direkt neben der Linie eine zweite mit Glitterglue aufmalen. Auch alle Glasränder mit einer Linie aus Glitterglue nachziehen.

NÜTZLICHE TIPPS

- Von der Emailsprühfarbe lieber zwei sehr dünne Schichten aufsprühen, sonst könnten Laufnasen entstehen.

Weitere Glasprojekte:

Potichomanie-Glas, siehe Seiten 188–189; Vitrinenschränkchen, siehe Seiten 195–197.

▲ Umrisse mit Glitterglue füllen.

▲ Motivumrisse mit Metallicstift malen.

Shakerstuhl

DIESER ALTE ENGLISCHE Kirchenstuhl wurde wie ein amerikanischer Shakerstuhl gestaltet. Die so genannten Shakerstühle waren bei den frühen amerikanischen Siedlern in Gebrauch. Da deren Häuser klein waren, wurden die Stühle an die Wand gehängt, wenn man sie nicht brauchte. Heute werden Stühle dieser Art in Amerika als Dutzendware hergestellt und mit gedämpften Naturfarben wie Leinen, Jute oder Enteneierblau gestrichen. Das typische zurückhaltende Dekor der Shakerstühle, das aus der freien Hand aufgemalt wird, ist ideal für Möbel, die sich unauffällig in ihre Umgebung einfügen sollen. Auch hier wurde das einst besonders beliebte Hellblau, das als Enteneierblau bekannt ist, gewählt.

❖ WERKZEUG UND MATERIAL ❖

- Warmes Seifenwasser und Lappen
- Mittel- und feinkörniges Schleifpapier
- Staubbindetuch
- Traditionelle Farbe in Altweiß und Dunkelblau oder Dispersionsfarbe in Hellblau
- Farbeimer und Holzstab zum Rühren
- Flacher Malerpinsel
- Künstleracrylfarbe in Preußischblau
- Künstleracrylfarbe in Weiß
- Runder Künstlerpinsel in verschiedenen Stärken
- Neutrales Möbelwachs
- Sauberes weiches Tuch

1 Den Stuhl mit einem in warmem Seifenwasser getauchten Lappen abwaschen, danach gut trocknen lassen. Dann den ganzen Stuhl erst mit mittelkörnigem, dann mit feinkörnigem Schleifpapier in Maserungsrichtung abschleifen. Den Schleifstaub mit einem Staubbindetuch abwischen.

2 Die Hälfte der traditionellen Farbe in Altweiß in einen Farbeimer gießen. Etwas von dem Dunkelblau zufügen und mit einem Holzstab gründlich verrühren. Mehr Blau zufügen, bis die gewünschte Farbe angemischt ist. Dispersionsfarbe ebenso anmischen oder bereits gemischt kaufen.

3 Den gesamten Stuhl mit der Farbe streichen (zunächst die Unterseite und die Beine streichen). Die erste Farbschicht trocknen lassen, dann eine zweite Schicht in gleicher Weise auftragen.

Simple Brettstühle sind zum Bemalen ideal.

▲ Grundfarbe gleichmäßig aufstreichen.

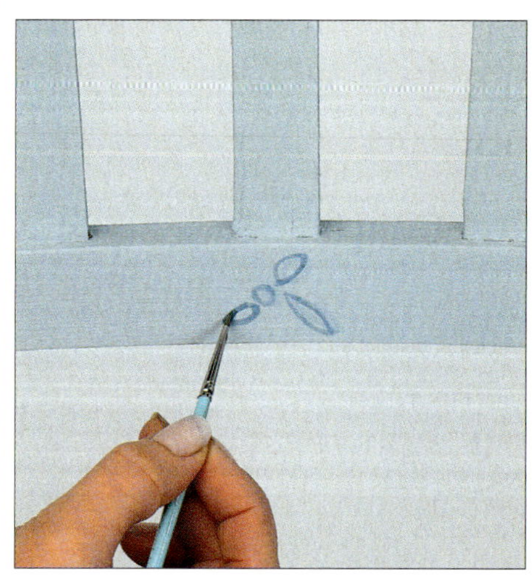

▲ Umrisse der Blüten zuerst malen.

Das Blumenmotiv kann außen und innen an der Lehne angebracht werden.

4 Jeweils etwas Künstleracrylfarbe in Preußischblau und Weiß auf eine Palette drücken und mit einem dünnen, runden Künstlerpinsel von beiden Farben ein wenig aufnehmen und auf der Palette vermischen. Mit dieser Farbe die Umrisse der Blütenmotive aus der freien Hand aufmalen. Dabei mit dem Kreis in der Mitte beginnen. Dann den Kreis und die Blütenblätter ausmalen. Einen frischen Pinsel mit etwas Preußischblau füllen und die Blütenblätter akzentuieren.

5 Mit einem zusammengeknüllten weichen Lappen Möbelwachs aus der Dose aufnehmen und mit kreisenden Bewegungen auf den gesamten Stuhl auftragen und polieren. Trocknen lassen und mindestens eine weitere Schicht auftragen.

▲ Wachs mit weichem Tuch auftragen.

▲ Die gewachste Fläche sanft polieren.

NÜTZLICHE TIPPS

- Das Möbelwachs lässt die Grundfarbe dunkler erscheinen. Um zu testen, wie die Farbe nach dem Wachsauftrag aussehen wird, streicht man ein Probeholz mit der Farbe und presst den angefeuchteten Finger darauf. So wie diese Stelle aussieht, wird die Farbe nach dem Wachsauftrag erscheinen.
- Unbedingt neutrales Wachs – kein getöntes – verwenden, weil sonst die endgültige Farbe verändert werden kann.
- Beim Mischen von Farben immer erst ein wenig von der dunkleren Farbe zugeben und gut verrühren. Das Ergebnis auf einem Probeholz testen. Eine zu dunkel angemischte Farbe lässt sich sehr schwer wieder aufhellen. Eine zu helle Farbe kann leicht durch mehr dunkle Farbe nachdunkeln.

Weitere Stuhlprojekte:

Dekorierter Lloyd Loom Chair, siehe Seiten 108–109; Chinesischer Lackstuhl, siehe Seiten 121–123; Stuhl mit Freihandbemalung, siehe Seiten 147–149; Küchenstuhl und Klapptisch, siehe Seiten 154–157; Stuhl mit Folkloremotiv, siehe Seiten 161–163; Kindertisch mit Stühlen, siehe Seiten 204–206; Schaukelstuhl, siehe Seiten 214–217; Deckstuhl, siehe Seiten 232–231.

Lackiertes Butler Tray

DIE FÜR DIESES PROJEKT angewendete Maltechnik imitiert vor allem durch die Farben den Eindruck einer chinesischen Lackarbeit. Echte Lackarbeiten erfordern hohe handwerkliche Geschicklichkeit bei der Aufbringung von mehreren Dutzend Schichten farbiger Lacke, die aus dem Harz eines bestimmten Gummibaums gewonnen werden. Heute wird meist Schellack über einer Gessogrundierung verwendet. Ist die Lackschicht hoch aufgebaut, wird sie ausgeschnitzt und zeigt im Muster dann den Aufbau der farbigen Schichten. Hier wurde lediglich das zunächst grundierte Tablett schwarz, dann rot gestrichen, ehe das Motiv, das einem alten Buch entstammt, in Goldbronze aufgebracht wurde. Dazu wurde spezielles Anlegemittel aus Acryl verwendet.

❖ WERKZEUG UND MATERIAL ❖

- Grobkörniges Schleifpapier
- Schleifklotz
- Staubbindetuch
- Acryl-Holzgrundierung
- Flache Malerpinsel
- Lack auf Wasserbasis
- Lackpinsel
- Dispersionsfarbe oder traditionelle Farbe in Schwarz
- Dispersionsfarbe oder traditionelle Farbe in Lackrot
- Feine Stahlwolle
- Brennspiritus oder Wasser
- Schellack oder Sprühlack
- Pinsel zum Auftragen von Schellack
- Lineal
- Bleistift
- Abdeckband
- Transparentpapier
- Talkumpuder
- Anlegemittel auf Acrylbasis
- Bronzepulver
- Watte
- Klarlack auf Wasserbasis, matt
- Klarwachs
- Klarlack auf Ölbasis (fakultativ)

1 Das grobkörniges Schleifpapier um einen Schleifklotz legen und das gesamte Tabletttischchen damit in Maserungsrichtung des Holzes gründlich abschleifen. Den Schleifstaub mit dem Staubbindetuch abwischen.

2 Das gesamte Stück mit einer Schicht Holzgrundierung auf Acrylbasis streichen und trocknen lassen. Handelt es sich um ein zusammenklappbares Möbel, auch die Stellen nicht vergessen, die erst sichtbar werden, wenn man es zusammenlegt. Ist die Grundierung getrocknet, zwei Schichten schwarze Farbe auftragen; die Schichten zwischendurch trocknen lassen. Dann eine Schicht Lack auf Wasserbasis aufbringen, um die Oberfläche abzusperren. Den Lack völlig trocknen lassen, dann zwei Schichten lackrote Farbe auftragen; wiederum die Farbe zwischen den Aufträgen trocknen lassen.

Dieses Butler Tray sah sehr unscheinbar aus.

3 Die rote Farbe mit Stahlwolle, die mit Spiritus (bei Dispersionsfarbe) oder Wasser (bei kreidehaltiger traditioneller Farbe) befeuchtet ist, in kreisenden Bewegungen abschleifen. Danach eine Schicht klaren Schellack oder Lack aus der Sprühdose auftragen.

▲ Die Oberfläche mit Schleifpapier aufrauen.

▲ Zunächst eine Acrylgrundierung auftragen.

▲ Schwarze Farbe mit Lack absperren.

4 Das Tablett ausmessen und den Mittelpunkt der Fläche sowie die Mittelpunkte aller vier Seiten mit dem Bleistift markieren. Das Mittelmotiv von Seite 249 auf Transparentpapier übertragen. Das Papier mit dem Mittelpunkt des Motivs auf der Mitte der Tablettfläche platzieren und mit

▲ Zwei Schichten Rot aufstreichen.

Abdeckband fixieren. Mit einem harten Bleistift das Muster durchzeichnen, sodass es sich auf der Tablettfläche abdrückt; das Papier entfernen. Ausrechnen, wie viele der Mäanderelemente (Seite 249) man für den Rand benötigt. Das gerundete Eckelement kann, muss aber nicht verwendet werden. Das Randmotiv auf Transparentpapier abzeichnen und ebenso wie das Mittelmotiv auf das Tablett übertragen. Talkumpuder über das Tablett streuen und mit einem weichen Pinsel verteilen: Die Bleistiftlinien werden dadurch besser sichtbar, und auch das Bronzepulver haftet nur auf den Stellen, auf denen das Anlegemittel aufgetragen wurde.

5 Den inneren Teil des Mittelmotivs sorgfältig mit einem feinen Pinsel mit dem Anlegemittel ausmalen; die Stege zwischen den Bildelementen unbedingt freihalten. Das Anlegemittel 15–20 Minuten trocknen lassen, dann mit einem weichen Pinsel Bronzepulver über das Anlegemittel stäuben (an manchen Stellen etwas mehr, an anderen weniger). Auf diese Weise fortfahren, bis alle Motivteile mit Bronzepulver belegt sind. Zuletzt den gesamten Außenrand des Tabletts mit Anlegemittel bestreichen und wie beschrieben mit Bronzepulver vergolden. Hier mehr Pulver aufbringen als beim Innenmotiv.

▲ Die Farbe für den Antikeffekt mit feuchter Stahlwolle abreiben.

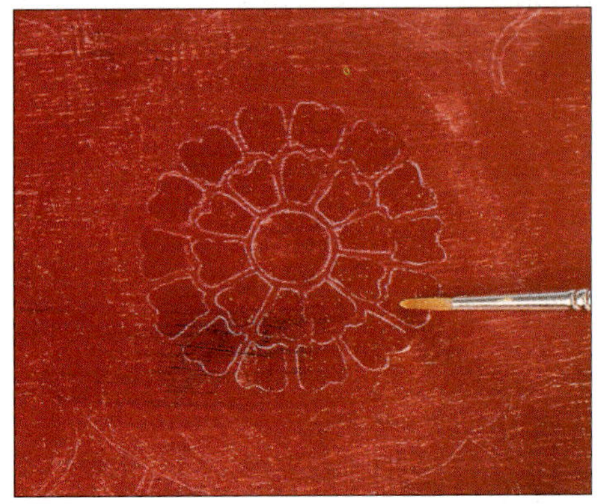

▲ Acrylanlegemittel auftragen.

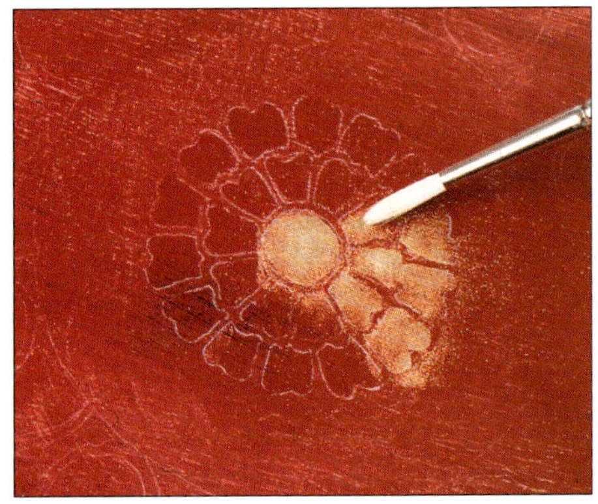

▲ Bronzepulver auf den Haftgrund stäuben.

6 Mit einem feuchten Wattebausch vorsichtig, damit das Motiv nicht beschädigt wird, den gesamten Talkumpuder und überschüssiges Bronzepulver vom Tablett wischen. Die Oberfläche mit einer Schicht Schellack oder Sprühlack schützen, dabei keine feuchte Lackschicht überstreichen. Trocknen lassen und zwei Schichten matten Klarlack auf Wasserbasis auftragen. Zuletzt die Oberfläche mit Klarwachs einreiben und polieren. Für eine strapazierfähigere Oberfläche Klarlack auf Ölbasis verwenden.

NÜTZLICHE TIPPS

- Trägt man das Anlegemittel auf eine zu große Fläche auf, kann es teilweise seine Wirkung verlieren, denn es klebt nur, solange es feucht ist. Keinen Talkumpuder auf das Anlegemittel bringen: Das Bronzepulver haftet dann nicht mehr.

Weitere Antikisierungsprojekte:
Deckenleuchter mit Grünspaneffekt, siehe Seiten 118–120; Blattgoldtablett, siehe Seiten 138–139; Schränkchen mit Bildpaneelen, siehe Seiten 144–146; Antikisierter Hängeschrank, siehe Seiten 158–160; Stuhl mit Folkloremotiv, siehe Seiten 161–163; Eiserner Gartentisch, siehe Seiten 224–226.

Emailkanne mit Découpage

DIESE SCHON ANGEROSTETE ALTE Emailkanne wurde auf einem Flohmarkt entdeckt. Da sie trotz des Rostansatzes noch in einem recht guten Zustand war, konnte sie problemlos für eine Découpagearbeit benutzt werden. Sie musste gründlich gereinigt und entrostet werden. Mit ihrer Dekoration aus ausgeschnittenen Anemonen ist die Kanne nun eine elegante Vase, die einen Strauß Trockenblumen aufnehmen kann. Frische Blumen kann man nur dann in die Vase stellen, wenn der Rost keine Löcher hineingefressen hat und sie absolut wasserdicht ist.

❖ WERKZEUG UND MATERIAL ❖

- Stahlwolle
- Pinsel
- Rostschutzgrundierung
- Feinkörniges Schleifpapier
- Staubbindetuch
- Dispersionsfarbe
- Acrylgrundierung
- Papier mit Motiven
- Scheren
- Klebepads
- Weißleim
- Gummiroller
- Weiches Tuch
- Acrylfarbe und Pinsel
- Polyurethanklarlack
- Wachs
- Weicher Lappen

1 Eventuelle Roststellen an der Kanne mit Stahlwolle abreiben. Dann die Kanne sowohl innen als auch außen mit zwei Schichten Rostschutzgrundierung streichen. Ist die Grundierung trocken, die Kanne außen mit feinkörnigem Schleifpapier abschleifen und mit einem Staubbindetuch abwischen. Zwei bis drei Schichten verdünnte Dispersionsfarbe und dann eine Schicht Acrylgrundierung auftragen.

2 Auf einem möglichst dünnen Papier, zum Beispiel Geschenkpapier, Blumen- oder andere Motive aussuchen. Je dünner das Papier ist, desto weniger Lackschichten muss man

▲ Rost mit Stahlwolle entfernen.

später auftragen. Die gewählten Blumenmotive mit einer kleinen Schere akkurat ausschneiden und mit Klebepads oder ablösbarem Sprühkleber zur Probe auf der Kanne arrangieren.

3 Wenn die Anordnung der Einzelmotive harmonisch ist, jedes Teil einzeln vorsichtig wieder ablösen, auf der Rückseite mit Weißleim bestreichen und auf der vorgesehenen Stelle endgültig ankleben. Die Motive mit dem Roller oder einem Lappen fest andrücken; vor allem sollten sämtliche Ränder fest anliegen. Eventuell austretenden Leim vorsichtig mit einem feuchten Tuch abwischen. Den oberen

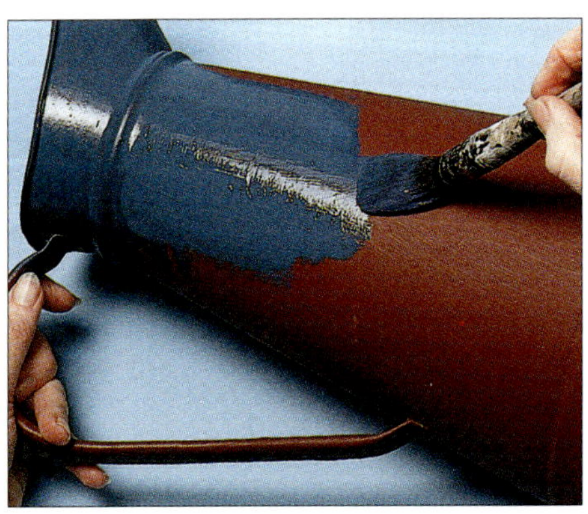

▲ Auf den Rostschutz Farbe auftragen.

Rand der Kanne mit einer zum Grundanstrich passenden Komplementärfarbe mit einem möglichst feinen Pinsel streichen.

4 Ist alles gut getrocknet, trägt man zwei Schichten Polyurethanklarlack auf und lässt den Lack jeweils 24 Stunden trocknen. Die Kanne mit feinkörnigem Schleifpapier vorsichtig abschleifen und mit dem Staubbindetuch abwischen. Danach sechs weitere Schichten Lack auftragen, jeweils trocknen lassen und abschleifen. Als Letztes mit einem weichen Lappen eine Schicht Wachs auftragen und zu sanftem Glanz polieren.

▲ Motive mit der Schere ausschneiden.

Weitere Découpageprojekte:
Nähschränkchen, siehe Seiten 98–99; Schreibtisch mit Découpagefläche, siehe Seiten 106–107; Besteckkasten, siehe Seiten 134; Platzdecken mit Blumenmotiv, siehe Seiten 140–141; Damenschreibtisch, siehe Seiten 170–171; Nachtschränkchen, siehe Seiten 186–187; Potichomanie-Glas, siehe Seiten 188–189; Badezimmerschränkchen, siehe Seiten 192–194; Dekoriertes Kinderbett, siehe Seiten 207–209; Kinderzimmerspiegel, siehe Seiten 210–211; Hölzerne Obststeige, siehe Seiten 230–231.

Besteckkasten

Gelegentlich kann man einen alten Besteckkasten ergattern, der noch die Fächereinsätze für Messer, Gabel und Löffel enthält. Oder man findet Kasten und Einsätze getrennt und dennoch zueinander passend. Hat man einen schönen alten Besteckkasten entdeckt, ist eine Découpage die ideale Dekoration, denn die Bilder haften gut auf glatten Flächen; zugleich können die Motive kleine Schäden am Kasten kaschieren. Hier wurde ein wunderschönes viktorianisches Blumenmotiv gewählt.

❖ WERKZEUG UND MATERIAL ❖

- Palettmesser
- Holzleim
- Holzkitt
- Feinkörniges Schleifpapier
- Staubbindetuch
- Schwarze Dispersionsfarbe
- Pinsel
- Ausgeschnittene Papiermotive
- Klebepads
- Zeichenpapier und Bleistift
- Auf Folie gezogenes Perlmutt
- Eine Schüssel sehr heißes Wasser
- Kleine, scharfe Scheren
- Weiße Kreide
- Weißleim
- Weiches Tuch
- Wattestäbchen
- Polyurethanklarlack

▲ Die Position der Motive skizzieren.

▲ Perlmutt mit scharfer Schere schneiden.

▲ Unerwünschte Farbe entfernen.

1 Sollte sich das Furnier des Kastens gelöst haben, streicht man mit dem Palettmesser Holzleim darunter und beschwert das Furnier mit einem schweren Gegenstand, bis der Leim bindet. Kleine Stoßstellen bessert man mit Holzkitt aus. Den gesamten Kasten mit Schleifpapier abschleifen und den Schleifstaub mit einem Staubbindetuch abwischen. Danach einige Schichten leicht verdünnte schwarze Dispersionsfarbe aufstreichen.

2 Die ausgeschnittenen Motive mit Klebepads auf dem Kasten arrangieren, dann eine Skizze der Anordnung auf Papier aufzeichnen. Die Perlmuttmotive wieder vom Kasten lösen und in heißem Wasser einweichen. Das Perlmutt wird dadurch weicher und lässt sich leichter schneiden, ohne dabei zu brechen.

3 Sobald das Perlmutt zum Schneiden weich genug ist, schneidet man mit einer feinen, scharfen Schere die genauen Konturen und platziert die Motive wieder auf dem Kasten, um zu sehen, ob das Design stimmt. Ist das Gesamtbild sehr komplex, kann es nützlich sein, die einzelnen Motive auf der Rückseite zu nummerieren und diese Zahlen auf der Skizze zu vermerken, damit man alle Teile richtig aufklebt.

4 Alle Perlmuttmotive auf dem Kasten mit Kreide ummalen, ablösen, mit Weißleim bestreichen und endgültig im vorgezeichneten Raum aufkleben. Wenn der Leim trocken ist, erneut eine Schicht schwarze Dispersionsfarbe aufstreichen und mit einem Wattestäbchen von den Perlmuttmotiven wieder abwischen. Ist die Farbe getrocknet, die anderen Motive nach der Skizze mit Weißleim auf den Kasten kleben. Fest andrücken und austretenden Leim abwischen. Ist der Leim getrocknet, mehrere Schichten Polyurethanklarlack auftragen.

Weitere Découpageprojekte:
Nähschränkchen, siehe Seiten 98–99; Emailkanne mit Découpage, siehe Seiten132–133; Platzdecken mit Blumenmotiv, siehe Seiten 140–141; Damenschreibtisch, siehe Seiten 170–171; Nachtschränkchen, siehe Seiten 186–187; Potichomanie-Glas, siehe Seiten 188–189; Badezimmerschränkchen, siehe Seiten 192–194; Kinderzimmerspiegel, siehe Seiten 210–211; Hölzerne Obststeige, siehe Seiten 230–231.

Kamin im Graniteffekt

Offene Kamine sind wieder sehr beliebt, doch nicht überall kann man sie nachträglich einbauen. Aber auch ein Imitat, in dem das Brennholz nicht angezündet werden darf, hat seinen Charme. Hier wurde eine alte, gusseiserne Kaminumrandung aus einem Abbruchhaus so gestrichen, als wäre sie aus Granit gemacht.

Ebenso könnte man eine Holzverkleidung streichen, die einen falschen Kamin umrahmt. Für echte Kamine muss man Speziallacke verwenden, die Temperaturen bis zu 600 °C aushalten und keine giftigen Dämpfe abgeben. Diese Lacke gibt es allerdings nur in Schwarz und Silber. Ehe man einen Kamin in Betrieb nimmt, muss ein Schornsteinfeger die Betriebssicherheit überprüfen.

❖ WERKZEUG UND MATERIAL ❖

- Schüssel und Lappen
- Warmes Seifenwasser
- Mittel- und feinkörniges Schleifpapier
- Staubbindetuch
- Löffel
- Seidenglanzlack auf Ölbasis
- Flacher Malerpinsel
- Farbtopf
- Acryllasur
- Künstleracrylfarben (zum Beispiel Paynesgrau und Chromgrün)
- Holzstock zum Rühren
- Glitter in Dunkelgrün, Silber und Schwarz
- Papier

1 Den Kamin außen mit Seifenwasser abwaschen. Erst mit mittelkörnigem, dann mit feinkörnigem Schleifpapier abschleifen und mit einem Staubbindetuch abwischen.

2 Mit Seidenglanzlack, der heller ist als die spätere Granitfarbe, streichen. Trocknen lassen, mit feinem Schleifpapier abschleifen, mit Staubbindetuch abwischen und eine zweite Schicht Seidenglanzlack auftragen. Wieder gründlich durchtrocknen lassen.

3 Einen Esslöffel Acryllasur in einen Farbtopf geben und je zwei Tubenbreiten der gewählten Künstleracrylfarben für den Granitfarbton hinzufügen. Die Mischung mit dem Stock verrühren und so lange weitere Farbe zugeben, bis der gewünschte Farbton erzielt ist. Ist er erreicht, mehr Acryllasur zugeben, bis die erforderliche Farbmenge vorhanden ist (es sollte lieber zu viel als zu wenig sein). Rühren, bis die Mischung die Konsistenz von flüssiger Sahne hat.

4 Weiterrühren und dabei den dunkelgrünen, silbernen und schwarzen Glitter zugeben. Ständig weiterrühren, bis der Glitter völlig in die Lasurmischung eingearbeitet ist.

5 Die granitfarbene Lasur mit dem Flachpinsel auf den Kamin streichen; alle Vertiefungen der Zierelemente sollten Farbe abbekommen. Trocknen lassen, dann eine zweite Schicht auftragen. Um den Glittereffekt zu erhöhen, ein wenig Glitter auf ein Blatt Papier streuen und gegen die noch feuchte Lasur blasen.

NÜTZLICHE TIPPS

- Zum Streichen einen alten Pinsel verwenden, den man nach der Arbeit wegwerfen kann, denn er wird wegen des Glitters nur schwer zu reinigen sein.
- Glitter fliegt leicht umher und setzt sich schnell in die Fasern von Teppichen und in Bodenritzen fest. Deshalb die Arbeit wenn möglich an einem windstillen Tag im Freien erledigen.

▲ Grundierung heller als Lasur wählen.

▲ Mischung aus Farbe und Glitter auftragen.

Weitere Farbeffektprojekte:
Runder Couchtisch, siehe Seiten 95–97; Bilderrahmen, siehe Seiten 100–105; Dekorierter Lloyd Loom Chair, siehe Seiten 108–109; Deckenleuchter mit Grünspaneffekt siehe Seiten 118–119; Karaffe mit Gläsern, siehe Seiten 124–125; Shakerstuhl, siehe Seiten 126–128; Stuhl mit Freihandbemalung, siehe Seiten 147–149; Bemalter Eisentopf, siehe Seiten 164–165; Eiserner Gartentisch, siehe Seiten 224–226.

Blattgoldtablett

KLEIN, TRAGBAR UND BILLIG, sind Tabletts ausgezeichnet geeignet, verschiedene Techniken auszuprobieren und zu üben. Alte Holztabletts gibt es in Trödelläden und auf Flohmärkten, aber in Möbelgeschäften mit Mitnahmeabteilung kann man auch neue Tabletts aus billigem Fichtenholz erwerben. Das hier vorgestellte Tablett wurde mit drei Techniken bearbeitet: Zunächst wurde es gestrichen und dabei marmoriert, dann wurde Blattgold angelegt und zuletzt wurde auf die Mitte der Blattgoldfläche ein elegantes Schablonenmotiv aufgebracht.

❖ WERKZEUG UND MATERIAL ❖

- Holztablett
- Flacher Malerpinsel
- Gouachefarben in Blattgrün, Perlweiß, Nachtblau und Gold
- Lineal und Bleistift
- Abdeckband
- Lasurmittel
- Klarsichtfolie
- Anlegemittel und Pinsel
- Blattgold auf der Folie
- Baumwollhandschuhe
- Alter Seidenschal
- Schellack und Pinsel
- Schablonenvorlage und Stupfpinsel
- Permanentmarker mit feiner Miene
- Skalpell oder Cutter
- Küchenpapier
- Acrylklarlack und Pinsel

1 Das Tablett auf der Innen- sowie auf der Außenseite mit einer Schicht Blattgrün streichen. Trocknen lassen, dann eine zweite Schicht dieser Farbe auftragen. Den Mittelpunkt der Innenfläche bestimmen und markieren, ein Rechteck in der Mitte des Tabletts mit Abdeckband bekleben. Das restliche Tablett mit Lasurmittel bestreichen, aber das Rechteck in der Mitte sowie alle Kanten, die vergoldet werden sollen, auslassen.

2 Alle vier Gouachefarben auf einer Palette mischen und die Klarsichtfolie hineindrücken. Mit Hilfe der Folie die Farbe auf das Lasurmittel aufbringen. 24 Stunden trocknen lassen, Abdeckband entfernen.

3 Das Anlegemittel auf das Rechteck in der Mitte des Tabletts streichen und so weit trocknen lassen, bis es sich bei Berührung mit dem Finger anfühlt wie die klebstoffbeschichtete Seite von Tesafilm. Die Baumwollhandschuhe anziehen und das Blattgold vorsichtig, mit der Folienseite nach oben, auf dem Rechteck platzieren. Mit den Fingerspitzen leicht andrücken, dann die Schutzfolie abziehen. Sollten mehrere Blätter nötig sein, auf beschriebene Weise fortfahren, bis das Rechteck mit Blattgold gefüllt ist.

4 Den Seidenschall zu einem Ball knüllen und das angelegte Blattgold damit weiter andrücken und glätten. Dann die Kanten und Griffausschnitte des Tabletts auf die gleiche Weise mit Blattgold belegen. Kleine Fehlstellen sind erwünscht.

5 Das Blattgold mit Schellack versiegeln und trocknen lassen. Die Schablone auf dem Blattgold platzieren, aber nicht mit Abdeckband fixieren. Den trockenen Stupfpinsel in blattgrüne Gouachefarbe tauchen. Überschüssige Farbe auf Papier abstreien, dann das Schablonenmotiv ausstupfen. Die Schablone entfernen und die Farbe 24 Stunden trocknen lassen.

▲ Motiv auf das Blattgold schablonieren.

▲ Blattgold auf allen Kanten anlegen.

NÜTZLICHE TIPPS

- Bei der Arbeit mit Blattgold sollte man Baumwollhandschuhe tragen oder jegliche Berührung mit dem Blattgold vermeiden, denn das natürliche Hautfett der Finger verursacht dunkle Flecken auf dem Gold.
- Der Schellack wird zunächst etwas fleckig wirken, wenn man ihn auf das Blattgold aufbringt. Er trocknet aber klar aus.

Weitere Projekte mit Gold oder Schablonen:
Tisch mit Traubenmotiv, siehe Seiten 114–117; Lackiertes Butler Tray, siehe Seiten 129–131; Kleiner Nachttisch, siehe Seiten 175–177; Schrank mit Putten, siehe Seiten 182–185; Vitrinenschränkchen, siehe Seiten 195–197.

Platzdecken mit Blumenmotiv

STILVOLLE PLATZDECKEN KÖNNEN sehr teuer sein und sind oft nur im Satz zu sechs oder acht Stück erhältlich. Die Gestaltung eigener Platzdecken ist nicht besonders schwierig, hat aber den Vorteil, dass man sie dem eigenen Geschmack entsprechend gestalten kann, sodass sie zum Geschirr, zu den Gläsern oder zur Tischdecke passen. Hier wurden als Dekoration Découpageblüten gewählt. Zur Abrundung wurde mit zwei speziellen Lacken eine krakelierte Oberfläche geschaffen, die das Design auf den Decken einem Ölgemälde ähnlich erscheinen lässt.

❖ WERKZEUG UND MATERIAL ❖

- Alte Platzdecken
- Mittel- und feinkörniges Schleifpapier
- Grundierung
- Grundanstrich
- Découpagemotive
- Schere
- Klebepads
- Roller
- Sauberes, feuchtes Tuch
- Weißleim
- Klarlacke auf Wasserbasis
- Reißlack
- Künstlerölfarbe in Umbra natur oder Goldpulver, Leinöl und Sikkativ
- Hochglanzklarlack
- Malerpinsel
- Staubbindetuch

1 Die Platzdecken abschleifen, um die Laminatoberfläche aufzurauen. Dann eine Schicht Grundierung und zwei Schichten der Grundfarbe auftragen.

▲ Motive mit verdünntem Weißleim versiegeln.

2 Die gewählten Motive mit einer kleinen Schere ausschneiden und mit Klebepads zur Probe auf den Platzdecken arrangieren. Wenn die Anordnung der Motive gefällt, klebt man sie mit Weißleim auf der Oberfläche fest, drückt überschüssigen Leim mit dem Roller aus und wischt ihn mit einem feuchten Tuch weg.

3 Aus Weißleim, den man im Verhältnis 2:1 mit Wasser verrührt, eine Versieglungsschicht anrühren und die beklebten Platzdecken damit absperren. Den Leim mit festem, geradem Zug aufstreichen. Trocknen lassen, dann eine zweite Schicht aufbringen. Danach zwei Schichten Klarlack auf Wasserbasis auftragen.

4 Darüber eine Schicht Reißlack auftragen. Je dicker dieser Reißlack aufgetragen wird, desto größer werden die Risse. Möchte man sehr feine Haarrisse, verdünnt man den Reißlack. Sobald der Reißlack zu trocknen beginnt, bilden sich die Risse. Um diesen Prozess zu beschleunigen, kann man mit einem warmen Fön über die Oberfläche blasen.

▲ Farbe auftragen und sofort abwischen.

▲ Bis zu sechs Schichten Klarlack auftragen.

5 Um die Risse gut sichtbar zu machen, streicht man Künstlerölfarbe (Umbra natur) oder mit Leinöl und Sikkativ vermischtes Goldpulver über die Fläche und wischt den Auftrag sofort wieder mit einem Lappen ab. Die Farbe verbleibt nur in den Rissen.

6 Mindestens sechs Schichten Hochglanzlack auftragen. Nach jedem Auftrag den Lack gut trocknen lassen. Die Richtung der Pinselführung bei jedem neuen Auftrag ändern, die Oberfläche zwischen den Aufträgen mit Schleifpapier abschleifen und mit dem Staubbindetuch abwischen.

NÜTZLICHE TIPPS

- Wenn Blasen, die sich beim Versiegeln mit Weißleim bilden, nach einem Tag nicht von selbst verschwinden, ist das Découpagebild an dieser Stelle nicht fest genug angeklebt. Man kann versuchen, den Fehler zu beheben, indem man mit einer Spritze Kleber in die Blase spritzt.

Weitere Antikisierungsprojekte:
Deckenleuchter mit Grünspaneffekt, siehe Seiten 118–120.

Küchenprojekte

Küchen, in denen fleissig und ideenreich gekocht wird, brauchen Stauraum für Geräte und Zutaten. Sie sollten aber auch praktisch eingerichtet sein und obendrein noch einen gemütlichen Eindruck machen. Hier werden Vorschläge unterbreitet, wie man ohne viel Aufwand und ohne grosse Kosten alten, aber bewährten Küchenmöbeln ein völlig neues Gesicht geben kann.

Schränkchen mit Bildpaneelen

Dieses Schränkchen aus Kiefernholz war in bestem Zustand und schon abgebeizt, jedoch nicht gewachst. Echte alte Kiefernholzmöbel sind sehr gesucht und nicht billig; man wird also das Holz nicht unter einem Farbanstrich verstecken. Allerdings wirkte der schmucklose Schrank ein wenig fad. Zwei französische Drucke aus dem 18. Jahrhundert mit interessanten Garten- und Küchenmotiven, »Le jardinier« (»Der Gärtner«) und »La confiseuse« (»Die Zuckerbäckerin«), boten sich als passende Dekoration der Paneele an. Um sie im Stil noch mehr anzugleichen, wurden sie mit Reißlack überstrichen, sodass sie wie krakelierte Ölbilder wirken. Vier gedrechselte runde Holzfüße, nachträglich unter den Schrank geschraubt, rundeten das Bild ab.

❖ WERKZEUG UND MATERIAL ❖

Reinigungsutensilien:
Eine Schüssel mit Essigwasser, Bürste oder weicher Topfkratzer, saubere weiche Tücher

- Holzversiegler
- Drucke oder Motive von Geschenkpapier
- Stahllineal
- Skalpell und Schneidematte
- Weißleim und Pinsel
- Weiches Tuch
- Fixativ
- Lederleim
- Krakelürenlackset
- Kleines Glas mit schwarzer Patina oder Ölfarbe in Anthrazit

Dieses solide gemachte, aber etwas farblos wirkende Kiefernholzschränkchen bekam ein neues Gesicht.

1 Essig und warmes Wasser zu gleichen Teilen mischen und den Schrank mit der Bürste damit gründlich abschrubben, um Schmutz und Fettreste vollständig von der Oberfläche zu entfernen. Mit klarem Wasser und einem weichen Tuch nachwischen, trocknen lassen.

2 Die Paneele, auf die man die Bilder aufkleben möchte, mit Holzversiegler streichen. Dadurch wird das Holz abgesperrt und der Leim für die Bilder haftet besser. Den Holzversiegler nach Anweisung auf dem Gebinde trocknen lassen.

3 Die benötigten Maße ausmessen, auf die Drucke übertragen und die Drucke mit einem Skalpell auf die passende Größe zurechtschneiden. Dabei ein Stahllineal benutzen, an dem man die Klinge exakt entlangführen kann. Die Klinge muss sehr scharf sein. Die passend geschnittenen Drucke auf der Rückseite mit Weißleim bestreichen, genau auf den Paneelen positionieren und von der Mitte her zum Rand hin mit einem zerknüllten weichen Tuch fest an das Paneel andrücken. Austretenden überschüssigen Leim wegwischen.

▲ Einige der benötigten Utensilien.

▲ Holzversiegler auf Paneele streichen.

▲ Bilder erst abmessen, dann zurechtschneiden.

Habit de Jardinier
La Con fiseuse
Habit de Jardinier
La Con fiseuse

4 Damit bei eventuell verwendeten fotokopierten Motiven die Farbe nicht ausblutet, muss man ein Fixativ über die Bilder sprühen.

16 Teile Lederleim (wird in Künstlerbedarfsgeschäften in Perlen oder Tafeln angeboten) mit nicht zu heißem Wasser verrühren, bis er sich gelöst hat. Den noch warmen Lederleim mit gut getränktem Pinsel großzügig auf die Bilder streichen und trocknen lassen. So kann später kein Lack in das Papier eindringen.

5 Nun von dem Krakelürenlackset zunächst den Lack auf Ölbasis auftragen und so weit trocknen lassen, dass er noch feucht, aber nicht mehr klebrig ist (für große Risse etwa 1 Stunde Trocknungszeit rechnen, für sehr feine Risse 2–3 Stunden). Dann den zweiten Lack auf Wasserbasis auftragen. Sobald dieser trocknet, zeigen sich die Risse.

6 Um den Prozess zu beschleunigen, kann man warme Luft aus dem Fön über die Fläche blasen. Sobald sich die ersten Risse zeigen, den Fön abschalten.

▲ Zum Absperren Lederleim auftragen.

▲ Reißlack auftragen.

7 Um die Risse deutlich sichtbar zu machen, mit einem weichen Lappen schwarze Patina oder Ölfarbe (Anthrazit) über dem trockenen Lack verreiben und sofort wieder abwischen. Danach eine letzte Schicht Lack auf Ölbasis auftragen.

NÜTZLICHE TIPPS

- Bienenwachs ist gut geeignet, um alte Holzflächen zu beleben, denn es ist Pflege und Schutz für die Holzoberfläche.
- Den Umgang mit den Krakelürenlacken auf einem anderen auf Holz aufgezogenen Bild testen und üben, ehe man die Lacke auf das eigentliche Projekt aufbringt. Die Trocknungszeit der Lacke variiert von Produkt zu Produkt; auch die Zimmertemperatur sowie die Luftfeuchtigkeit spielen eine Rolle.

Weitere Antikisierungs- und Découpageprojekte:
Damenschreibtisch, siehe Seiten 170–171; Nachtschränkchen, siehe Seiten 186–187; Badezimmerschränkchen, siehe Seiten 192–194; Wäschekasten, siehe Seiten 200–201.

▲ Durch Reißlack wirken die Bilder wie rissige alte Ölgemälde.

Stuhl mit Freihandbemalung

Dieser alte englische Kirchenstuhl, der zusammen mit vielen anderen bei einem Wohltätigkeitsbasar verkauft wurde, bot sich für eine besondere Veränderung an. Ein Tischler wurde beauftragt, nach einer genau ausgemessenen Vorlage eine geschwungene Volute aus mitteldichter Faserplatte (MDF) zu sägen. Wer über genügend Geschicklichkeit und Werkzeug verfügt, kann die Volute selbst zusägen. Diese Volute – aus freier Hand bemalt und oben am Stuhl angeschraubt – wirkt so, als wäre sie von jeher ein Teil des Stuhl gewesen. Der zusätzlich durch Reißlack antikisierte und mit Goldcreme akzentuierte Anstrich verleiht dem Stuhl ein exklusives Flair, das durch das Kissen auf der Sitzfläche noch betont wird.

❖ WERKZEUG UND MATERIAL ❖

Reinigungsutensilien:
Eine Schüssel mit Essigwasser, Bürste oder weicher Topfkratzer, saubere weiche Tücher

Mittel- und feinkörniges Schleifpapier

Staubbindetuch

Lineal und Bleistift

Fester Karton

Aus MFD gesägte Volute

Bohrer

2 Schrauben und Schraubendreher

Holzleim

Dispersionsfarbe in Dunkelrot, Altweiß und Gelb

Flache Malerpinsel

Reißlack (Peelingmedium)

Transparentpapier

Kohlepapier

Fixativ

Künstleracrylfarben in lichtem Ocker, Cadmiumgelb, Weiß, Schwarz, Preußischblau und Siena gebrannt

Flache Künstlerpinsel (Größe 1)

Runde Künstlerpinsel (Größen 1 und 2)

Künstlerölfarbe in Umbra gebrannt

Goldcreme

Weiche Lappen

Neutrales Möbelwachs

▲ Die Volute wird aus MDF gesägt.

1 Den Stuhl reinigen, dann mit mittel- und feinkörnigem Schleifpapier bearbeiten und mit dem Staubbindetuch abwischen.

2 Für die Volute die Stuhlbreite abmessen, eine entsprechend große Volute entwerfen und den Entwurf auf festen Karton übertragen. Nach dieser Vorlage im Baumarkt aus MDF eine entsprechende Menge Voluten sägen lassen. Für die Senkschrauben zwei, besser aber drei Löcher in das Volutenbrett und in den Stuhlrücken bohren. Das Brett zunächst anleimen und dann zusätzlich an der Rückenlehne des Stuhl verschrauben.

3 Alle rauen Kanten der Volute mit Schleifpapier gut abschleifen und mit dem Staubbindetuch den Schleifstaub abwischen. Das Volutenbrett und den Stuhl mit einer satten Schicht dunkelroter Dispersionsfarbe (oder nach Wahl mit kreidehaltiger traditioneller Farbe) streichen. Die Farbe vollständig trocknen lassen.

▲ Farbe über den Reißlack streichen.

4 Indem man in Abschnitten arbeitet, den Stuhl mit einer dünnen Schicht Reißlack streichen (nur in einer Richtung verstreichen). Alle Stellen, die mit dem Reißlack gestrichen wurden, werden später Risse in der Farbe aufweisen, die in der Richtung verlaufen, in der man das Medium verstrichen hat. Man beginnt, indem man den Stuhl auf den Kopf stellt und zunächst die Unterseite und die Beine streicht.

5 Die Dispersionsfarbe in Altweiß mit etwas Acrylfarbe in lichtem Ocker abmischen, bis eine angenehme Cremefarbe entstanden ist. (Allerdings lässt das abschließende Wachsen die Farbe noch etwas dunkler werden.) Den flachen Malerpinsel gut mit der Farbe füllen und über den Reißlack streichen, indem man die gleiche Streichrichtung wie für das Medium wählt. Sollten sich durch zu dicken Farbauftrag Laufnasen bilden, einfach trocknen lassen: Sie können später abgeschliffen werden.

▲ Das Motiv mit Kohlepapier durchpausen.

▲ Das Motiv mit freier Hand ausmalen.

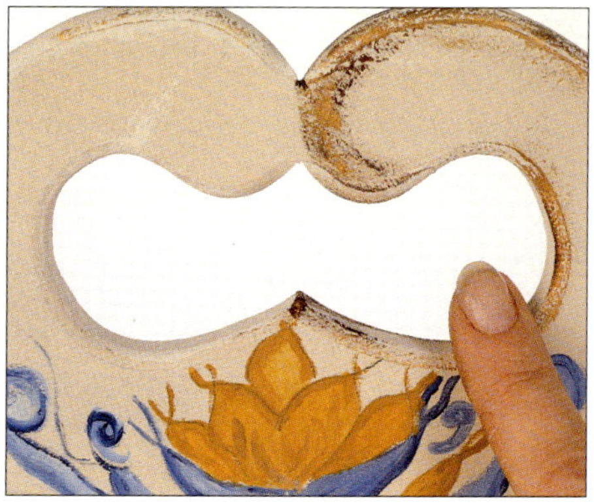

▲ Kanten und Rundungen mit Gold betonen.

6 Mit feinkörnigem Schleifpapier oder sehr feinem Siliziumkarbidpapier besonders dicke Farbschichten, Laufnasen und andere Unebenheiten vorsichtig abschleifen. Sollte es andererseits durchscheinende Stellen geben, an denen die Farbe zu dünn aufgetragen wurde, kann jetzt mit cremefarbener Farbe nachgebessert werden. Nach dem Trocknen erneut abschleifen. Dadurch entstehen künstliche Abnutzungsspuren, durch die der rote Grundanstrich ebenso hindurchscheint wie durch die Risse.

7 Die Vorlage von Seite 245 auf Transparentpapier durchzeichnen. Kohlepapier unter das Transparentpapier legen und so das Muster auf die Rückseite der Volute und eventuell auch auf den Rückensteg des Stuhls durchpausen. Damit die durchgepausten Linien nicht verwischen, mit Fixativ übersprühen.

8 Mit dem flachen Künstlerpinsel Größe 1 kleine Mengen von lichtem Ocker, Kadmiumgelb und Weiß auf einer Palette vermischen, bis ein helles Gelb entstanden ist. Dann aus Weiß, etwas Schwarz und Preußischblau ein helles Blaugrau mischen.

Den flachen Künstlerpinsel mit Wasser anfeuchten und mit einer Seite des Pinsels Farbe aufnehmen und damit die Formen des Motivs zunächst flächig ausstreichen. Das angemischte Gelb für das Mittelmotiv, das Blaugrau für die Schnörkel verwenden. Mit den runden Künstlerpinseln das gelbe Motiv mit ungemischtem Ocker und Siena gebrannt nachziehen, die Schnörkel entsprechend mit dunklerem Grau und Preußischblau akzentuieren. Mit dem feinsten Pinsel zuletzt die zarten Umrisslinien und feinen Details in Blau und Schwarz malen.

9 Für den Antikeffekt Umbra gebrannt mit Daumen und Zeigefinger auf die Kanten und Verbindungsstücke sowie die Rundungen der Volute verstreichen. Auf dem Mittelstück der Volute verstreicht man die Farbe am besten gleichmäßig mit beiden Daumen. So entsteht der Eindruck, als wäre die Volute oben in der Mitte durchbrochen.

Den ganzen Vorgang mit Goldcreme wiederholen, die man über der gebrannten Umbra verstreicht. Dabei nicht zu akkurat vorgehen: Wenn die Farbe leicht verschmiert ist, verstärkt es den Antikeffekt. Die Farbe trocknen lassen.

Zuletzt mit einem sauberen weichen Lappen neutrales Möbelwachs auf den ganzen Stuhl auftragen, gut verreiben und trocknen lassen. Dann mit einem weichen Lappen polieren, bis ein zarter Glanz entstanden ist.

NÜTZLICHE TIPPS

- Wenn man alte Möbel überstreichen will, ist es nicht nötig, alte Farben und Lacke restlos zu entfernen. Die Flächen müssen lediglich sauber und gut abgeschliffen sein, damit die neue Farbe darauf haften kann.
- Sollen die Schrauben, mit denen die Volute an den Stuhl geschraubt wird, möglichst unsichtbar bleiben, verwendet man Senkschrauben mit flachem Kopf und füllt die Löcher darüber mit Holzkitt.

Weitere Antikisierungsprojekte:
Deckenleuchter mit Grünspaneffekt, siehe Seiten 118–119; Antikisierter Hängeschrank, siehe Seiten 158–160; Stuhl mit Folkloremotiv, siehe Seiten 161–163; Kindertisch mit Stühlen, siehe Seiten 204–206.

Der stabile alte Stuhl aus einer englischen Landkirche wurde deutlich verschönert.

Schrank mit Metallpaneel

VIELE ALTE KÜCHENMÖBEL WÜRDEN durchaus noch sehr gut ihrem eigentlichen Zweck dienen. Da sie aber für unseren heutigen Geschmack mit ihren weißen, laminatbeschichteten Flächen hoffnungslos altmodisch aussehen, wurden sie in den Keller oder einen Abstellraum verbannt. Dabei kann man mit speziellen Farben auch die mit Kunststoffen beschichteten Faserplatten, aus denen diese Möbel oft bestehen, ausgezeichnet streichen. Mit etwas Fantasie können Schränke daraus werden, die einen Ehrenplatz in der Küche verdienen.

Hier bekam ein solches altes Stück ein gepunztes Aluminiumpaneel und einen flotten Anstrich verpasst. Auch viele andere Möglichkeiten der Umgestaltung sind denkbar.

❖ WERKZEUG UND MATERIAL ❖

- Kitt und Spachtel
- Mittel- und feinkörniges Schleifpapier
- Lineal
- Bleistift
- Getöntes Lasurmittel (Acrylbasis)
- Malerpinsel und ein breiter Zugpinsel
- Staubbindetuch
- 6 mm starkes Aluminiumblech
- Farbstift
- Spitze und flache Punze
- Hammer
- Brett zum Schutz der Arbeitsfläche
- Profilleisten (Viertelstäbe)
- Feinsäge, Gehrungsschneidlade und Zwingen
- Voranstrich für kunststoffbeschichtete Flächen
- Neue Griffe
- Anstrichfarbe
- Lackleim
- Ahle
- Drahtstifte
- Bohrer
- Schraubenzieher und Schrauben für Griffe
- Polyurethanklarlack, seidenmatt
- Abdeckband

1 Die Türen abschrauben und die Griffe entfernen, sodass man flach aufliegende Arbeitsflächen hat. Die Löcher der abgeschraubten Griffe mit Kitt ausspachteln.

Alle Flächen, die bearbeitet werden sollen, mit Schleifpapier abschleifen und anschließend gründlich abwischen.

Ein langweiliger alter Küchenunterschrank wurde mit Lasurfarbe gestrichen und mit gepunzten Paneelen versehen.

2 Mit Lineal und Bleistift die Flächen für das Paneel markieren. Mit geraden Pinselstrichen das getönte Lasurmittel aufstreichen und einen breiten Zugpinsel so durch die Lasur ziehen, dass in der jeweils gewünschten Richtung feine Pinselstreifen entstehen. Auch den Sockel und die Schrankseiten entsprechend streichen. (Bei kunststoffbeschichteten Möbeln vor der Lasur erst einen entsprechenden Voranstrich auftragen und trocknen lassen.)

▲ Lasurfarbe in Zugtechnik auftragen.

▲ Das Muster auf das Aluminium malen.

3 Auf Papier das Muster der Aluminiumpaneele entwerfen. Wenn es einem gefällt, überträgt man es mit Farbstift auf die Rückseite des Aluminiumblechs. Dann punzt man das gesamte Muster auf der Rückseite des Blechs Punkt um Punkt. Man hält die Punze senkrecht auf das Blech und schlägt mit dem Hammer kurz und gerade darauf. So arbeitet man sich an der vorgezeichneten Linie voran, bis das gesamte Motiv gepunzt ist. Die Abstände zwischen den einzelnen Punkten nicht zu gering halten und eventuell, je nach Entwurf, bei den einzelnen Linien variieren.

▲ Profilleisten auf Gehrung schneiden.

4 Um die Profilleisten auf Gehrung zu schneiden, die Gehrungsschneidlade mit Zwingen an der Arbeitsfläche befestigen und die genau ausgemessenen Profile mit der Feinsäge schneiden. (In Baumärkten gibt es bereits geschnittene Profilleisten; man kann sie sich auch schneiden lassen.)

▲ Mit Hammer und spitzer Punze das Motiv auf der Rückseite des Blechs punzen.

▲ Profilleisten grundieren und streichen.

5 Die Profilleisten sowie die eventuell verwendeten neuen Griffe mit Grundierung und dann einer Farbe nach Wahl streichen, dabei die vorgeschriebenen Trocknungszeiten für die Farben einhalten. Eventuell eine zweite Schicht Farbe auftragen.

6 Mit einer Ahle Löcher in die vier Ecken und weitere zwei bis drei Löcher entlang der Längskanten der Aluminiumpaneele bohren. Die Löcher sollten so weit am Rand des Paneels liegen, dass sie später von den Profilleisten verdeckt werden.

▲ Löcher für die Nägel bohren.

▲ Das Paneel auf die Tür nageln.

7 Die Paneele auf den gestrichenen Türen auf den vorgezeichneten Linien genau platzieren. An den entsprechenden Stellen mit der Ahle Löcher vorbohren, dann die Paneele mit Drahtstiften auf den Türen befestigen. Damit der Hammer keine Spuren auf dem Blech hinterlässt, für die letzten Schläge die flache Punze auf die Köpfe der Nägel setzen.

8 Die Profilleisten so auflegen, dass sie die Ränder des Aluminiumpaneels einschließlich der Nägel so eben bedecken. Die Profilleisten entweder mit Lackleim aufkleben oder mit Drahtstiften (oder beidem) befestigen. Die Drahtstifte so setzen, dass sie ganz knapp außerhalb des Aluminiums auf die Tür treffen, aber nicht zu nahe am Rand der Leiste, denn das Holz könnte sonst reißen.

Die Position der neuen Griffe markieren, Löcher durch die Tür bohren und die Griffe anschrauben.

▲ Profilleisten fest annageln.

▲ Neue Griffe an die Tür schrauben.

9 Alle gestrichenen Flächen, auch die Profilleisten und Griffe, mit einer Schicht Polyurethanklarlack streichen. Wer keine sichere Hand hat, schützt das Aluminiumpaneel zuvor mit Abdeckband. Trocknen lassen und eine zweite Schicht Lack auftragen. Wenn der Lack vollständig getrocknet ist, die Türen einhängen und verschrauben.

▲ Alle gestrichenen Flächen mit zwei Schichten Polyurethanklarlack schützen.

NÜTZLICHE TIPPS

- Wenn man Metallplatten punzt, sollte man eine Holzplatte zum Schutz unterlegen. Außerdem kann es hilfreich sein, die Aluminiumplatte mit Zwingen zu befestigen, damit sie bei der Arbeit nicht wegrutscht. Lappen zwischen Zwingenbacke und Aluminium legen, um die Fläche nicht zu beschädigen.
- In vielen Farbengeschäften werden inzwischen bereits mit Farben angemischte Lasuren für Farbeffekte angeboten. Erkundigen Sie sich danach, welche Medien für das jeweilige Projekt infrage kommen.

Weitere Farbeffektprojekte:

Runder Couchtisch, siehe Seiten 95–97; Shakerstuhl, siehe Seiten 126–128; Kleiner Nachttisch, siehe Seiten 175–177; Schrank mit Putten, siehe Seiten 182–185; Vitrinenschränkchen, siehe Seiten 195–197; Vielzweckkommode, siehe Seiten 212–213.

Küchenstuhl und Klapptisch

Klapptisch und Stuhl wurden bei verschiedenen Gelegenheiten erworben und schienen keine Gemeinsamkeiten aufzuweisen. Der Stuhl, einst Sitzgelegenheit in einer alten Dorfkirche, hat an der Rückenlehne einen Kasten, in dem früher das Gesangbuch lag. Der Tisch mit je einer Klappe rechts und links, war mit Laminat beschichtet und später mit Ölfarbe überstrichen worden. Anschließend bekamen beide Stücke einen Anstrich in zartem Rosa und wurden aus freier Hand mit einem schlichten Bauernmotiv bemalt.

❖ WERKZEUG UND MATERIAL ❖

- Feine Stahlwolle
- Brennspiritus
- **Reinigungsutensilien:** Eine Schüssel mit Essigwasser, Bürste oder weicher Topfkratzer, saubere weiche Tücher
- Mittel- und feinkörniges Schleifpapier
- Staubbindetuch
- Flacher Malerpinsel
- Weiße Dispersionsfarbe
- Pigmentpulver in Oxidrot
- Pigmentpulver in Umbra natur
- Saubere, trockene Tücher
- Polyurethanlackspray
- Transparentpapier
- Bleistift
- Acrylfarben, Mittelgrün, Dunkelgrün, Rot, Preußischblau und Weiß
- Feine, runde Künstlerpinsel
- Flache Künstlerpinsel
- Abdeckband

1 Sind die Möbelstücke lackiert, muss man sie eventuell zunächst abbeizen und mit Stahlwolle und Brennspiritus abreiben. Nachdem sie getrocknet und mit Schleifpapier abgeschliffen sind, mit einem Staubbindetuch abwischen. Ansonsten gründlich mit Essigwasser und einer Bürste reinigen, trocknen lassen, abschleifen und Schleifstaub vollständig entfernen.

Sollte die Tischplatte mit Kunststoff beschichtet sein, muss man eine entsprechende Grundierung als Haftgrund aufstreichen.

Alte englische Kirchenstühle sind solide und eine gute Alternative zu normalen Küchenstühlen.

2 Zwei Schichten weiße Dispersionsfarbe auftragen. Die zweite Schicht, nachdem sie getrocknet ist, abschleifen und Schleifstaub gut abwischen. 3 Teelöffel Pigmentpulver (Oxidrot) und etwas Pigmentpulver (Umbra natur) mit so viel Wasser vermischen, dass eine cremige Konsistenz erzielt wird. Mehr Wasser zugeben, bis der gewünschte Farbton entstanden ist.

3 Tisch und Stuhl mit der Wassertünche streichen, dabei beide Möbel erst umdrehen und die Unterseiten und Beine streichen. Kurz warten, bis die Tünche zu trocknen beginnt, dann mit einem trockenen, breiten Flachpinsel in jeweils einer Richtung in einem Zug über die Flächen fahren. Sind die Unterseiten trocken, die Möbel umdrehen und ebenso erst mit Tünche streichen, dann den Flachpinsel jeweils in einem Strich durchziehen; trocknen lassen.

▲ Motiv von einer Fotokopie abzeichnen.

▲ Das Motiv auf den Stuhl übertragen.

▲ Das Motiv mit Acrylfarben ausmalen.

4 Die getünchten Flächen, sobald sie trocken sind, mit Polyurethanlackspray schützen. Mehrere dünne Schichten Lack aufsprühen. Das ist notwendig, denn diese Tünche ist sehr empfindlich und könnte sonst sehr leicht verwischt werden. Keinen Lack aus der Dose verwenden, denn beim Streichen würden die zarten Pinselspuren in der Tünche verwischt werden! Beim Sprühen einen Mund-Nasen-Schutz tragen und in einem gut belüftetem Raum arbeiten.

5 Das Ziermuster von einer Vorlage abnehmen oder selbst frei entwerfen. Vorlage oder Entwurf in ausreichender Menge fotokopieren, dabei eventuell nach Bedarf verkleinern oder vergrößern. Die Kopien als Streifen ausschneiden und auf den Möbeln gefällig arrangieren. Den Stuhl wird man auf den Quersprossen der Rückenlehne innen und außen dekorieren, die Tischplatte entlang der Außenkanten. Man markiert, wo die Motive platziert werden sollen, und überträgt sie dann auf die jeweils ermittelten Flächen.

▲ Motive auf dem Tisch arrangieren.

6 Dazu die Motive von den Fotokopien auf Transparentpapier durchmalen. Dann das Papier auf der Gegenseite dick mit Bleistift schwärzen. Mit der geschwärzten Seite an der markierten Stelle an das Möbel anlegen und mit Abdeckband fixieren. Das Motiv auf dem Transparentpapier nachzeichnen, sodass sich die Umrisse auf der Möbelfläche abdrücken.

7 Die vorgezeichneten Motive mit Künstleracrylfarben und feinen Künstlerpinseln aus der freien Hand ausmalen. Bei dem hier verwendeten Motiv aus Blättern, roten Beeren und einer verbindenden blauen Schleife wurden zunächst die Blätter mit grüner Grundfarbe flächig ausgemalt. Dann wurden mit sehr feinem Rundpinsel in dunklerem Grün die Blattumrisse nachgezeichnet; in die Blätter wurden dann feine Blattadern eingemalt. Die einzelnen Farben erst trocknen lassen, dann die nächste Farbe auftragen. Die Farben selbst nicht zu stark mit Wasser verdünnen, damit sie gleich gut haften und besonders auf den senkrechten Flächen nicht abtropfen. Nach den Blättern wurden mit leicht abgetöntem Rot (zum Abtönen Umbra natur verwenden) die Beeren eingemalt. Für die Schleifen wurde Preußischblau verschieden stark mit Weiß abgemischt. Die Innenseiten der Schleifen sind dunkler, die Außenränder heller gemalt, sodass ein plastischer Eindruck entsteht.

Die Linie am Tisch wurde mit einem Künstlerpinsel entlang einem Lineal aus freier Hand gezogen. Wer sich das nicht zutraut, kann den Raum rund um die Linie mit Abdeckband abkleben. Die Farbe trocknen lassen und zum Schutz der Motive erneut zwei Schichten Polyurethanlackspray auftragen.

8 Möchte man ein Kissen für den Stuhl machen, kann man sich an der Beschreibung orientieren, die ab Seite 214 für das Kissen für den Schaukelstuhl gegeben wird. Dieses Stuhlkissen wurde nach dem gleichen Prinzip mit Paspel genäht, wobei der zum Volant gereihte Stoffstreifen an der Unterkante des Kissens nur einseitig gesäumt und an der ungesäumten Seite gleich mit eingenäht wurde. Damit das Kissen nicht wegrutscht, wurde ein Streifen in der Höhe des Kissens genäht und an der Rückseite über die hinteren Stuhlbeine geführt. Der Streifen wird an der Rückseite und an den Seiten des Kissens unsichtbar mit aufgenähtem Klettband gehalten.

NÜTZLICHE TIPPS

- Es lohnt sich, das Pigmentpulver vor dem Vermischen mit Wasser in einem Küchenmörser noch einmal gründlich zu zerreiben: Es mischt sich dann leichter mit dem Wasser.

Weitere Farbeffektprojekte:
Shakerstuhl, siehe Seiten 126–128; Lackiertes Butler Tray, siehe Seiten 129–131; Blattgoldtablett, siehe Seiten 138–139; Stuhl mit Folkloremotiv, siehe Seiten 161–163.

Antikisierter Hängeschrank

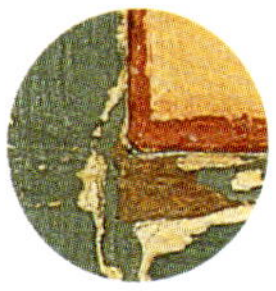

Das Holz dieses Hängeschränkchens war in gutem Zustand, lediglich die Farbe blätterte stark ab. Das Abbeizen hätte viel Zeit erfordert; professionelle Arbeit hätte mehr gekostet, als das Schränkchen selbst. Es wurde deshalb eine Art der Bearbeitung gewählt, die momentan im Trend liegt: ein künstlich abblätternder Anstrich. Dazu wurden die schon abgenutzten Flächen mit Klarwachs gestrichen, das beim späteren Anstrich die Farben abstößt. Um das Erscheinungsbild aufzulockern, wählte man verschiedene Farben und betonte die schmalen Paneele durch eine Umrandung und helle Farbe. Das Rot der Umrandung findet sich dann als Kontrastfarbe auf der Innenseite der Türen wieder.

❖ WERKZEUG UND MATERIAL ❖

Reinigungsutensilien:
Eine Schüssel mit Essigwasser, Bürste oder weicher Topfkratzer, saubere weiche Tücher

- Grob- und mittelkörniges Schleifpapier
- Holzkitt
- Spachtel
- Klares Flüssigwachs
- Kleiner Flachpinsel zum Wachsauftrag
- Flache Malerpinsel
- Dispersionsfarbe in 3 Tönen
- Feine Stahlwolle
- Abdeckband
- Küchenpapier
- Braunes Wachs
- Weiches Tuch

1 Das Schränkchen mit Essigwasser auswischen und falls nötig mit einer Bürste abschrubben. Mit einem Tuch nachwischen, trocknen lassen und dann mit grobkörnigem Schleifpapier bearbeiten, um abblätternde Farbe restlos zu entfernen. Risse und Löcher im Holz mit Holzkitt ausspachteln. Den Holzkitt trocknen lassen, die Oberfläche erneut mit mittelkörnigem Schleifpapier glätten. Schleifstaub gut abwischen. An allen Stellen, an denen die Farbe abgeblättert ist und Abnutzungsspuren auftreten würden, klares Flüssigwachs aufstreichen und etwa eine halbe Stunde trocknen lassen

2 Das Schränkchen mit heller Dispersionsfarbe zweimal streichen. Die Türpaneele mit hellem Gelb, Rahmen und Seitenteile mit einer dunklen Farbe einmal überstreichen. Für die Innenseite der Tür eine dritte Farbe verwenden, z. B. Braunrot.

Dieses Hängeschränkchen wurde im Antikeffekt gestrichen.

3 Wenn die Farbe getrocknet ist, mit mittelkörnigem Schleifpapier die gestrichenen Flächen abschleifen, bis stellenweise der Grundanstrich oder sogar das rohe Holz sichtbar werden. Wo das Wachs aufgestrichen wurde, wird sich die Farbe nahezu von selbst ablösen.

▲ Flüssigwachs auftragen.

▲ Das Schränkchen frisch streichen.

▲ Farbe mit Stahlwolle abschleifen.

4 Mit einem feinen Flachpinsel in der Farbe der Türinnenseite einen Rand um das Paneel ziehen. Bei unsicherer Hand vorher Abdeckband aufkleben, damit keine Farbe verschmiert wird. Ein schwach haftendes Abdeckband verwenden, damit die Farbe nicht vom Paneel abgelöst wird.

5 Um den Antikeffekt zu vervollständigen und zu schützen, alle gestrichenen Flächen mit braunem Wachs mit Küchenpapier einreiben. Eine halbe Stunde einziehen lassen, dann mit einem Tuch polieren.

▲ Kontrastierende Linie einmalen.

▲ Getöntes Wachs zum Schutz und zur Antikisierung des Anstrichs auftragen.

NÜTZLICHE TIPPS

- Hängt ein solches Stück in einer Küche, in der viel gekocht wird und folglich viel Feuchtigkeit entsteht, sollte man das fertig bearbeitete Möbel mit Klarlack (matt oder seidenmatt) schützen.
- Die Innenseite der Türen sieht man nur selten. Um Zeit zu sparen, braucht man sie weder nach dem Anstrich mit Schleifpapier abzuschleifen, um einen Antikeffekt zu erzielen, noch muss man sie wachsen. Doch sollte man zwei Schichten Klarlack auftragen.
- Es gibt keine Regeln für Farbkombinationen. Man kann dunkle auf helle Farbe streichen oder umgekehrt. Man kann die Paneele dunkel und den Rahmen hell streichen. Ist man sich unsicher, beklebt man die Front mit Papier und probiert darauf verschiedene Farbkombinationen aus.

Weitere Kleinprojekte:
Bilderrahmen, siehe Seiten 100–105; Bedruckter Spiegelrahmen, siehe Seiten 110–111; Blattgoldtablett, siehe Seiten 138–139; Bemalter Eisentopf, siehe Seiten 164–165; Potichomanie-Glas, siehe Seiten 188–189; Wäschekasten, siehe Seiten 200–201; Mosaikvase, siehe Seiten 227–229; Dekorative Blumentöpfe, siehe Seiten 236–238.

Stuhl mit Folkloremotiv

Es ist nicht schwierig, einen alten Holzstuhl in einem folkloristischen Stil zu bemalen. Anregungen findet man in Büchern über fremde Kulturen, Reiseführen u. Ä. Hier wurde ein Stil gewählt, wie er bei den frühen amerikanischen Siedlern in Pennsylvania beliebt war. Man verwendete dort leuchtende Farben und schlichte Pflanzen- oder Tiermotive, die gelegentlich auch mit geometrischen Formen verknüpft wurden. Je nach handwerklichem Können fielen die Bemalungen künstlerisch oder eher naiv aus. Hier wurde ein sehr einfaches Blattmotiv gewählt.

❖ WERKZEUG UND MATERIAL ❖

Reinigungsutensilien:
Eine Schüssel mit Seifenwasser, Bürste oder weicher Topfkratzer, saubere weiche Tücher

- Mittel- und feinkörniges Schleifpapier
- Staubbindetuch
- 2 kleine, hölzerne Türknäufe
- Bohrer
- Doppelseitige Schrauben
- Zange
- Holzleim
- Flache und runde Malerpinsel
- Dispersionsfarbe in Altweiß und Rostrot
- Reißlack (Peelingmedium)
- Künstleracrylfarben in lichtem Ocker, Preußischblau, Zinnoberrot und Weiß
- Siliziumkarbidpapier
- Maßband
- Dünner Karton
- Schere
- Bleistift
- Feine runde und flache Künstlerpinsel
- Goldcreme
- Neutrales Möbelwachs

1 Den Stuhl gründlich reinigen und mit mittel- und feinkörnigem Schleifpapier bearbeiten. Schleifstaub mit dem Staubbindetuch abwischen. Falls gewünscht oben auf der Lehne kleine, hölzerne Türknäufe als Verzierung anbringen. Dazu von oben ein Loch durch das Holz bohren und

▲ Holzknäufe auf die Stuhllehne schrauben.

die doppelseitige Schraube mit einer Zange einschrauben oder, falls erhältlich, bereits mit einer Schraube versehene Knäufe verwenden. Die Knäufe zusätzlich verleimen und überschüssigen Holzleim mit einem feuchten Tuch abwischen.

2 Eine Schicht rostrote Dispersionsfarbe auf den ganzen Stuhl auftragen, trocknen lassen und falls nötig eine zweite Schicht auftragen. Den Stuhl an den Stellen, an denen die Farbe wie gerissen wirken soll, mit Reißlack streichen. Die Stellen, an denen später die Motive aufgemalt werden sollen, auslassen. Den Reißlack nach den Anweisungen auf dem Gebinde in jeweils nur einer Richtung verstreichen und trocknen lassen. Wo der Reißlack verstrichen wurde, wird die danach aufgetragene Farbe in typischer Manier reißen und die darunter liegende rote Farbe durchscheinen lassen.

3 Die weiße Dispersionsfarbe mit etwas lichtem Ocker abtönen. Mit dem flachen Malerpinsel in zügigem Strich in jeweils nur einer

▲ Bogenförmig geschnittenen Karton anlegen.

Zugrichtung die Dispersionsfarbe satt auftragen.

Die mit Reißlack vorbehandelten Stellen möglichst nicht mehrfach überstreichen: Der Effekt geht sonst verloren. Eventuelle Laufnasen einfach trocknen lassen und im nächsten Schritt entfernen.

4 Raue Stellen, zu dick aufgetragene Farbe oder Laufnasen mit angefeuchtetem Siliziumkarbidpapier vorsichtig abschleifen. Durch das Siliziumkarbidschleifpapier entstehen künstliche Abnutzungsspuren und Stellen, an denen der dunkle Grundanstrich durchscheint.

▲ Mittellinie auf der Sprosse ziehen.

▲ Erst die Umrisslinien der Blätter malen.

▲ Künstliche Abnutzungsspuren erzeugen.

▲ Neutrales Möbelwachs zum Polieren.

5 Für die Freihandbemalung ein Stück Karton bogenförmig ausschneiden, so dass es von Knauf zu Knauf verläuft. Entlang der Kante des Kartons mit feinem Pinsel eine blaue Linie ziehen. Nun die gerade Kante des Kartons (oder ein Lineal) als Führungsschiene verwenden, um gerade Linien auf die Mitte der Sprossen zu malen, die man ebenfalls dekorieren möchte. Von allen Künstleracrylfarben kleine Mengen auf eine Palette geben und mit feinem Pinsel die Umrisse von drei paarförmig angeordneten Blättern in wechselnden Farben aufmalen. An die Spitze der Mittellinie eine rote Blüte oder Knospe setzen.

6 Mit dem feinen Rundpinsel ein wenig Wasser aufnehmen und die Grundfarben mit etwas Weiß abtönen. Die Blattumrisse damit in der jeweiligen Farbe ausmalen. (Für jede Farbe einen eigenen Pinsel verwenden, um unerwünschte Farbmischungen zu vermeiden.) Zur Schattierung später einen feinen Rand mit umgemischter Farbe hineinmalen. Zum Ende der Mittellinie hin die Blätter in abwechselnder Farbe nur noch strichförmig ausführen und einige Punkte in Ocker nahe der Mittellinie zwischen die Blätter setzen. Wenn alle Motive aufgemalt sind, die Farben gründlich durchtrocknen lassen.

▲ Acrylfarben mit Weiß abtönen.

7 Für den Antikeffekt etwas Preußischblau mit Daumen und Zeigefinger an Stellen verschmieren, die natürlicherweise stark verstauben würden, also vor allem an den Verbindungsstellen der einzelnen Holzteile. Trocknen lassen, dann mit Goldcreme auf die gleiche Weise an Kanten und exponierten Stellen feine Akzente setzen. Auch die Goldcreme trocknen lassen, dann mit trockenem Siliziumkarbidpapier sehr vorsichtig die aufgemalten Motive behandeln, um sie ganz leicht abzuschleifen und leicht verblasst aussehen zu lassen.

8 Mit einem sauberen, fusselfreien Lappen neutrales Möbelwachs auftragen, trocknen lassen und mit einem weichen Lappen polieren, bis die Fläche matt glänzt. Wird der Stuhl viel benutzt, sollte man statt Wachs zwei bis drei Schichten Klarlack aufstreichen. Den Lack zwischen jedem Auftrag erst trocknen lassen.

NÜTZLICHE TIPPS

- Wenn man Stühle streicht, dreht man sie immer erst auf den Kopf, um die Unterseite und die Beine zu streichen. Farbe trocknen lassen, dann erst umdrehen und den restlichen Stuhl streichen.
- Sind Stellen, die man mit Motiven bemalen möchte, doch durch Reißlack rissig geworden, überstreicht man sie erneut mit Grundfarbe, lässt sie trocknen, schleift ab und malt dann die Motive auf.

Weitere Stuhlprojekte:
Dekorierter Lloyd Loom Chair, siehe Seiten 108–109; Chinesischer Lackstuhl, siehe Seiten 121–123; Shakerstuhl, siehe Seiten 126–128; Stuhl mit Freihandbemalung, siehe Seiten 147–149; Schaukelstuhl, siehe Seiten 214–217.

Der mit altamerikanischen Motiven folkloristisch bemalte Stuhl.

Bemalter Eisentopf

EMAILLIERTE EISENTÖPFE dieser Art wurden einst direkt in die Flammen der offenen Herdstellen gehängt. Heute sind sie nur noch Zierstücke, doch da machen sie jeder Küche Ehre. Dieser schon ziemlich angerostete Topf wurde auf einem Flohmarkt entdeckt. Da auch der Deckel noch vorhanden war, könnte der Topf, sofern hübsch bemalt, noch als Vorratsgefäß dienen, zum Beispiel zur Aufbewahrung von Brot. Hier bot sich eine Freihandbemalung mit schwungvoller Bauernmalerei an, die sich mit den leuchtenden Emailfarben sehr gut ausführen lässt.

❖ WERKZEUG UND MATERIAL ❖

- Gummihandschuhe
- Rostentferner
- Feine Stahlwolle
- Siliziumkarbidpapier
- Feuchtes Tuch
- Rostschutzgrundierung
- Flache Malerpinsel
- Sehr feinkörniges Schleifpapier
- Emailfarbe in Dunkelblau oder einer anderen dunklen Tönung
- Papier, Bleistift, weiße Kreide
- Emailfarben in leuchtendem Rot, Gelb, Weiß, Grün, Umbra oder Schwarz.
- Terpentinersatz
- Runder Künstlerpinsel (Zobelhaar oder Synthetikmischung, Größe 3)
- Polyurethanklarlack, hochglänzend

Obwohl rostig und etwas abgestoßen, wurde aus diesem Eisentopf noch ein edles Zierstück.

1 Mit Rostentferner und Stahlwolle losen Rost restlos von dem Topf entfernen. Die Oberfläche mit angefeuchtetem Siliziumkarbidpapier abschleifen, bis sie so glatt wie möglich ist. Mit einem feuchten Tuch abwischen und völlig trocknen lassen. Zwei Schichten Rostschutzgrundierung auftragen und nach dem Trocknen mit Schleifpapier schleifen. Topf und Deckel mit dunkler Emailfarbe streichen, trocknen lassen. Eine zweite Schicht auftragen, wieder trocknen lassen.

2 Auf einem Blatt Papier das Muster in der entsprechenden Größe skizzieren. Dann mit weißer Kreide auf den Topf übertragen. Die Grundkreise für die Rosen sollten so viel Abstand haben, dass man die Blütenblätter gut darauf setzen kann, ohne die eine Blüte durch die andere zu verdecken. Das ist wichtig, da man die Rosenblüten langsam mit Farbe aufbaut und zunächst nur die Grundkreise dafür malt. Hat man zu große Abstände gewählt, kann man das leichter durch entsprechend größere Blütenblätter oder durch dazwischen gesetzte Gänseblümchen ausgleichen.

▲ Rost mit Spezialmittel entfernen.

3 Mit den Emailfarben und dem feinen Künstlerpinsel zunächst das Mittelmotiv (Herz) sowie die Grundkreise für die Rosen auf Topf und Deckel aufmalen. Dann die Blüten langsam mit den entsprechenden Pinselstrichen ausmalen. Zuletzt Gänseblümchen und Blätter dazwischen setzen. Jede aufgetragene Farbe jeweils trocknen lassen und an einem anderen Element weiterarbeiten. Zum Schluss auf Topf und Deckel aus Strichen und Punkten einen Zierrand aufmalen. Den Topf über Nacht trocknen lassen, dann eine Schicht Polyurethanklarlack auftragen. Trocknen lassen und eine zweite Schicht Lack auftragen.

NÜTZLICHE TIPPS

- Eisentöpfe dieser Art sind gute Aufbewahrbehälter für trockene Nahrungsmittel, zum Beispiel für Hülsenfrüchte. Doch sollte man sie nicht direkt in den Topf füllen, sondern in der Tüte oder in einem verschlossenen Plastikbehälter hineingeben.

Weitere Kleinprojekte:
Nähschränkchen, siehe Seiten 98–99; Besteckkasten, siehe Seiten 134–135; Bettzeugtruhe, siehe Seiten 172–174; Vitrinenschränkchen, siehe Seiten 195–197.

▲ Rostschutzgrundierung auftragen.

Schlafzimmerprojekte

Das Schlafzimmer, ein Raum für Entspannung, Ruhe und Rückzug, sollte Gemütlichkeit und Luxus bieten und ganz vom individuellen Stil geprägt sein. Das Kapitel zeigt, wie ausgewählte Accessoires und nützliche Kleinmöbel ein Schlafzimmer angenehm verändern, ohne dass man deshalb Platz und Stauraum opfern müsste.

Kommodenschrank mit Schnitzereien

DIESES KOMMODENSCHRÄNKCHEN hatte einen beschädigten Türrahmen und stand deshalb lange unbeachtet bei einem Altwarenhändler. Da die Innenteile der Schubladen des solide verarbeiteten Möbels aus demselben Holz bestanden wie die Außenseiten, herrschte kein Mangel an Reparaturholz. Die geplünderten Schubladen wurden mit MFD von einem Möbelschreiner wiederhergestellt. Mit dem Schwingschleifer wurde der Schrank gründlich abgeschliffen. Anstatt zu streichen, wurden lediglich die Schnitzereien mit Kalkwachs hervorgehoben.

❖ WERKZEUG UND MATERIAL ❖

- Elektrischer Schwingschleifer
- Mittel- und feinkörniges Schleifpapier
- Drahtbürste
- Staubbindetuch
- Kalkwachs oder Pigmentpaste
- Künstlerpinsel
- Sauberes, fusselfreies Tuch
- Neutrales Möbelwachs und Wachsfirnis

1 Sämtliche flachen Flächen mit dem Schwingschleifer mit Schleifscheiben mittlerer Körnung abschleifen. Dabei den Schleifer so aufsetzen, dass er der Maserungsrichtung des Holzes folgend schleift: Sind Schmutz und eventuell vorhandener Lack restlos entfernt, mit einer feinkörnigen Schleifscheibe nacharbeiten.

2 Die Poren der geschnitzten Holzteile mit einer Drahtbürste öffnen, indem man die Bürste schwungvoll in Maserungsrichtung um die Schnitzereien führt. Alle bearbeiteten Teile mit einem Staubbindetuch abwischen.

▲ Mit dem Schwingschleifer abschleifen.

3 Üblicherweise trägt man Kalkwachs mit einem Lappen auf. Die detailreiche Schnitzerei widersetzt sich dieser Technik jedoch. Deshalb wird das Kalkwachs hier mit einem Künstlerpinsel auf alle geschnitzten Teile und zwischen die Schnitzelemente gestrichen. Nach spätestens 10 Minuten zum nächsten Schritt übergehen.

▲ Holzporen mit der Drahtbürste öffnen.

4 Mit einem sauberen, fusselfreien Lappen überschüssiges Kalkwachs von allen erhabenen Teilen der Schnitzerei gründlich abwischen, aber in den Vertiefungen, Rillen und Zwischenräumen das Wachs unberührt über Nacht aushärten lassen.

▲ Kalkwachs auftragen.

5 Einen sauberen weichen Lappen zu einem Ballen zusammenfassen und damit neutrales Möbelwachs auf die gekalkten Flächen auftragen. Das Wachs etwa 20 Minuten trocknen lassen, dann mit einem Lappen polieren, bis matter Glanz entstanden ist.

6 Den restlichen Schrank mit Wachsfirnis wie beschrieben mit einem Lappen einreiben; eine Stunde einziehen lassen, dann polieren. Den Prozess über einen längeren Zeitraum hin mehrmals wiederholen.

NÜTZLICHE TIPPS

- Wenn man mit dem Schwingschleifer arbeitet, zum Schutz vor Schleifstaub einen Mund-Nasen-Schutz tragen.
- Darauf achten, dass kein Wachsfirnis auf die gekalkten Schnitzereien kommt: Sie würden sich sonst gelblich verfärben.

Weitere Schrankprojekte:
Schränkchen mit Bildpaneelen, siehe Seiten 144–146; Schrank mit Metallpaneel, siehe Seiten 150–153; Antikisierter Hängeschrank, siehe Seiten 158–160; Kleiner Nachttisch, siehe Seiten 175–177; Nachtschränkchen, siehe Seiten 186–187; Schränke mit Jalousietüren, siehe Seiten 198–199.

▲ Überschüssiges Kalkwachs abwischen.

Damenschreibtisch

DER RAMPONIERTE SCHREIBTISCH stand in einem Seitenraum neben den Boxen eines Rennstalls und roch gehörig nach Pferdestall! Erst nachdem er gereinigt, gebleicht und repariert war, ließ der Schreibtisch die Möglichkeiten ahnen, die in ihm steckten. Der im Grunde durch die Schubladen sehr praktische, zierliche Tisch erhielt einen Anstrich aus weißer Dispersionsfarbe und war dann bereit für eine verspielte Dekoration mit zarten Blütenmotiven, die als Découpage aufgeklebt wurden. Nun ziert das helle Stück ein Mädchenschlafzimmer.

❖ WERKZEUG UND MATERIAL ❖

Reinigungsutensilien:
Eine Schüssel mit Seifenwasser, Bürste oder weicher Topfkratzer, saubere weiche Tücher

Holzkitt

Spachtel

Mittel- und feinkörniges Schleifpapier

Staubbindetuch

Grundierung auf Wasserbasis

Cremefarbe auf Wasserbasis

Flache Malerpinsel

Holzversiegler

Drucke oder Motive von Geschenkpapier

Klebepads

Weißleim und Roller

Weiches, fusselfreies Tuch

Acrylklarlack

1 Das Möbelstück gründlich reinigen, Risse und Löcher mit Holzkitt ausspachteln, trocknen lassen. Danach die ganze Oberfläche mit Schleifpapier bearbeiten und mit einem Staubbindetuch abwischen.

2 Zwei Schichten Grundierung auftragen, dazw schen trocknen lassen. Dann bis zu acht Schichten verdünnte Cremefarbe auf Wasserbasis auftragen. Nach d dritten Schicht die trockene Farbe erneut abschleifen und mit dem Staubbindetuch abw schen. Wenn eine seidenglatte Oberfläche entstanden ist, die: mit Holzversiegler absperren.

Dieser unansehnliche alte Schreibtisch verwandelte sich in ein Schmuckstück.

3 Die ausgeschnittenen Découpagemotive auf der Schreibfläche und der Frontseite gefällig anordnen und mit Klebepads zur Probe fixieren. Mit Weißleim an der vorgesehenen Stelle ankleben. Mit dem Roller überschüssigen Leim ausdrücken und mit einem feuchten Tuch wegwischen. Überprüfen, ob alle Motive rundum fest ankleben, eventuell nachkleben. Trocknen lassen. Gegen das Licht prüfen, ob glänzende Leimflecken zu sehen sind; mit einem feuchten Tuch wegwischen. Drei Schichten Acrylklarlack auftragen und zwischendurch jeweils trocknen lassen. Abschleifen, Schleifstaub abwischen und weitere Schichten Lack auftragen. So fortfahren, bis die Papiermotive völlig mit Lack bedeckt sind. Wird der Tisch viel benutzt, zum Schluss zwei Schichten Schiffslack auftragen.

NÜTZLICHE TIPPS

- Man kann auch Ölfarben verwenden. Man braucht dann weniger Schichten, aber die Trocknungszeit ist länger.

Weitere Découpageprojekte:
Schränkchen mit Bildpaneelen, siehe Seiten 144–146; Wandschirm, siehe Seiten 178–181; Potichomanie-Glas, siehe Seiten 188–189.

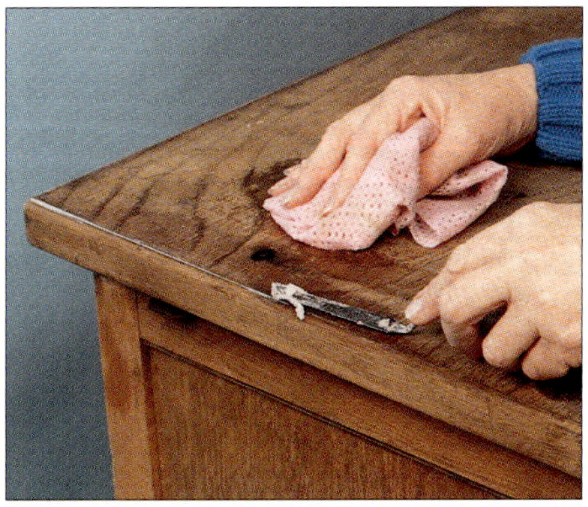

▲ Alle Risse mit Holzkitt füllen.

▲ Alle Flächen gründlich abschleifen.

▲ Grundierung auf Wasserbasis auftragen.

Bettzeugtruhe

ALTE HOLZTRUHEN FINDET MAN leicht bei Trödelhändlern. Da es sich gelegentlich um Brand- oder auch um Munitionskisten handelt, sind sie oft aus sehr stabilem Holz und haben Beschläge an den Kanten und Tragegriffe an den Seiten, die akzentuiert werden können. Die hier gewählte Kiste war in einem erbärmlichen Zustand, doch das Holz war gesund und der zerstörte Deckel konnte relativ einfach repariert werden. Eine besondere Dekorationstechnik, zu der man Lasurmittel benötigt, machte aus dem ausrangierten Stück ein Kleinod.

❖ WERKZEUG UND MATERIAL ❖

- Schraubenzieher
- Mittel- und feinkörniges Schleifpapier und Schleifklotz
- Maßband
- Reparaturholz
- Säge
- Bohrer
- Weißleim
- Ahle
- Schrauben
- Holzkitt
- Spachtel
- Malerpinsel
- Holzgrundierung
- Vorstrichfarbe
- Anstrichfarbe
- Acryllasurmittel
- Pigmentpulver oder Künstleracrylfarben (hier verwendet: roter Ocker, Oxidrot, Olivgrün, Umbra gebrannt, lichter Ocker)
- **Werkzeug zur Musterung der Lasur:** z.B. Karton, Dekorierkämme (gibt es im Farbenhandel), Korken, Kartoffeln oder Tücher
- Marmeladengläser zum Mischen von Farbe und Lasur
- Klarlack

Diese große Kiste aus massiven Holzbrettern war in einem trostlosen Zustand, konnte aber wunderschön hergerichtet werden.

1 Die Scharniere und andere abnehmbare Metallteile abschrauben, dann eventuell lose Bretter einzeln gründlich abschleifen, um Farb- und Lackreste vollständig zu entfernen.

2 Zwei Holzleisten zurechtschneiden, die auf der Innenseite des Deckels quer über die drei losen Bretter reichen. Die Seitenkanten der losen Bretter mit Weißleim einstreichen, die Bretter zusammenfügen und die Leisten rechts und links anlegen. Mit Ahle oder Bohrer Löcher bis in die Deckelbretter bohren. Auch die Leiste an der Unterseite mit Weißleim einstreichen, dann sofort aufschrauben, um so die Deckelbretter wieder fest zusammenzufügen. Beiseite stellen und trocknen lassen.

3 Alle Risse, Löcher und Fehlstellen an Kiste und Deckel mit Holzkitt ausspachteln. Damit der Deckel eine glatte Oberfläche bekommt, auch die Fugen zwischen den Brettern glatt ausspachteln. Trocknen lassen und erneut mit Schleifpapier abschleifen.

▲ Holzleim auf die Brettkanten auftragen.

▲ Alle Risse mit Holzkitt verspachteln.

▲ Eine Schicht Grundierung auftragen.

▲ Wellenlinie mit dem Dekorierkamm ziehen.

▲ Mit halber Kartoffel Muster erzeugen.

4 Die ganze Kiste mit Holzgrundierung streichen; trocknen lassen. Zwei Schichten Voranstrich auftragen. Sobald dieser trocken ist, die Anstrichfarbe auftragen. Sie bildet die Grundierung für die Lasur.

5 Das Acryllasurmittel mit einer Farbe oder einem Pigmentpulver nach Wahl anmischen. Indem man in kleinen Abschnitten arbeitet, streicht man Lasur auf eine Fläche und mustert sie nach Wahl mit einem geeigneten Instrument.

Hier wurden die umlaufenden Zierleisten nacheinander mit dem Dekorierkamm mit Wellenlinien verziert.

Die senkrechten Bretter der Kiste wurden eins nach dem anderen mit Lasur bestrichen, dann wurden mit einer halbierten Kartoffel wie mit einem Stempel die Muster aufgedrückt.

6 Solange die Lasur feucht ist, kann man sie verzieren und notfalls auch wieder abwischen. Sind alle Flächen nach Wunsch dekoriert, mischt man eine weitere Farblasur und streicht die verbliebenen Flächen damit glatt aus. Die Lasur trocknen lassen. Dann alle gestrichenen Flächen mit zwei bis drei Schichten Klarlack schützen. Wenn der Lack getrocknet ist, den Deckel wieder anschrauben.

▲ Die Bretterfugen mit einer Kontrastfarbe betonen.

Den Deckel kann man schlicht – oder wie hier – aufwändig gestalten. Es wurde eine Raute aufgemalt, die mit der einfarbigen Lasur glatt gestrichen wurde. Der Rand der Raute ist in Abschnitten aufgebaut, wobei der breite Teil wiederum mit dem Dekorierkamm verziert wurde.

NÜTZLICHE TIPPS

- Immer genügend Lasur einer Farbe anmischen und in einem Marmeladenglas mit dicht schließendem Deckel aufbewahren. Die Lasur im exakten Farbton nachzumischen gelingt selten.
- Zum Mischen der Lasur zunächst das benötigte Farbkonzentrat herstellen oder Acrylfarben aus der Tube verwenden. Die Hälfte des Konzentrats zur Acryllasur geben und gründlich verrühren, dabei etwas Wasser hinzufügen. Die Mischung auf einem Karton ausprobieren und nach Bedarf mehr Lasur und/oder Wasser zugeben, bis Farbton und Konsistenz stimmen. Die Lasur darf nicht laufen; ist sie aber zu dick, bilden sich Rillen beim Trocknen.

Weitere Farbeffektprojekte:
Durchbrochener Paravent, siehe Seiten 90–91; Bemalter Eisentopf, siehe Seiten 164–165; Schrank mit Putten, siehe Seiten 182–185; Wäschekasten, siehe Seiten 200–201; Vielzweckkommode, siehe Seiten 212–213; Gitterbett mit gedrucktem Motiv, siehe Seiten 218–219.

Kleiner Nachttisch

DIESES BILLIGE, FAST NEUE Schubladenschränkchen aus Kiefernholz brauchte keinerlei Reparaturen. Doch es sah sehr blass und unscheinbar aus. Die zart gerundeten Formen inspirierten dazu, das Stück in hellen Pastelltönen zu streichen und mit einer zarten Schablonenarbeit zu verzieren. Damit die Farbe auf einem solchen Möbelstück gut haftet, muss es abgeschliffen und mit Holzgrundierung vorgestrichen werden. Die Idee für die Schablone kann man einem im Zimmer vorhandenen Objekt entnehmen, zum Beispiel dem Vorhangmuster. Das hier verwendete Rosenmuster findet sich als Vorlage auf den Seiten 247 und 248. Man kann es fotokopieren und dabei nach Bedarf vergrößern oder verkleinern oder auf Transparentpapier durchzeichnen.

❖ WERKZEUG UND MATERIAL ❖

- Mittel- und feinkörniges Schleifpapier
- Schleifklotz
- Staubbindetuch
- Weiße Acrylgrundierung
- Flache Malerpinsel
- Dispersionsfarbe in Rosa und Zartgrün
- Feine Stahlwolle
- Schablonen (Vorlagen siehe Seiten 247 und 248)
- Azetatfolie oder Transparentpapier
- Faserschreiber
- Skalpell und Schneidematte
- Abdeckband
- Acrylfarben in Rosa und Hellgrün
- Palette oder Teller
- Stupfpinsel
- Kalkwachs
- Küchenpapier
- Weiches Tuch

▲ Mit rosa Dispersionsfarbe streichen.

▲ Die Kanten mit Hellgrün streichen.

1 Das Möbel mit Schleifpapier, das um den Schleifklotz gelegt ist, abschleifen und mit dem Staubbindetuch abwischen.

Das kleine Schubladenschränkchen aus Kiefernholz war praktisch, aber etwas langweilig. Ein dekorativer Anstrich brachte Abhilfe.

2 Die Knäufe der Schubladen abschrauben und getrennt abschleifen, grundieren und mit Dispersionsfarbe streichen. Auf das gesamte Möbel eine Schicht weiße Acrylgrundierung auftragen und durchtrocknen lassen. Sobald die Grundierung trocken ist, eine Schicht rosa Dispersionsfarbe auf das gesamte Möbel auftragen. Dann auf die großen Flächen eine zweite Schicht Rosa auftragen und trocknen lassen. Kanten und Knäufe mit einer Schicht Dispersionsfarbe in Zartgrün streichen. Hat man keine ruhige Hand, klebt man die angrenzenden rosa Flächen mit Abdeckband ab.

3 Wünscht man einen leichten Antikeffekt, schleift man die gestrichenen Flächen mit Stahlwolle leicht ab, bis an einigen rosa Stellen die weiße Grundierung und an den Kanten und Knäufen etwas vom rosafarbenen Anstrich durchscheint.

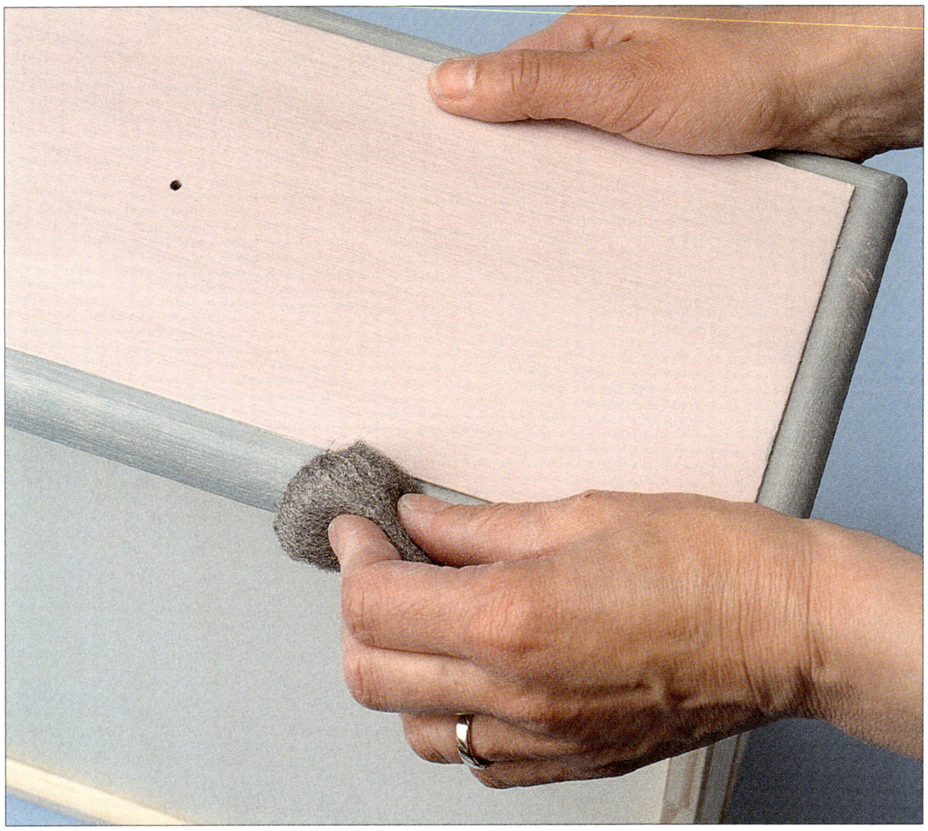

▲ Gestrichene Flächen mit Stahlwolle antikisieren.

4 Das gewählte Motiv mit einem geeigneten Stift von der abgezeichneten oder fotokopierten Vorlage auf Transparentpapier übertragen. Das Schablonenmaterial mit dem Skalpell vorsichtig ausschneiden (siehe auch das Kapitel »Schablonieren«, Seite 48 ff).

5 Die Schablone auf den Flächen, die man dekorieren möchte, mit Abdeckband befestigen. Bei einem Möbel wie diesem mit mehreren kleinen Flächen kann man das Muster genau wiederholen oder – wie in unserem Beispiel – auf jeder Fläche etwas variieren.

Mit dem Stupfpinsel füllt man die Schablonenfelder in den entsprechenden Farben aus, achtet aber darauf, dass die Intensität des Farbauftrags ein wenig variiert, damit das Motiv lebendiger erscheint.

6 Ist die Farbe trocken, trägt man mit Küchenpapier Kalkwachs auf das Möbelstück auf und lässt es eine halbe Stunde trocknen. Das Wachs dämpft die Farben. Zuletzt das Möbel mit einem weichen Tuch auf zarten Glanz polieren.

▲ Schablonen mit Farbe ausstupfen.

▲ Kalkwachs mit Küchenpapier auftragen.

NÜTZLICHE TIPPS

- Man kann fast alle Farben zum Schablonieren verwenden. Hier wurden Acrylfarben gewählt, weil sie rasch trocknen und leuchtend sind. So bleiben sie unter der abtönenden und zugleich schützenden Schicht Kalkwachs gut sichtbar.
- Beim Schablonieren den Pinsel nicht zu stark mit Farbe füllen, damit keine Farbe unter die schmalen Stege gerät. Die Farbe nicht verstreichen, sondern mit senkrecht gehaltenem Pinsel aufstupfen.
- Rosa und Grün für die Rosenblüten nehmen, die Blätter und Ranken ein wenig abstufen, um eine leichte Schattierung zu erzielen, die den Motiven Tiefe und leichte Plastizität verleiht.
- Statt der Dispersionsfarbe kann man auch kreidehaltige traditionelle Farbe benutzen, die allerdings etwas vergilbt, wenn man sie mit Klarlack überzieht oder wachst. Statt das Möbelstück zum Schluss mit Kalkwachs zu schützen, kann man auch Klarlack auftragen, der die schablonierten Motive besser schützt.

Weitere Schablonierprojekte:
Tisch mit Traubenmotiv, siehe Seiten 114–117; Karaffe mit Gläsern, siehe Seiten 124–125; Blattgoldtablett, siehe Seiten 138–139; Schrank mit Putten, siehe Seiten 182–185; Vitrinenschränkchen, siehe Seiten 195–197.

Wandschirm

PARAVENTS, DIE IHREM französischen Namen nach »gegen den Wind« schützen sollten, sind seit dem 17. Jahrhundert als bewegliche Trennwände in Zimmern üblich. Sie dienten sowohl als Blickschutz beim An- und Auskleiden als auch als Zierde. In England liebte man diese auch spanische Wand genannten Schirme sehr und dekorierte die Flächen vielfältig. Heutzutage erleben Wandschirme eine Renaissance, denn hinter ihnen versteckt man gern weniger attraktive Bereiche des Wohnraums, etwa den Schreibtisch mit dem Computer. Nichts spricht dagegen, sie im Schlafzimmer wieder in ihrer alten Funktion als »Umkleidekabine« zu benutzen.

❖ WERKZEUG UND MATERIAL ❖

- Werkzeug zum Herausziehen alter Nägel
- Maßband
- Bleistift
- Leinwand
- Schneiderschere
- Tacker
- Wasserzerstäuber
- Flache Malerpinsel
- Weiße Dispersionsfarbe
- Weißleim
- Farbe für den Grundanstrich
- Bunte Papierstreifen
- Einfarbiges Papier (zum Beispiel Geschenkpapier)
- Transparentpapier
- Packpapier für Schablonen
- Starker Papierleim
- Klarlack
- Tressenband
- Gummiklebstoff
- Marmeladengläser zum Anmischen von Leim und Farbe

1 Alle alten Nägel vorsichtig herausziehen und die alte Leinwand von den Rahmen entfernen. Die dafür benötigten Werkzeuge richten sich nach der Art der Bespannung und dem Zustand des Rahmens.

2 Die Rahmenteile ausmessen und dementsprechend neue Leinwand zuschneiden. Die Leinwand mit dem Tacker auf dem Rahmen befestigen. Dabei darauf achten, dass die Leinwand gut gespannt ist und Kette und Schuss des Gewebes jeweils parallel zu den Rahmenteilen verlaufen. Zunächst jeweils in der Mitte oben und unten und an den Seiten eine Heftklammer setzen. Von der Mitte der Seiten dann jeweils zu den Ecken voranschreiten, dabei die Leinwand so spannen, dass sie straff liegt, ohne sich zu verziehen. Die Ecken nicht anheften, sondern erst dann, wenn auch oben und unten jeweils von der Mitte aus die Leinwand angeheftet ist und man die Ecken erreicht hat. So ist eine einheitliche, straffe Spannung der Leinwand gewährleistet.

Dieser viktorianische Wandschirm wurde mit neuer Leinwand bespannt und mit Papierbildern geschmückt.

▲ Alte Leinwand und Nägel entfernen.

▲ Neue Leinwand mit Tacker befestigen.

▲ Neue Leinwand mit Wasser besprühen.

3 Mit der Sprühflasche einen zarten Wassernebel über die neuen Leinwände sprühen. Das angefeuchtete Gewebe wird zunächst locker, zieht sich beim Trocknen aber gleichmäßig zusammen und strafft sich dabei.

▲ Leinwand mit Leimmischung absperren.

4 Die Leinwand mit einer Absperrung versiegeln. Dafür etwa 2,5 l weiße Dispersionsfarbe mit etwa einem Esslöffel Weißleim vermischen und mit Wasser bis zu einer cremigen Konsistenz verdünnen. Diese Mischung mit dem flachen Malerpinsel auf die Leinwände streichen, trocknen lassen und eine zweite Schicht auftragen.

5 In einem Farbton nach Wahl zwei Schichten Dispersionsfarbe für den Grundanstrich auftragen und nach jedem Auftrag trocknen lassen. Danach die Größe der Bildfelder ausmessen und auf den Leinwänden markieren. (Dazu am besten ein geeignetes Passepartout benutzen.)

▲ Position der Rahmen markieren.

6 Aus verschiedenen Farben schmale Papierstreifen ausschneiden, die die Rahmen der Bildfelder bilden sollen. Die Streifen mit Weißleim oder starkem Papierkleber einstreichen und auf die Markierungslinien kleben.

▲ Die »Rahmen« aufkleben.

7 Verschiedene Blumen für die Bildfelder auf Transparentpapier entwerfen oder nach Vorlagen durchzeichnen. Die Umrisse der Vorlagen auf Packpapier übertragen und für jedes Feld eine Schablone schneiden.

▲ Papierschablonen aus Packpapier schneiden.

▲ Buntes Papier auf die Schablonen kleben.

8 Mit Weißleim oder starkem Papierkleber buntes Papier auf die Vorderseite der Packpapierschablonen kleben. Es soll nach allen Seiten überstehen, aber in den Farben den Blüten und Blättern entsprechen.

▲ Überschüssiges Papier wegschneiden.

9 Die Blumen entlang der Kante des Packpapiers mit einer Schere oder dem Skalpell ausschneiden. Die Papierausschnitte eine Zeit lang mit Büchern beschweren, damit sie sich beim Trocknen des Leims nicht wellen.

▲ Ausgeschnittene Blumen aufkleben.

10 Die Position der einzelnen Blumen in den Feldern markieren. Die Packpapierseite mit Papierleim einstreichen, die Blumen in die Felder kleben und trocknen lassen. Die beklebten Paneele mit Klarlack überstreichen. Wenn der Lack getrocknet ist, die äußeren Rahmen der einzelnen Paraventteile mit Tressenband einfassen, das man mit Gummikleber anleimt.

▲ Die Rahmen der Paraventteile mit Tressenband einfassen.

NÜTZLICHE TIPPS

- Die Papierstreifen für die Rahmen auf Gehrung, d. h. an den Enden schräg schneiden. Man kann dafür auch buntes Isolierband nehmen, das bereits mit Kleber beschichtet ist. Für den Paraventrahmen kann man auch Geschenk- oder Tressenband nehmen, das schmaler ist.
- Statt das Tressenband mit Gummikleber anzuleimen, kann man es mit Polsternägeln befestigen – kleinen, Reißzwecken ähnlichen Stiften mit glatten, gerundeten Köpfen. Das Tressenband an den Kanten übereck einschlagen.

Weiter Découpageprojekte:
Damenschreibtisch, siehe Seiten 170–171; Potichomanie-Glas, siehe Seiten 188–189; Dekoriertes Kinderbett, siehe Seiten 207–209; Hölzerne Obststeige, siehe Seiten 230–231; Picknickkorb, siehe Seiten 234–235.

Schrank mit Putten

Dieser sehr gut erhaltene kleine Schrank aus Massivholz besitzt innen auf einer Seite Regalfächer, auf der anderen eine Kleiderstange. Da er nur für wenige Stücke Platz bietet, aber selbst nicht viel Raum beansprucht, ist er ideal für ein Jugend- oder ein kleines Gästezimmer. Die flachen Türen kann man sehr gut mit einem Schablonenmotiv schmücken. Hier wurden dafür zwei Engel gewählt, so genannte Putten, wie man sie in der Kunst des Barock und Rokoko liebte. Als Untergrund dieser Schablonenarbeit dient ein strukturierter Lasuranstrich. Der Effekt wird durch Rollen mit dem Lappen erreicht. Die alten Griffe wurden entfernt und durch passende Glasknäufe ersetzt. Als zusätzlicher Schmuck dienen zwei Silberquasten an den Knäufen.

❖ WERKZEUG UND MATERIAL ❖

- Schraubenzieher
- Holzkitt
- Malerspachtel oder Kittmesser
- Mittel- und feinkörniges Schleifpapier
- Staubbindetuch
- Grundierung
- Flache Malerpinsel
- Seidenglanzlack auf Ölbasis als Voranstrich
- Farbwanne
- Heizkörperroller (Roller für Ölfarbe)
- Transparente Öllasur
- Saubere, fusselfreie Lappen
- Farbeimer
- Künstlerölfarbe in Schwarz
- Terpentinersatz
- Seidenglanzlack in Rosa
- Stupfbürste
- Azetatfolie und Folienschreiber
- Vorlagen für Schablonen (siehe Seite 245)
- Skalpell und Schneidematte
- Ablösbarer Sprühkleber
- Schablonensticks in Schwarz und Weiß
- Stupfpinsel
- Acrylpinsel
- Seidenmatte Acryllasur

Ein dunkler Schrank aus Massivholz kann leicht aufgehellt werden.

1 Die Griffe von den Türen entfernen, weil sie beim Abschleifen und Streichen stören. Eventuelle Risse oder Schadstellen im Holz mit Holzkitt füllen – auch die Grifflöcher, falls man neue Knäufe anbringen möchte. Sämtliche Flächen mit dem elektrischen Bandschleifer oder von Hand abschleifen. Mit dem Staubbindetuch abwischen, dann eine Schicht Grundierung auftragen. Über Nacht trocknen lassen.

2 Seidenglanzlack für den Voranstrich in eine Farbwanne gießen und den ganzen Schrank mit dem Heizkörperroller streichen. Das geht leichter und wird gleichmäßiger als ein Anstrich mit dem Pinsel. Lediglich Feinheiten mit dem Malerpinsel nachstreichen. Die Farbe trocknen lassen. Ggf. abschleifen und mit dem Staubbindetuch abwischen, dann eine zweite Schicht Seidenglanzlack auftragen.

3 Zur Anmischung der Lasur für den strukturierten Grundanstrich 1 Esslöffel transparente Öllasur in eine Farbkanne geben. Einen Farbstrang von der Breite der Tube in schwarzer Künstlerölfarbe hinzufügen. Verrühren, bis die Lasur völlig glatt ist. Weitere 8 Esslöffel Öllasur, 4 Esslöffel Terpentinersatz und 1 Esslöffel rosa Seidenglanzlack dazumischen, bis genügend Farbe für den Schrank vorhanden ist. (Fürchtet man, dass die Farblasur nicht reicht, in den angegebenen Mengenverhältnissen mehr anmischen.) Die Lasur sollte die Konsistenz von flüssiger Sahne haben.

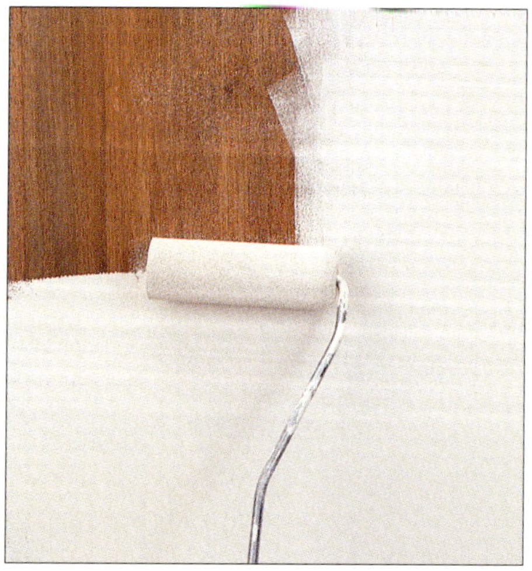

▲ Grundierung mit Roller auftragen.

▲ Pinselspuren mit Stupfbürste vertreiben.

4 Die Lasur mit gut gefülltem Pinsel auf einem Schrankteil verstreichen. Rasch arbeiten und nicht zu häufig überstreichen, denn die Lasur soll nicht zu dick aufgetragen sein. Noch bevor die Lasur trocknet, die Pinselspuren mit der Stupfbürste vertreiben. Dann sofort zum nächsten Schritt übergehen.

5 Ein Baumwolltuch locker zu einer Rolle wickeln, als wollte man es auswringen. Die Rolle an einer oberen Ecke ansetzen und mit den Fingern über die mit Lasur bestrichene Fläche rollen, dabei gleichmäßigen Druck ausüben.

Hat man das Ende der Fläche erreicht, oben wieder ansetzen und so fortfahren, bis die ganze Fläche überwickelt ist, dabei die Tuchansätze geringfügig überlappen lassen. Die letzten beiden Schritte so lange wiederholen, bis der ganze Schrank mit Lasur gestrichen und mit den Lappen gerollt ist.

6 Azetatfolie über die erste der Vorlagen auf Seite 245 legen; die Umrisse mit Folienschreiber durchmalen. Rund um die Zeichnung einen möglichst breiten Rand zum späteren Mischen der Farben und für die Markierungspunkte stehen lassen. Mit dem Skalpell auf der Schneidematte die Schablone entlang der Umrisse ausschneiden und auch Markierungspunkte einschneiden, die eine spätere genaue Positionierung der Schablonen ermöglichen. Die zweite Schablone ebenso fertigen.

▲ Für den besonderen Effekt einen Baumwolllappen über die Lasur rollen.

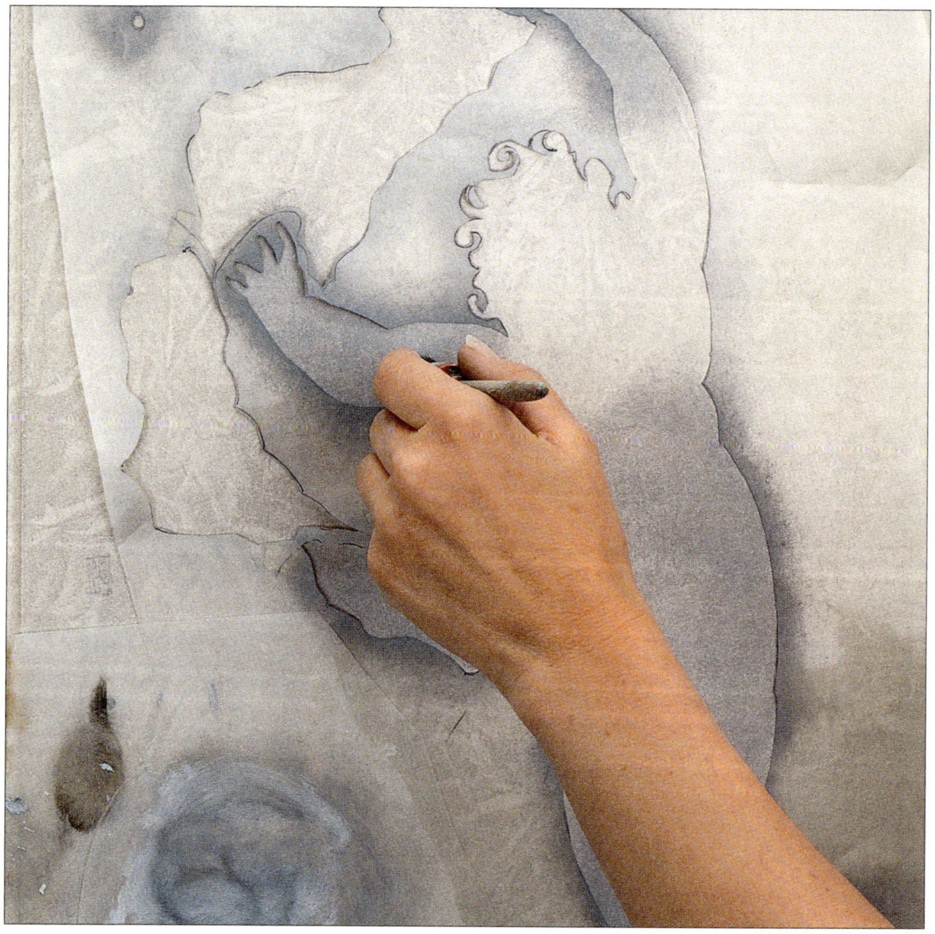

▲ Die Freiräume der ersten Schablone mit Hellgrau ausstupfen.

▲ Zweite Schablone dunkelgrau austupfen.

▲ Der dunkler schablonierte Teil.

7 Die erste Schablone auf der Rückseite mit ablösbarem Sprühkleber einsprühen und auf die Schranktür kleben. Zurücktreten, Position der Schablone prüfen und eventuell korrigieren. Die Verpackung der Schablonensticks aufreißen (die Packungsanweisung beachten). Auf dem Folienrand Schwarz und Weiß zu einem hellen Grau mischen. Mit dem Stupfpinsel von dem Grau aufnehmen und kreisförmig stupfend auf den Ausschnitten verteilen. Auch die Markierungspunkte zart ausstupfen; Folie vorsichtig abziehen.

8 Die Rückseite der zweiten Schablone mit Kleber besprühen und genau auf den Marken positioniert auf den Schrank kleben. Wie zuvor Schablonenfarben mischen, diesmal aber zu einem dunklen Grau; etwas Schwarz zur Akzentuierung ungemischt lassen. Wie beschrieben die Ausschnitte mit Dunkelgrau ausstupfen. Das Gesicht und andere feine Linien mit ungemischtem Schwarz einfärben.

Die Schablonenfolie abnehmen. Beide Schablonen mit einem Lappen und Terpentinersatz gründlich, aber vorsichtig reinigen und trocknen lassen. Indem man die beiden Schablonen umdreht, das Puttenmotiv seitenverkehrt wie beschrieben auf die zweite Schranktür aufbringen. Die Türen 24 Stunden trocknen lassen.

9 Mit einem Acrylpinsel zwei Schichten seidenmatte Acryllasur auf den ganzen bemalten Schrank auftragen. Die Lasur wirkt beim Auftrag milchig und scheint einen Schleier über das Objekt zu legen. Während sie trocknet, was rasch geschieht, wird sie aber durchsichtig. Die neuen Griffe anbringen und Silberquasten daranhängen.

NÜTZLICHE TIPPS

- Beim Schablonieren den Stupfpinsel nicht mit Farbe überladen: Die Farbe verschmiert sonst und der luftige Effekt geht verloren. Man ist leicht versucht, zu viel Farbe aufzutragen, denn solange die Schablone noch über dem Motiv liegt, wirkt es viel blasser als nach der Abnahme der Folie.
- Hat man keine Stupfbürste zum Vertreiben der Pinselspuren auf dem Lasuranstrich (Schritt 4), steckt man einen frischen Heizkörperroller auf und rollt damit vorsichtig über die Lasur.
- Während der Arbeit viele saubere, fusselfreie Lappen, Wasser und Lösungsmittel griffbereit haben, damit man verschmierte oder verlaufende Farbe wegwischen kann.

Weitere Schablonenprojekte:
Tisch mit Traubenmotiv, siehe Seiten 114–117; Karaffe mit Gläsern, siehe Seiten 124–125; Blattgoldtablett, siehe Seiten 138–139; Kleiner Nachttisch, siehe Seiten 175–177; Vitrinenschränkchen, siehe Seiten 195–197.

▲ Ansicht der fertigen Putte.

Nachtschränkchen

DAS KLOTZIGE, UNANSEHNLICHE Möbel hatte sich mit seiner Schublade und dem Stauraum hinter der Tür schon länger als nützliches Nachtschränkchen bewährt. Auf den Sperrmüll sollte es deshalb auf keinen Fall, aber es brauchte dringend ein gefälligeres Aussehen. Ein Anstrich in Altweiß und ausgeschnittene Blumenkränze für die Deckplatte und das schmale Paneel der Tür, eine Blumengirlande für die Schubladenfront,neue Holzgriffe und je zwei kleine Sräußchen auf den Seitenpaneelen veränderten das Schränkchen total.

❖ WERKZEUG UND MATERIAL ❖

- Terpentinersatz
- Feine Stahlwolle und Schleifpapier
- Holzkitt
- Hölzerne Knäufe
- Staubbindetuch
- Holzgrundierung
- Cremefarbener Seidenglanzlack auf Ölbasis
- Pinsel
- Ausgeschnittene Papierblumen
- Klebepads
- Weißleim
- Roller
- Polyurethanklarlack
- Reißlack
- Wachs
- Weiches, fusselfreies Tuch

Das Schränkchen war in gutem Zustand und musste nur abgeschliffen werden.

1 Das Möbel mit Terpentinersatz und Stahlwolle reinigen. Die Griffe entfernen, Löcher mit Holzkitt füllen. Abschleifen und mit einem Staubbindetuch abwischen.

2 Neue Knäufe einschrauben, mit Holzgrundierung streichen. Drei Schichten Seidenglanzlack auftragen, zwischendurch abschleifen und abwischen.

▲ Neue Knäufe grundieren.

3 Die Blumenmotive aus möglichst dünnem Papier ausschneiden, auf dem Schränkchen anordnen und mit Klebepads zur Probe fixieren. Dann mit Weißleim ankleben. Mit dem Roller überschüssigen Leim ausdrücken und mit einem feuchten Tuch wegwischen. Zwei bis drei Schichten Polyurethanklarlack auftragen, trocknen lassen. Vorsichtig abschleifen, Schleifstaub abwischen und erneut eine Schicht Lack auftragen. So fortfahren, bis die Papiermotive völlig mit Klarlack bedeckt sind (siehe auch das Kapitel »Découpage«, Seite 42 ff).

▲ Blumenmotive sorgfältig ausschneiden.

4 Für einen Antikeffekt Reißlack auftragen, trocknen lassen, danach eine letzte Schicht Klarlack auftragen. Nachdem auch diese Schicht getrocknet ist, das Möbel wachsen.

NÜTZLICHE TIPPS

- Dünnes Geschenkpapier eignet sich gut für Découpagearbeiten. Die Motive mit kleinen Scheren und Skalpell ausschneiden.

Weitere Découpageprojekte:
Schränkchen mit Bildpaneelen, siehe Seiten 144–146; Damenschreibtisch, siehe Seiten 170–171; Badezimmerschränkchen, siehe Seiten 192–194; Dekoriertes Kinderbett, siehe Seiten 207–209; Puppenwiege, siehe Seiten 220–221; Picknickkorb, S, 234–235.

▲ Austretenden Leim wegwischen.

Potichomanie-Glas

DIE POTICHOMANIE, auch Potichinomanie genannt, war eine im 19. Jahrhundert sehr beliebte, dann aber wieder in Vergessenheit geratene Art, billige Gläser innen so mit ausgeschnittenen Papiermotiven zu schmücken und dann mit Farbe auszumalen, dass sie aussahen wie fein bemaltes, edles Porzellan. Das für diese Technik verwendete Glas muss nicht sonderlich edel sein; billiges Pressglas reicht aus, doch der Durchmesser sollte weit genug sein, dass man mit der Hand hineinlangen kann. Alte Bonbongläser mit Deckel sind gut geeignet.

❖ WERKZEUG UND MATERIAL ❖

- Weiches, fusselfreies Tuch
- Aus Papier geschnittene Motive
- Klebepads
- Weißleim
- Kleiner Schwamm
- Seidenglanzlack auf Ölbasis
- Künstlerpinsel aus Zobelhaar

Die Gläser können schlicht sein, sollten aber einen ausreichenden Durchmesser haben.

1 Das Glas spülen, damit es innen absolut sauber und fettfrei ist: Nur dann hält der Leim. Trocknen lassen und mit einem weichen, fusselfreien Tuch noch einmal auswischen.

2 Aus Geschenkpapier oder von anderen Papieren Motive ausschneiden und mit Klebepads außen auf dem Glas probeweise ankleben, bis das Arrangement gefällt. Nacheinander die Bilder vorsichtig lösen, auf der Vorderseite mit einem Pinsel mit Weißleim bestreichen und an der vorgesehenen Stelle innen im Glas und im Deckel ankleben. Mit den Fingerspitzen die Bilder gut andrücken und dafür sorgen, dass alle Ränder fest anliegen und sich keine Falten oder Blasen bilden.

3 Wenn sämtliche Bilder innen im Glas und im Deckel an Ort und Stelle geklebt sind, allen überschüssigen, seitlich unter den Bildern hervorquellenden Leim mit einem in heißem Wasser angefeuchteten, gut ausgedrückten Schwamm wegwischen.

4 Das Glas vollständig trocknen lassen. Mit einem Zobelhaarpinsel Glas und Deckel innen mit Seidenglanzlack ausmalen. Dabei vom Boden beginnend die Farbe in Spiralform mit kurzen Pinselstrichen auftragen. Über die Bilder hinwegstreichen, aber immer nur von der Mitte der Bilder her nach außen hin über die Ränder malen, damit keine Farbe unter eventuell lose Ränder gerät. Die Farbe dünn auftragen, damit sie nicht verläuft. Das Glas 24 Stunden trocknen lassen, dann eine zweite Schicht Farbe auftragen.

Weitere Découpageprojekte:
Nähschränkchen, siehe Seiten 98–99; Damenschreibtisch, siehe Seiten 170–171; Nachtschränkchen, siehe Seiten 186–187; Badezimmerschränkchen, siehe Seiten 192–194; Dekoriertes Kinderbett, siehe Seiten 207–209; Hölzerne Obststeige, siehe Seiten 230–231.

▲ Motive erst zur Probe aufkleben.

▲ Bilder mit Weißleim in das Glas kleben.

▲ Das Glas vorsichtig innen streichen.

Badezimmerprojekte

Bei guter Planung kann selbst das kleinste Badezimmer eine freundliche Atmosphäre ausstrahlen. Hässliche alte Wäschekörbe, Schänkchen oder Schranktüren können mit etwas Fantasie, Farbe und Geduld sehr hübsch dekoriert werden und aus dem Badezimmer einen praktischen und zugleich aufheiternden Raum machen.

Badezimmerschränkchen

Dieses weisse Hängeschränkchen für das Badezimmer war so gut wie neu, brauchte aber dringend eine interessante Frontdekoration. Ein Geschenkpapierbogen mit verschiedenen Meeresmotiven (mit Muscheln, Fischen, Seesternen, Krebsen und Seepferdchen) war Inspirationsquelle. Der meergrüne Anstrich und der neue Türknauf in Form eines Ammoniten machten das Meeresthema komplett. Da das Schränkchen einen gut erhaltenen Anstrich hatte, war es nur nötig, die Außenseiten abzuschleifen und dann mit Grundierung einen Haftgrund zu schaffen. Man kann es mit Grundierung auf Acrylbasis versuchen; lässt sie sich nach dem Trocknen mit dem Fingernagel ablösen, muss man Grundierung auf Ölbasis verwenden.

❖ WERKZEUG UND MATERIAL ❖

- Grobkörniges Schleifpapier und Schleifklotz
- Staubbindetuch
- Grundierung auf Acryl- oder Ölbasis
- Malerpinsel
- Dispersionsfarbe in 2 Farbtönen
- Abdeckband
- Scharfe, feine Scheren
- Papierbilder mit Meeresmotiven
- Fixativ
- Kleiner Tapetenroller
- Klebepads und Schwamm
- Weißleim und Leimpinsel
- Klarlack auf Wasserbasis, seidenmatt
- Lackpinsel
- Weiße Dispersionsfarbe
- Pigmentpulver in Umbra natur
- Wasser
- Küchenpapier
- Mittelkörniges Schleifpapier

1 Bei einem relativ neuen Möbelstück mit intaktem Anstrich muss man die Oberfläche nur mit grobem Schleifpapier, das man um einen Schleifklotz legt, gut abschleifen, um einen Haftgrund für die Farbe zu schaffen. Den Schleifstaub mit einem Staubbindetuch abwischen und eine Grundierung auf Acrylbasis auftragen. Trocknen lassen und eine Schicht der ersten Dispersionsfarbe auftragen.

2 Wenn die Farbe getrocknet ist, mit der zweiten Dispersionsfarbe überstreichen. Ein wenig von der zweiten Dispersionsfarbe zurückbehalten, dunkler abtönen und damit die Kanten und die vertieften Rillen streichen. Hat das Schränkchen keine Rillen, kann man mit genau aufgeklebtem Abdeckband Linien erzeugen, die man ausmalt. Man kann dafür auch Künstleracrylfarben nehmen.

3 Von Geschenkpapier schneidet man die Motive mit feinen Scherchen aus. Hat man nicht genügend von den einzelnen Motiven, kann man sie fotokopieren und von Hand kolorieren.

Danach muss man sie mit Fixativ einsprühen. Die ausgeschnittenen Motive zur Probe mit Klebepads auf der Front arrangieren, dabei in zwei gegenüberliegende Ecken des Innenfelds größere Motive setzen.

Unbehandelt wirkt dieses Schränkchen viel zu schlicht.

▲ Grundierung und Erstanstrich auftragen.

▲ Kanten und Rillen dunkel streichen.

▲ Motive gefällig arrangieren.

▲ Die Papiermotive richtig platziert aufkleben.

4 Die Motive nacheinander mit Weißleim auf die vorgesehenen Stellen kleben und fest andrücken. Das aufgeklebte Motiv im Gegenlicht daraufhin prüfen, ob es ohne Blasen oder Falten fest anliegt. So fortfahren, bis alle Motive angeklebt sind. Den seitlich ausgetretenen Leim vorsichtig mit einem in heißes Wasser getauchten, sehr gut ausgedrückten Schwamm wegwischen. Den Schrank mindestens zwei Stunden trocknen lassen. Überprüfen, ob alle Motive rundum fest angeklebt sind, dann die beklebten Partien mit zwei Schichten Klarlack streichen. Zwischen den Anstrichen zwei Stunden Trocknungszeit lassen und vorsichtig abschleifen.

5 1 Teelöffel weiße Dispersionsfarbe mit 3 Teelöffeln Pigmentpulver (Umbra natur) vermischen und mit Wasser zu einer dunkelbraunen Farbe verdünnen.

Über eine Seitenfläche des Schränkchens streichen, eine Minute trocknen lassen und mit Küchenpapier abwischen. Die anderen Seiten und das Oberteil ebenso behandeln.

6 Die antikisierten Seitenflächen des Schränkchens mit ein oder zwei Schichten Klarlack streichen. Dann auf die mit Découpagen verzierte Tür weitere acht bis zehn Schichten Lack auftragen, je nach Dicke der Papierausschnitte. Vor jedem neuen Lackauftrag die Fläche mit mittelkörnigem Schleifpapier abschleifen. Die letzte Lackschicht nur trocknen lassen, nicht abschleifen.

NÜTZLICHE TIPPS

- Man sollte niemals zu viel Farbe oder gar Lack auf den Pinsel nehmen. Je dünner die Schichten sind, desto professioneller wirkt das Ergebnis. Es ist besser, mehrere dünne Schichten als eine zu dicke aufzutragen.
- Muss man Malerpinsel über Nacht für die weitere Arbeit am anderen Tag aufbewahren, hängt man sie in ein Marmeladenglas mit Wasser oder Terpentinersatz. Da nur die Borsten in der Flüssigkeit hängen sollen, kann man den Pinselstiel mit Wäscheklammern oder Pappe stabilisieren.
- Es ist wichtig, gestrichene oder lackierte Flächen vor dem erneuten Auftrag mit Schleifpapier aufzurauen, damit die nächste Schicht gut haftet und zuletzt eine völlig glatte Fläche entsteht. Allerdings muss man den Schleifstaub sehr gründlich abwischen.

Weitere Découpageprojekte:
Schränkchen mit Bildpaneelen, siehe Seiten 144–146; Küchenstuhl und Klapptisch, siehe Seiten 154–157; Damenschreibtisch, siehe Seiten 170–171; Nachtschränkchen, siehe Seiten 186–187; Wäschekasten, siehe Seiten 200–201.

▲ Die Antikisierungsfarbe kurz einwirken lassen und abwischen.

Vitrinenschränkchen

Das Holz dieses Vitrinenschränkchens war bereits abgebeizt, doch die Oberfläche war unansehnlich, und zahlreiche Schadstellen mussten mit Holzkitt ausgebessert werden. Um die Maserung des Kiefernholzes durchscheinen zu lassen, wurde eine dünne Tünche als Anstrich gewählt, die nach dem Trocknen mit Siliziumkarbidpapier abgeschliffen wurde. Da die Vitrine in das Badezimmer gehängt werden sollte, in dem sich auch die Schränke mit Jalousietüren (Seite 198) befanden, wurden für die Schablonen Seepferd- und Fischmotive verwendet.

❖ WERKZEUG UND MATERIAL ❖

- Mittel- und feinkörniges Schleifpapier
- Staubbindetuch
- Dispersionsfarbe in hellem Jadegrün
- Flacher Malerpinsel
- Siliziumkarbidpapier
- Neutrales Möbelwachs
- Saubere, fusselfreie Lappen
- Terpentinersatz und Brennspiritus
- Spülmittel
- Azetatfolie für Schablonen und Permanentmarker
- Skalpell und Schneidematte
- Maßband
- Ablösbarer Sprühkleber
- Papier und Abdeckband
- Farbspray in hellem Türkis

1 Die Holzflächen mit mittel-, dann mit feinkörnigem Schleifpapier abschleifen und mit dem Staubbindetuch abwischen. Die jadefarbene Dispersionsfarbe im Verhältnis 1 : 1 mit Wasser verdünnen und mit einem Malerpinsel so dünn auf alle Holzflächen auftragen, dass die Holzmaserung durch die Farbe schwach sichtbar bleibt. Vollständig trocknen lassen.

2 Mit leicht angefeuchtetem Siliziumkarbidpapier die gestrichenen Flächen abschleifen, so dass die Maserung und an manchen Stellen das blanke Holz durchscheint. Dann eine Schicht neutrales Möbelwachs auftragen, trocknen lassen und polieren.

3 Das Frontglas sowie den Spiegel in der Rückfront säubern. Zunächst trocken abwischen, dann Brennspiritus auf einen Lappen geben und die Glasflächen damit gut abwischen. Ist der Schmutz restlos entfernt, das Glas mit heißem Wasser mit Spülmittel abwaschen, und trocknen lassen.

Das kleine Vitrinenschränkchen mit einem Spiegel in der Rückfront bot sich für Schablonenmotive an.

4 Die Azetatfolie für die Schablonen auf die Vorlagen legen (siehe Seite 246) und die Umrisse mit einem feinen Permanentmarker nachzeichnen. Die Schablonen mit einem Skalpell ausschneiden.

▲ Verdünnte Dispersionsfarbe aufstreichen.

▲ Abschleifen mit Siliziumkarbidpapier.

▲ Schablone erst auf Papier testen.

5 Ausmessen und markieren, wo man die Schablonen anlegen möchte. Man sollte darauf achten, dass die Einlegeböden des Schränkchens die Motive nicht unterbrechen.

Die Schablonen zunächst auf einem Stück Papier ausprobieren. Dann die erste Schablone auf der Rückseite mit ablösbarem Sprühkleber einsprühen und auf die Glasfläche kleben. Alle Flächen darum herum mit Papier schützen, das man mit Abdeckband anklebt.

6 Die Farbspraydose etwa 30 cm von der Schablone entfernt halten und einen feinen Farbnebel darüber sprühen. Nicht zu viel Farbe aufsprühen, sonst löst sich die Schablone. Vielmehr trocknen lassen und ein zweites Mal übersprühen. Die Schablone abnehmen und verschmierte Farbe auf dem Glas sofort mit einem sauberen Tuch mit etwas Terpentinersatz wegwischen. In der beschriebenen Weise fortfahren, bis alle Schablonenmotive aufgebracht sind.

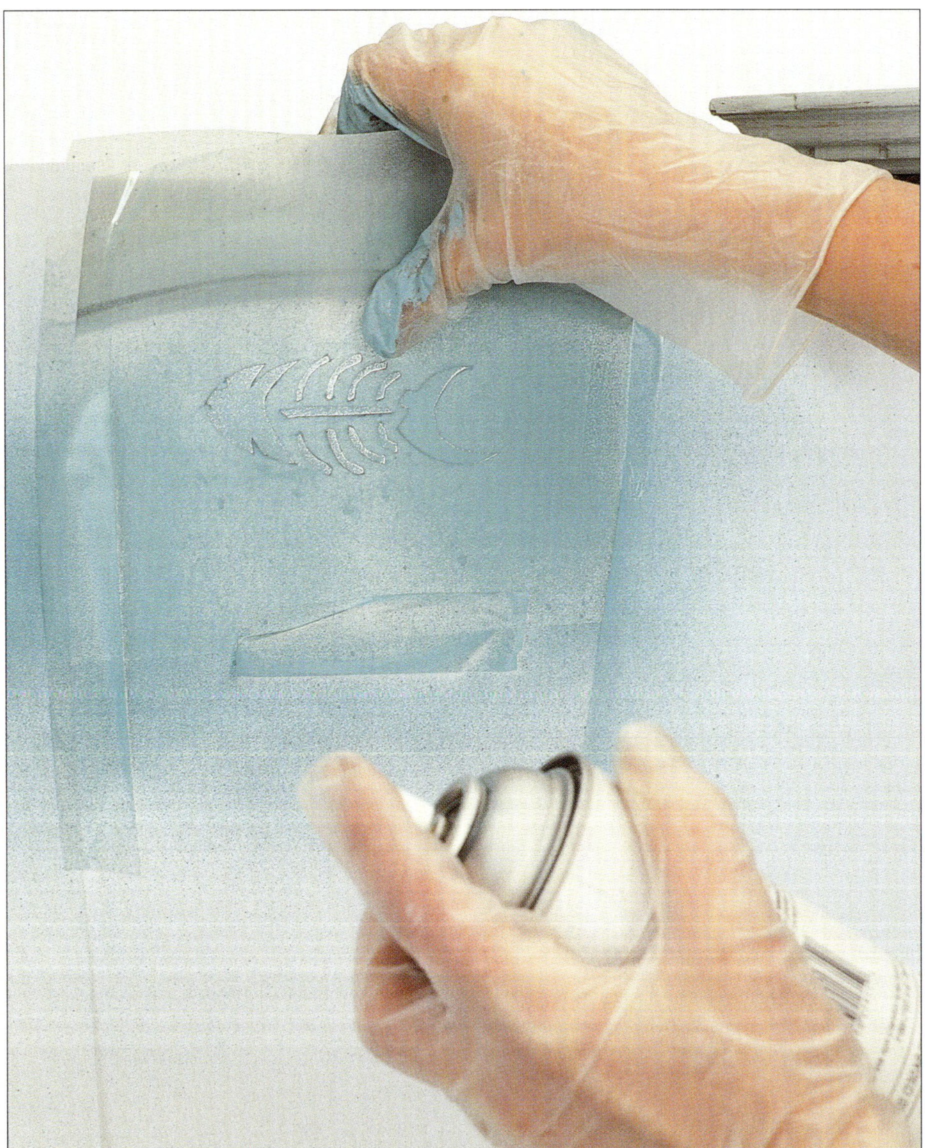

▲ Schablone mit einer dünnen Schicht Farbspray aussprühen.

NÜTZLICHE TIPPS

- Man kann die Schablonenmotive außen oder innen auf den Glasflächen anbringen. Innen angebracht sind sie besser vor der Feuchtigkeit im Badezimmer geschützt.
- Schablonen aus Azetatfolie sind haltbar und können oft wieder verwendet werden. Ehe man sie erneut benutzt, die Farbe erst gründlich mit passendem Lösungsmittel (Wasser oder Terpentinersatz) abwaschen. Auch den Sprühkleber immer abwischen und neuen aufsprühen, wenn man die Schablone abermals anlegt.
- Bei Verwendung von Sprayfarben aus der Dose immer für gute Belüftung sorgen.

Weitere Projekte mit Schablonen:
Karaffe mit Gläsern, siehe Seiten 124–125; Kleiner Nachttisch, siehe Seiten 175–177; Schränke mit Jalousietüren, siehe Seiten 198–199; Dekorative Blumentöpfe, siehe Seiten 236–238.

Schränke mit Jalousietüren

SCHLICHTE, WEISS LACKIERTE Lamellen- oder Jalousietüren sieht man häufig an älteren Badezimmerschränken. Statt sie auszurangieren, kann man sie ohne viel Aufwand neu dekorieren, wenn man dafür ungiftigen Sprühlack auf Acrylbasis verwendet. Lamellentüren zu streichen ist dagegen sehr zeitraubend, weil es viele schwer erreichbare Stellen gibt. Als Dekoration wurden die schon für das Vitrinenschränkchen (siehe Seite 195) benutzten Schablonen verwendet. Neue Türgriffe aus Messing in Form von Seepferdchen sorgten für den besonderen Pfiff.

❖ WERKZEUG UND MATERIAL ❖

- Heißes Seifenwasser und Lappen
- Mittel- und feinkörniges Schleifpapier
- Staubbindetuch
- Sprühlack auf Acrylbasis (Türkis)
- Mund-Nasen-Schutz
- Künstleracrylfarbe in Siena gebrannt
- Großer Künstlerpinsel mit langen Haaren
- Rundholz oder alter Pinsel
- Klarer Polyurethansprühlack, seidenmatt

Lamellentüren von Hand zu streichen ist sehr mühsam, doch mit Sprühlack geht es einfach und schnell.

1 Die Türen mit Seifenwasser reinigen und trocknen lassen. Alle Flächen gut abschleifen, abblätternde Farbe und Lack sowie Schleifstaub gründlich mit dem Staubbindetuch abwischen.

▲ Lack in mehreren Schichten aufsprühen.

2 Mund-Nasen-Schutz anlegen. Die Farbdose auf etwa 30 cm Abstand halten und in gleichmäßigen Bewegungen von oben nach unten und von links nach rechts über die Fläche führen. Den Lack trocknen lassen und eine zweite Schicht quer zur ersten aufsprühen. Trocknen lassen und eine dritte Schicht wieder von rechts nach links aufsprühen.

3 Für den Sprenkeleffekt Siena gebrannt (Künstleracrylfarbe) mit Wasser verdünnen und die Spitze des Künstlerpinsels hineintauchen. Den farbgefüllten Pinsel gegen ein quer gehaltenes Rundholz schlagen, sodass

▲ Kleine Farbflecken aufspritzen.

▲ Kleine Farbflecken aufspritzen.

dabei winzige Farbkleckse verspritzt werden. Die Technik erst auf einem Stück Papier üben, ehe man sie auf den Jalousietüren anwendet.

4 Wenn die Farbe trocken ist, eine Schicht Polyurethansprühlack über alle Flächen sprühen, trocknen lassen und eine zweite Schicht aufsprühen. Die neuen Griffe anschrauben.

NÜTZLICHE TIPPS

- Bei diesem Projekt wurden Fisch- und Seepferdchenschablonen (siehe Seite 246) verwendet, um die Wand damit zu schmücken. Möchte man die Lamellentüren damit verzieren, sollte man das vor dem Auftrag des Sprenkeleffekts tun. Man stupft die Farbe (Künstleracrylfarbe in Siena natur) mit dem Stupfpinsel auf die Schablonenflächen.
- Bei der Verwendung von Sprühlack auf Acrylbasis immer nur sehr dünne Schichten aufsprühen.

Weitere Projekte mit Farbeffekten:
Durchbrochener Paravent, siehe Seiten 90–91; Shakerstuhl, siehe Seiten 126–128; Stuhl mit Freihandbemalung, siehe Seiten 147–149; Kleiner Nachttisch, siehe Seiten 175–177; Badezimmerschränkchen, siehe Seiten 192–194.

Wäschekasten

Ein einfacher Würfelkasten aus Sperrholz wurde mit verschiedenen Techniken in einen attraktiven Wäschekasten verwandelt, in dem man auch frische Handtücher u. Ä. aufbewahren kann. Zu den Techniken gehörten das Auftupfen von Farbe mit dem Pinsel, die Découpage und das Antikisieren mit Krakelürenlack, den es fertig im Set zu kaufen gibt. Die Découpagemotive kann man aus Geschenkpapier ausschneiden oder aus einem Buch fotokopieren. Man koloriert sie von Hand und schützt die Farbe mit aufgesprühtem Fixativ.

❖ WERKZEUG UND MATERIAL ❖

- Mittel- und feinkörniges Schleifpapier
- Staubbindetuch
- Grundierung
- Stupfpinsel mit harten Borsten
- Kleiner, weicher Pinsel
- Künstleracrylfarben in Blau, s Grün und Weiß
- Bildmotive
- Skalpell und Schneidematte
- und/oder kleine scharfe Schere
- Weißleim
- Fixativ
- Leimpinsel
- Krakelürenlackset
- Küchenpapier
- Klarlack, seidenmatt
- Lackpinsel

1 Den Kasten mit Schleifpapier abschleifen, mit dem Staubbindetuch abwischen, dann eine Schicht Grundierung auftragen und trocknen lassen. Mit dem Stupfpinsel diagonal über die Flächen arbeitend weiße und blaue Künstleracrylfarbe in verschiedensten Schattierungen auf die gesamte Außenfläche stupfen. Dabei die Farbe direkt aus der Tube auf eine Palette drücken – nicht mit Wasser verdünnen. Farbe trocknen lassen.

2 Motive nach Wahl ausschneiden und mit Weißleim in hübschem Arrangement auf der gesamten Oberfläche verteilt aufkleben. Man kann bunte Motive ausschneiden oder Schwarzweißkopien von Hand zart mit Acrylfarben oder anderen Farben kolorieren. In diesem Fall muss man die Motive mit Fixativ besprühen, damit der Lack die Farben nicht anlöst. Mit einem feinen Künstlerpinsel die grünen Algen aufmalen. Um einen plastischen Effekt zu erzielen, lässt man die Algen teilweise über die Motive laufen.

▲ Acrylfarbe mit Stupfpinsel auftragen.

3 Wenn die Farbe trocken ist, nach Packungsanweisung eine relativ dicke Schicht Krakelürenlack auftragen. Fast trocknen lassen, dann den zweiten Krakelürenlack des Sets darüber streichen. Es bildet sich nun das typische Rissmuster. Wenn der Lack trocken ist, blaue Acrylfarbe auf den Kasten streichen und sofort wieder mit Küchenpapier abwischen, um die Krakelüren deutlich sichtbar zu machen. Zum Schutz der Farben und Lacke zuletzt ein oder zwei Schichten seidenmatt trocknenden Klarlack auftragen.

NÜTZLICHE TIPPS

- Wenn man den Kasten auch innen streicht, muss man eine Wasser abstoßende Farbe wählen, damit feuchte Wäsche keine Farbflecken bekommt.

Weitere Farbeffektprojekte:
Badezimmerschränkchen, siehe Seiten 192–194; Puppenwiege, siehe Seiten 220–221; Hölzerne Obststeige, siehe Seiten 230–231; Picknickkorb, siehe Seiten 234–235.

▲ Krakelüren mit Blau sichtbar machen.

Kinderzimmerprojekte

Genauso wie die Spielsachen sollten auch die Zimmerwände und die Möbel in Kinderzimmern bunt und lustig sein. Doch ebenso wie aus ihren Kleidern wachsen die Kinder auch aus den Möbeln rasch heraus, deshalb sind gerade hier billige alte Stücke vom Trödel gefragt. Wenn man solche Stücke aufarbeitet, können die Kinder selbst die Farben, Muster und Dekorationen mitbestimmen. Besonders für Kinderzimmerprojekte immer speziell ausgewiesene ungiftige Farben und Lacke verwenden!

Kindertisch mit Stühlen

NACH DER RENOVIERUNG EINES Kindergartens wurden dieser Kindertisch und drei zugehörige Stühle zu einem Spottpreis angeboten. Da die Wände des Zimmers bereits mit bunten Rauten verziert waren, konnte man das Muster auf Tisch und Stühle übertragen. Auf der Tischplatte wurden alle drei Farben verwendet; die drei Stühle wurden jeweils in nur einer Farbe gehalten. Viel Zeit und genaues Arbeiten waren nötig, um die Größe der Rauten zu bestimmen und das Harlekinmuster auf die Tischplatte aufzuzeichnen.

❖ WERKZEUG UND MATERIAL ❖

- Eine Schüssel mit Seifenwasser, Bürste oder weicher Topfkratzer, saubere weiche Tücher
- Mittel- und feinkörniges Schleifpapier
- Staubbindetuch
- Holzkitt
- Spachtel
- Grundierung
- Weiße Dispersionsfarbe
- Flache Malerpinsel
- Abdeckband
- Bleistift
- Langes Lineal
- Dispersionsfarbe in 3 Farbtönen
- Wasserlöslicher Klarlack, seidenmatt oder matt
- Lackpinsel

1 Tisch und Stühle reinigen, Risse und Fehlstellen mit Holzkitt ausspachteln und trocknen lassen. Alle Oberflächen abschleifen und mit einem Staubbindetuch abwischen. Grundierung auftragen und trocknen lassen.

2 Alle Flächen mit drei Schichten weißer Dispersionsfarbe streichen, zwischendurch jede Schicht trocknen lassen. Die letzte Schicht mit feinkörnigem Schleifpapier bearbeiten und mit dem Staubbindetuch abwischen. Die Innenflächen der Tischplatte, der Stuhlsitze und der Lehnen mit Abdeckband exakt entlang der Kanten abkleben. Alle Unterseiten, Beine und Streben in der jeweils gewünschten Farbe streichen. Trocknen lassen.

3 Ausmessen und berechnen, wie viele Rauten auf die Tischplatte passen. Hier waren es in der Länge sechs ganze Rauten, in der Breite fünf ganze und am Rand jeweils eine halbe. Auf den Kanten markieren, wo die Spitzen der Rauten jeweils die Randborte berühren. Mit Hilfe eines Lineals die entsprechenden Punkte verbinden, bis die Tischplatte mit diagonalen Linien in gleichmäßigem Abstand überzogen ist. Nun auf der gegenüberliegenden Seite des Tischs beginnend auch hier die Randpunkte durch diagonale Linien verbinden, bis die gesamte

▲ Löcher mit Holzkitt ausspachteln.

Obwohl stark abgenutzt, waren dieser Tisch und die Stühle aus einem Kindergarten noch immer sehr praktisch.

▲ Das Rautenmuster auf den Tisch zeichnen.

HEROS

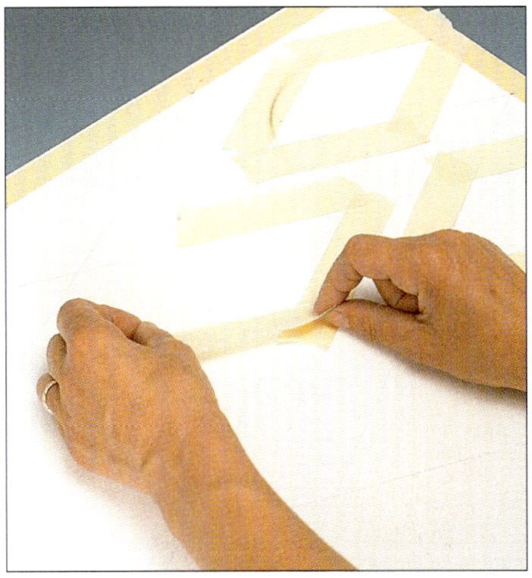

▲ Die einzelnen Rauten abkleben.

▲ Die Rauten ausmalen.

Tischplatte mit einem gleichmäßigen Rautenmuster bedeckt ist. Auch Stuhllehnen und Sitzflächen mit Rauten markieren. Jede zweite Raute auf der Tischplatte genau entlang der Bleistiftlinie mit Abdeckband abkleben, dabei die Abdeckung von Reihe zu Reihe versetzen. Auch die Rauten auf den Stühlen abkleben.

4 Die Rauten in der Farbe nach Wahl mit Dispersionsfarbe in Richtung der Holzmaserung ausmalen. Wenn die Farbe trocken ist, das Abdeckband um die Rauten herum entfernen und die jeweils ausgelassenen Rauten abdecken und ausmalen.

5 An das Abdeckband um alle Kanten des Tischs herum ein zweites Abdeckband ankleben. Das erste Band ablösen und alle Kanten in der Grundfarbe des Tischs streichen. Alle Rauten und Kanten auf den Stühlen in gleicher Weise streichen.

6 Wenn alle Farben getrocknet sind, die gestrichenen Flächen mit mittelkörnigem Schleifpapier abschleifen, sodass die Farbe wie abgenutzt wirkt. Die Möbel zuletzt durch zwei Schichten matten oder seidenmatten Klarlack schützen. Den Klarlack vor dem Auftrag der zweiten Schicht erst gründlich trocknen lassen.

▲ Die Farbe durch Abschleifen abgenutzt erscheinen lassen.

NÜTZLICHE TIPPS

- Es gibt Abdeckband in unterschiedlichen Breiten. Um die Kanten am Tisch, innen an den Stuhllehnen und auf den Sitzflächen abzukleben, verwendet man Band in der Breite, die genau der späteren Randborte entspricht. Nicht zu stark klebendes Band wählen, damit man beim Ablösen die Farbe nicht beschädigt.
- Kommt das Rautenmuster gut an, kann man auch die Wände und weitere Möbelstücke damit dekorieren. Für die Wände Schablonen verwenden.
- Gerade bei Kinderzimmermöbeln ist der Antikeffekt, der durch Abschleifen der Farbe entsteht, besonders angebracht. Durch Spielen ohnehin entstehende Kratzer und Stoßstellen an den Möbeln fallen dann viel weniger auf.

Weitere Tisch- und Stuhlprojekte:
Runder Couchtisch, siehe Seiten 95–97; Tisch mit Traubenmotiv, siehe Seiten 114–117; Küchenstuhl und Klapptisch, siehe Seiten 154–157; Stuhl mit Folkloremotiv, siehe Seiten 161–163.

Dekoriertes Kinderbett

DIESES KINDERBETT zeigt, dass Découpagearbeiten nicht unbedingt zarte, akkurat ausgeschnittene Bildmotive wie Blumen und Schmetterlinge erfordern. Beliebte Comicfiguren oder Gestalten aus Kinderbüchern und -liedern können ebenso gut für Kindermöbel benutzt werden. Das wie ein Hügel geschwungene Kopfbrett regte dazu an, ein altes englisches Kinderlied in Bilder umzusetzen, das sich über den Duke of York lustig macht und erzählt, er habe seine Soldaten nur auf den Berg und wieder hinunter geführt.

Die Noten des Liedes wurden von Hand auf Notenpapier gemalt, und auch die Soldaten wurden von Hand entworfen, dann in entsprechender Menge fotokopiert und von Hand koloriert.

❖ WERKZEUG UND MATERIAL ❖

- Mittel- und feinkörniges Schleifpapier
- Staubbindetuch
- Holzgrundierung
- Blauer und roter Seidenglanzlack auf Ölbasis oder Dispersionsfarben
- Flache Malerpinsel
- Notenpapier
- Scharfe Scheren und Klebepads
- Teebeutel und Abdeckband
- Weißleim und Pinsel
- Sauberes weiches Tuch
- Klarlack und Lackpinsel

Das große Kopfbrett des Bettgestells eignete sich für eine Découpagedekoration.

▲ Die Grundfarbe auftragen.

1 Alle Flächen des Bettgestells mit mittel- und feinkörnigem Schleifpapier abschleifen und mit einem Staubbindetuch gut abwischen. Eine Schicht Holzgrundierung auftragen und trocknen lassen.

▲ Die Papiermotive ausschneiden.

2 Das gesamte Bettgestell mit zwei Schichten blauer Farbe streichen. Seidenglanzlack auf Ölbasis ist zwar strapazierfähiger, hat jedoch eine deutlich längere Trocknungszeit als Dispersionsfarbe. Die Kante des Kopfbretts mit einem schmalem Pinsel rot streichen.

3 Verschiedene Soldaten (Marschierende von hinten und von der Seite, Trommler und Berittene) auf Papier zeichnen und kolorieren. Jede Figur auf dem Farbkopierer kopieren, bis eine kleine Armee beisammen ist. Auch die beschrifteten Notenblätter kopieren.

4 Die Soldaten ausschneiden, dabei sollten die feinen Teile wie die geschulterten Gewehre und die Trommelstöcke nicht abgeschnitten werden. Die Ränder des Notenpapiers leicht abrunden.

▲ Papier mit feuchtem Teebeutel antikisieren.

5 Mit einem frisch gebrauchten, noch feuchten Teebeutel über die Notenblätter fahren und vor allem die Ränder stärker betupfen, damit sie wie altes Pergament wirken. Das Papier vollständig trocknen lassen.

6 Die verschiedenen Soldaten und die Notenblätter mit Klebepads zur Probe auf Kopf- und Fußbrett des Betts befestigen. Das Arrangement aus einem gewissen Abstand betrachten und eventuell korrigieren. Vor allem auch beachten, dass später Matratze und Bettzeug auf das Bett kommen, die die Motive nur bedingt verdecken sollten.

7 Sobald das Erscheinungsbild gefällt, nimmt man die Figuren einzeln ab, bestreicht sie mit Weißleim und klebt sie an der vorgesehenen Stelle auf. Mit einem weichen Tuch gut andrücken und ausquellenden Leim abwischen. Trocknen lassen.

▲ Figuren zur Probe anheften.

▲ Figuren mit Weißleim ankleben.

8 Drei Schichten Klarlack auf das gesamte Gestell auftragen; jede Schicht vor dem nächsten Auftrag trocknen lassen. Die mit Bildern beklebten Teile abschleifen, gut abwischen und erneut lackieren. Diesen Prozess so lange fortsetzen, bis die Papierbilder komplett unter dem Lack verborgen liegen. Zwischen den Lackaufträgen die Trocknungszeiten einhalten.

▲ Mindestens acht Schichten Klarlack über den Découpagemotiven aufbringen.

NÜTZLICHE TIPPS

- Statt Seidenglanzlack auf Ölbasis oder Dispersionsfarbe kann man auch speziell für Kindermöbel empfohlene Farben und Lacke verwenden, die der DIN 53160 entsprechen. Sie sind im durchgehärteten Zustand ungiftig und absolut unbedenklich.
- Die Farben für den Grundanstrich sollten sehr kräftig und leuchtend sein, denn unter den Lackschichten verlieren sie an Intensität.

Weitere Découpageprojekte:
Nähschränkchen, siehe Seiten 98–99; Besteckkasten, siehe Seiten 134–135; Damenschreibtisch, siehe Seiten 170–171; Badezimmerschränkchen, siehe Seiten 192–194; Kinderzimmerspiegel, siehe Seiten 210–211; Puppenwiege, siehe Seiten 220–221.

Kinderzimmerspiegel

Dieser praktische alte Frisierspiegel mit Schublade und kleinem Regalfach war sehr schlecht mit dicker Ölfarbe gestrichen worden und musste deshalb zunächst professionell abgebeizt werden. Nachdem die alte Farbe vollständig entfernt worden war, zeigten sich Risse, Sprünge und Löcher im Holz, die aber erfolgreich mit Kitt ausgespachtelt werden konnten. Auch für dieses Stück bot sich eine Dekoration mit ausgeschnittenen Motiven an. Hier wurden lustige Bilder aus alten, zerfledderten Kinderbüchern gewählt.

❖ WERKZEUG UND MATERIAL ❖

- Holzkitt und Spachtel
- Mittel- und feinkörniges Schleifpapier
- Staubbindetuch
- Holzgrundierung
- Flacher Malerpinsel
- Seidenglanzlack auf Ölbasis
- Ausgeschnittene Bilder
- Klebepads
- Weißleim
- Weiches, fusselfreies Tuch
- Roller
- Polyurethanklarlack
- Lasurmittel auf Ölbasis
- Künstlerölfarbe in Umbra natur
- Alte Nylonstrümpfe

Die schlecht verstrichene dicke Ölfarbe musste abgebeizt werden, ehe der Spiegel dekoriert werden konnte.

1 Nachdem die Farbe komplett abgebeizt und beseitigt worden ist, Risse und Löcher mit Holzkitt ausspachteln. Abschleifen und mit dem Staubbindetuch abwischen.

▲ Löcher und Risse mit Holzkitt füllen.

2 Zwei Schichten Holzgrundierung und dann drei Schichten Seidenglanzlack auftragen. Zwischen jedem Auftrag völlig trocknen lassen, abschleifen und gut abwischen.

3 Die ausgeschnittenen Papiermotive mit Klebepads zur Probe anheften. Wenn das Arrangement der Motive gefällt, jedes einzelne Motiv auf der Rückseite mit Weißleim einstreichen und an der vorgesehenen Stelle ankleben.

Mit den Fingern und dem Roller fest andrücken. Gut trocknen lassen. Eventuell nicht fest anliegende Ecken nachkleben und Leimflecken mit einem Tuch wegwischen

4 Insgesamt 8 Schichten Klarlack auftragen. Jede Schicht gründlich trocknen lassen, nach der dritten Schicht jeweils abschleifen und Schleifstaub abwischen.

▲ Gefärbte Lasur dick auftragen.

5 Für einen leichten Antikeffekt Lasurmittel auf Ölbasis mit etwas Künstlerölfarbe in Umbra natur vermischen und mit dem Flachpinsel auf das gesamte Stück aufstreichen, vor allem aber in Rillen, Ecken und Kanten. Kurz einwirken lassen, dann mit einem zusammengeknüllten Nylonstrumpf wieder abwischen. Dabei von den glatten Flächen mehr abwischen als aus den Rillen.

▲ Lasur mit alten Nylonstrümpfen abwischen.

6 Trocknen lassen, dann eine letzte Schicht Klarlack auftragen. Sollte die Schublade einen neuen Holzknauf bekommen haben, diesen in die gesamte Behandlung einbeziehen.

Vielzweckkommode

DIE KLEINE KOMMODE bietet nicht nur Platz zum Verstauen von Spielzeug, sie hat auch funktionale Flächen. Eine Korkplatte auf der einen Seitenwand ist ideal zum Anpinnen von Bildern. Die andere Seitenfläche ist mit Tafellack gestrichen und kann wie eine Schultafel mit Kreide beschrieben werden. Indem jede Fläche mit einer anderen leuchtenden Farbe gestrichen wurde, ist ein buntes, kindgerechtes Möbelstück entstanden. Die verwendeten Farben sind hochglänzende Lacke nach DIN 53160, die im ausgehärteten Zustand völlig ungiftig sind.

❖ WERKZEUG UND MATERIAL ❖

- Grob-, mittel- und feinkörniges Schleifpapier
- Staubbindetuch
- Holzgrundierung
- Flacher Malerpinsel
- Vorstrichfarbe
- Lineal
- Sperrholzplatte
- Hammer und Nägel
- Schultafellack in Grün oder Schwarz
- Korkplatte
- Profilleisten
- Gehrungssäge
- Weißleim
- Hochglänzende Lacke nach DIN 53160 in verschiedenen leuchtenden Farben

1 Knäufe oder Griffe von den Schubladen entfernen. Das Möbelstück mit den Schleifpapieren gründlich abschleifen, den Schleifstaub mit einem Staubbindetuch abwischen. Grundierung und Voranstrich nach den Anweisungen auf den Gebinden auftragen.

2 Die Seitenfläche des Schränkchens ausmessen und den Maßen entsprechend im Baumarkt eine dünne Sperrholzplatte und eine Korkplatte zuschneiden lassen. Die Platten rechts und links an dem Schränkchen annageln. Die Sperrholzplatte mit Schultafellack streichen.

3 Profilleisten in passender Länge auf Gehrung sägen. Mit Grundierung, Vorstrichfarbe und Lack streichen, trocknen lassen und wie die Rahmen rechts und links mit Stahlstiften um die beiden Platten nageln.

4 Die Fronten der Schubladen, die Knäufe, die Deckplatte sowie das Rahmengestell der kleinen Kommode in jeweils verschiedenen leuchtenden Farben mit speziellen Hochglanzlacken nach DIN 53160 streichen.

5 Wenn die Farbe vollständig durchgetrocknet ist, die ebenfalls mit Voranstrich, Grundierung und Lack behandelten Knäufe anschrauben.

NÜTZLICHE TIPPS

- Um den reibungslosen Lauf der Schubladen nicht zu stören, nur die Fronten der Schubladen streichen.
- Sofern die Schubladen nicht schon damit ausgerüstet sind, Stopper anbringen, damit die Schubladen beim Aufziehen nicht herausfallen können.
- Mit dem Schultafellack kann man auch andere Flächen im Kinderzimmer streichen. Am besten einen Farbroller benutzen, damit der Anstrich vollkommen glatt wird.

Weitere Tisch- und Stuhlprojekte:
Kindertisch mit Stühlen, siehe Seiten 204–206.

▲ Leuchtende Farben gefallen Kindern gut.

▲ Tafellack kann man mit Kreide beschriften.

Schaukelstuhl

Sowohl Erwachsene als auch ältere Kinder lieben Schaukelstühle. In Trödelläden findet man sie noch häufig, doch sind sie meist schon mehrmals mit Farbe überstrichen und müssen erst einmal abgebeizt werden, ehe man sie erneut streichen kann. Außerdem haben sie oft keine oder zumindest keine brauchbaren Sitzpolster mehr, sodass neue genäht werden müssen. In einer Polsterei kann man solche Kissen speziell anfertigen lassen. Wer eine Nähmaschine besitzt und etwas Ahnung vom Nähen hat, kann sie auch selber machen. Auf den folgenden Seiten wird erklärt, wie es geht. Der Anstrich des Stuhls ist ein einfacher Farbeffekt, bei dem zwei Farben übereinander aufgetragen werden. Die obere wird dann teilweise wieder abgeschliffen.

❖ WERKZEUG UND MATERIAL ❖

- Packpapier für Schnittmuster
- Bleistift
- Schere
- Stoff für Polster
- Zwei Reißverschlüsse, je 5 cm kürzer als die Länge der Kissen
- Paspelschnur
- Stecknadeln
- Stoff für Schrägbänder
- 5 cm dicker Schaumstoff als Kissen- und Kopfstützenfüllung
- Feinkörniges Schleifpapier
- Staubbindetuch
- Holzgrundierung
- Dispersionsfarbe in zwei Farbtönen
- Flacher Malerpinsel
- Flüssiges Lackwachs

1 Für die Polster Packpapier auf den Stuhlsitz legen und den Umriss des Polsters aufzeichnen. Die Form des Kopfpolsters ebenso festlegen. Das Papier ausschneiden.

2 Das Papier auf die linke Seite des Stoffs stecken, mit einer Nahtzugabe von 2 cm umfahren. Den Stoff in der exakten Längsachse knicken und entlang der vorgezeichneten Linie ausschneiden.

3 Für Sitz- und Kopfpolster den Stoff auf diese Weise jeweils zweimal zuschneiden. Nach dem Packpapierschnittmuster den Schaumstoff exakt zuschneiden. Für die Zwickelstreifen an den Seiten der Polster die jeweils benötigte Länge anhand der Schaumstoffkissen abmessen. Beidseitig in der Länge jeweils 3 cm zugeben. Die Höhe der Schaumstoffpolster (5 cm) plus die beidseitige Nahtzugabe von 1,5 cm ergeben die Breite der Zwickelstreifen. Für die Reißverschlussseiten die Streifen nochmals 3 cm breiter schneiden. Diese Streifen längs aufschneiden, mit der Maschine die Reißverschlüsse einnähen, dann jeweils ein Ende der Reißverschlussseite an das Zwickelband nähen.

▲ Zugeschnittenes Zwickelband.

4 Für die Paspeln Schrägbänder schneiden (den Stoff quer zum Fadenlauf schneiden, damit er nicht ausfranst). Das Schrägband jeweils so lang wie möglich und etwa 5 cm breit schneiden. Paspelschnur in das Band legen und mit der Maschine einnähen.

▲ Utensilien für die Kissenschnittmuster.

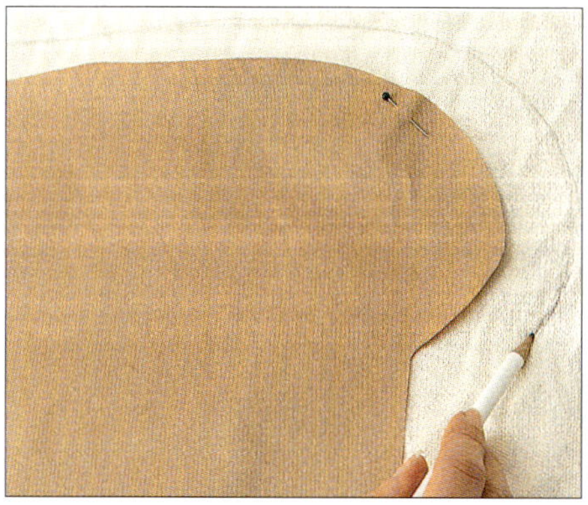

▲ Nahtzugabe um Schnittmuster zeichnen.

▲ Schrägband für Paspelband zuschneiden.

▲ Paspelband an den Stoff nähen.

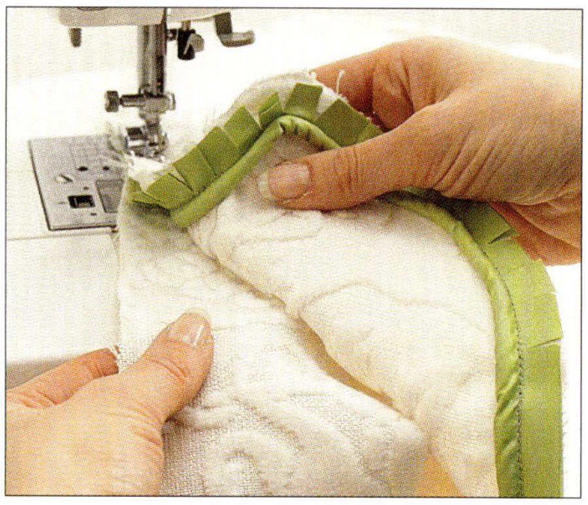

▲ Das Zwickelband annähen.

▲ Die Nahtstreifen v-förmig einschneiden.

5 Das fertige Paspelband mit Stecknadeln an die Ober- und Unterteile der Kissenbezüge stecken. Wenn alles genau passt, die Schrägstreifen an den Rundungen bis zur Naht entlang der Paspelschnur einschneiden, damit sich der Stoff nicht verzieht. Paspelband mit der Maschine auf den Stoff (rechte Seite) aufnähen.

▲ Bindeschleifen annähen.

6 Aus dem Stoff der Schrägstreifen die Bindeschleifen zur Befestigung der Kissen schneiden. Dafür 4 Streifen von je 40 cm Länge und 5 cm Breite schneiden. Der Länge nach beide Seiten der Streifen nach innen einschlagen, bis sie sich in der Mitte treffen, dann anbügeln. Nochmals der Länge nach zusammenlegen und mit der Maschine zusammennähen. An den entsprechenden Stellen an der Rückseite (Sitzpolster) und der Oberseite (Kopfpolster) anstecken und mit der Maschine annähen.

7 Beginnend mit dem Reißverschlussteil, das am Sitzpolster hinten und am Kopfpolster unten genau in der Mitte sitzt, steckt man das Zwickelband am Oberteil entlang der Naht des Paspelbandes fest. Dann mit der Maschine rechts auf rechts die Teile zusammennähen. Den Reißverschluss öffnen und das Unterteil ebenso aufstecken und annähen.

8 An den Kissenrundungen die Nahtzugaben auf der linken Stoffseite v-förmig einschneiden. Den Bezug auf rechts drehen. Die zugeschnittenen Schaumstoffstücke in die Bezüge stecken. Die Stoffe sollten vor der Verarbeitung gewaschen werden, damit die Bezüge später nicht einlaufen!

9 Den Stuhl mit Schleifpapier bearbeiten und mit dem Staubbindetuch abwischen. Rohes Holz (bei gestrichenem gleich zu Punkt 11

▲ Das Schaumstoffkissen in den fertigen Bezug stecken.

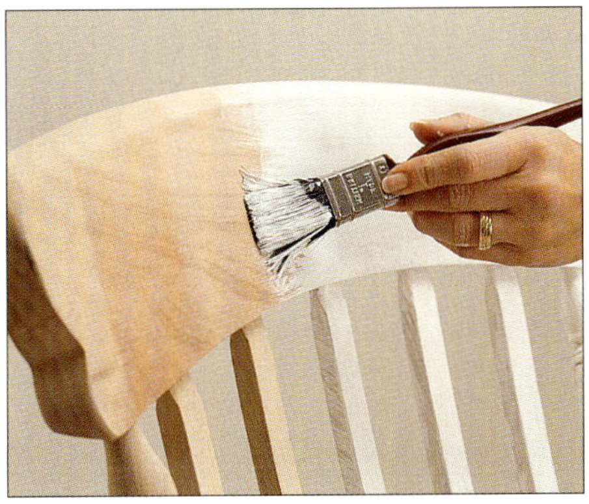

▲ Rohes Holz mit Grundierung streichen.

übergehen) grundieren, die Grundierung trocknen lassen, abschleifen und Schleifstaub entfernen. Nochmals Holzgrundierung auftragen und trocknen lassen.

▲ Die Grundfarbe auftragen.

10 Zwei Schichten der Dispersionsfarbe im ersten Farbton (in diesem Fall Lindgrün) auftragen, die Aufträge trocknen lassen, abschleifen und abwischen.

11 Eine Schicht der zweiten Farbe auftragen und trocknen lassen. Mit feinkörnigem Schleifpapier abschleifen, sodass in Bereichen, die stark beansprucht werden, die grüne Grundfarbe durchkommt.

▲ Vor dem zweiten Auftrag abschleifen.

▲ Zweite Farbe über die erste streichen.

So lange abschleifen, bis einem das Erscheinungsbild gefällt. Ist das erreicht, wischt man den ganzen Stuhl erneut mit einem Staubbindetuch ab, um den Schleifstaub gründlich zu entfernen.

▲ In Maserungsrichtung abschleifen.

12 Eine Schicht flüssiges Lackwachs auftragen, trocknen lassen, dann den ganzen Stuhl mit einem weichen Tuch polieren. Die Polster auflegen.

NÜTZLICHE TIPPS

- Man kann auch normale Sofakissen auf den Stuhl legen, doch die mit Schaumstoff gefüllten Kissen sind besonders bequem, weil ihnen das Zwickelband ausreichende Stabilität verleiht.
- Für den Anstrich kann man auch strapazierfähige Hochglanzlacke nach DIN 53160 verwenden.

Weitere Stuhlprojekte:
Dekorierter Lloyd Loom Chair, siehe Seiten 108–109; Stuhl mit Freihandbemalung, siehe Seiten 147–149; Küchenstuhl und Klapptisch, siehe Seiten 154–157; Stuhl mit Folkloremotiv, siehe Seiten 161–163; Deckstuhl, siehe Seiten 232–233.

▲ Zum Schutz Lackwachs auftragen und nach dem Trocknen polieren.

Gitterbett mit gedrucktem Motiv

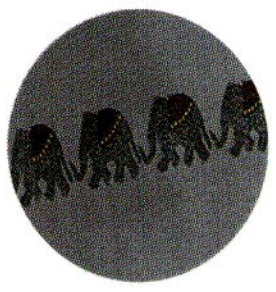

Gitterbetten für Kleinkinder werden stark beansprucht und folglich so konstruiert, dass sie länger halten, als das Kind sie braucht. Die Betten werden oft von mehreren Kindergenerationen benutzt. Für jedes Kind, das das Bett »vererbt« bekommt, kann man dem Bett einen neuen Anstrich und ein flottes neues Aussehen geben. Ein bisschen Zeit, Arbeit und Fantasie genügen. Hier wurde aus einem normalen Küchenschwamm ein Stempel in Form eines Elefanten geschnitten, aber auch andere Motive sind möglich, zum Beispiel Pflanzen oder Tiere.

❖ WERKZEUG UND MATERIAL ❖

- Mittel- und feinkörniges Schleifpapier
- Holzkitt
- Staubbindetuch
- Pinsel
- Grundierung und Vorstrichfarbe
- Künstleracrylfarben (lichter Ocker und Schwarz)
- Anstrichfarbe (z.B. Acryllasur gemischt mit Künstleracrylfarbe nach Wahl)
- Transparentpapier
- Faserschreiber
- Küchenschwämme
- Skalpell
- Malerpinsel einschließlich eines Zugpinsels
- Marmeladengläser zum Farbmischen
- Teller für Druckfarben
- Streichhölzer
- Klarlack nach DIN 53160

1 Sämtliche Flächen mit mittel- und feinkörnigem Schleifpapier bearbeiten. Risse oder Fehlstellen im Holz mit Holzkitt ausspachteln. Erneut abschleifen und mit dem Staubbindetuch abwischen. Handelt es sich um rohes Holz, eine Schicht Holzgrundierung auftragen und trocknen lassen. Danach einen Voranstrich auftragen. Man kann dafür Grundierung nehmen und sie mit Künstleracrylfarben in lichtem Ocker und Schwarz etwas abtönen. In Abschnitten eine verdünnte Anstrichfarbe oder Acryllasur mit Künstleracrylfarbe gemischt auftragen.

▲ Farblasur mit Zugpinsel strukturieren.

2 Jeden aufgetragenen Abschnitt mit dem Zugpinsel dem Verlauf der Elemente entsprechend strukturieren. Vor Bearbeitung des nächsten jeden Abschnitt trocknen lassen. In der Zwischenzeit das gewählte Motiv auf Transparentpapier übertragen, ausschneiden und auf einen Küchenschwamm kleben. Mit dem Skalpell entlang dem Umriss das Motiv vorschneiden.

3 Den Schaumstoff rund um das Motiv wegschneiden. In einem Marmeladenglas Farbe anmischen und auf einen Teller gießen. Den Schwammstempel in die Farbe drücken, gleichmäßig füllen und einen Probedruck auf Papier setzen.

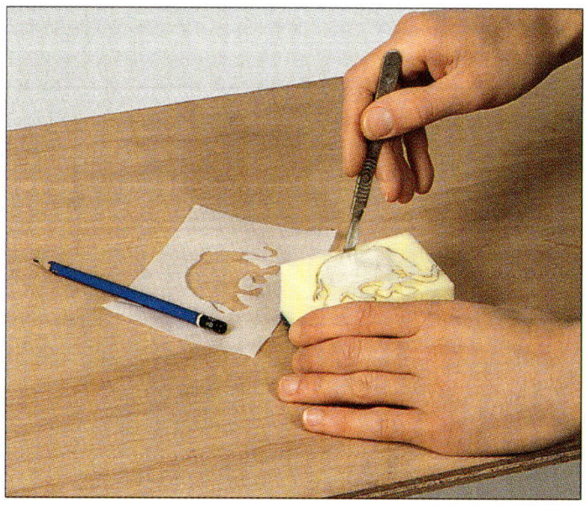

▲ Das Motiv aus dem Schwamm schneiden.

▲ Verzierungen aufstempeln.

4 Die vorgesehenen Stellen bedrucken. Nicht zu fest aufdrücken, damit die Farbe nicht verläuft. Zum Ausschmücken des Motivs weitere Stempel schneiden. Wenn die erste Farbe trocken ist, mit der zweiten Farbe die Ausschmückung aufdrucken, hier die Dreiecke für die Elefantendecken.

5 Für die gelben Punkte rund um die Decke wurde das Ende eines Streichholzes als Druckstempel verwendet. Die Farbe trocknen lassen, dann drei Schichten Klarlack nach DIN 53160 auftragen und jeweils zwischendurch trocknen lassen.

▲ Punkte mit einem Streichholz setzen.

Puppenwiege

HÖLZERNE PUPPENWIEGEN sind selten gewordene Kinderzimmermöbel, doch in Trödelläden und auf Flohmärkten findet man gelegentlich alte Holzwiegen, die man hübsch herrichten kann. Das hier vorgestellte Exemplar war mit Ölfarbe in schauerlichem Rosa gestrichen und obendrein mit Rundkopfnägeln gespickt. Die Farbe musste professionell abgebeizt werden, die Nägel wurden entfernt und die Löcher mit Holzkitt ausgespachtelt. Dann war die Wiege für einen frischen Anstrich und eine Dekoration mit Découpage bereit.

❖ WERKZEUG UND MATERIAL ❖

- Grob-, mittel- und feinkörniges Schleifpapier
- Holzkitt und Spachtel
- Staubbindetuch
- Holzgrundierung
- Flache Malerpinsel
- Künstlerölfarbe in Ultramarin und Umbra natur
- Terpentinersatz
- Seidenglanzlack auf Ölbasis, weiß
- Weißes Papier
- Ein Stück gelacktes Glas
- Ausgeschnittene Bilder
- Klebepads
- Weißleim
- Roller
- Weiches, fusselfreies Tuch
- Polyurethanklarlack

1 Nachdem alle Farbe abgebeizt und entfernt ist, Risse und Löcher mit Holzkitt ausspachteln. Das ganze Stück mit Schleifpapier abschleifen und mit dem Staubbindetuch abwischen. (Sollten unerwünschte Rundkopfnägel herausgezogen worden sein, vor dem Verspachteln durch Flachkopfnägel ersetzen, sofern die Nägel dem Halt dienten.) Eine Schicht Holzgrundierung auftragen, trocknen lassen, abschleifen und mit dem Staubbindetuch abwischen.

2 Etwas Künstlerölfarbe in Ultramarin und Umbra natur mit Terpentinersatz anmischen und mit dem weißen Seidenglanzlack zu einem zarten Lavendelblau von cremiger Konsistenz vermischen. Etwas von der Farbe auf weißes Papier streichen und durch ein gelacktes Glas betrachten, um die Wirkung der Lackschichten zu prüfen (siehe »Nützliche Tipps«, Seite 44) und den Farbton eventuell zu korrigieren. Drei oder vier Schichten der Grundfarbe auftragen. Die Farbe zwischen jedem Auftrag vollständig trocknen lassen, abschleifen und gut abwischen.

Die hölzerne Puppenwiege nach dem Abbeizen; die Rundkopfnägel wurden entfernt und ersetzt.

3 Die ausgeschnittenen Papiermotive mit Klebepads zur Probe anheften. Wenn das Arrangement der Motive gefällt, jedes einzelne Motiv auf der Rückseite mit Weißleim einstreichen und ankleben. Mit Fingern und Roller fest andrücken. Gut trocknen lassen.

4 Eventuell nicht fest anliegende Ecken nachkleben und Leimflecken mit einem feuchten Tuch wegwischen. Dann insgesamt mindestens 8 Schichten Polyurethanklarlack auftragen. Jede Schicht vor Auftrag der nächsten gründlich trocknen lassen. Nach der dritten Schicht jeweils zwischendurch abschleifen.

▲ Weißen Seidenglanzlack hinzugeben.

▲ Farbton durch Lackglas prüfen.

▲ Motive mit dem Finger fest andrücken.

Gartenprojekte

Die Renovierung eines vernachlässigten alten Gartenmöbels kann kreativ und sehr wirtschaftlich sein, denn neue Gartenmöbel sind teuer. Indem man alte Stücke renoviert, kann man ihnen eine persönliche Note verleihen und außerdem Geld sparen. Dieses Kapitel stellt eine Reihe anregender Projekte vor, die leicht auf andere Gegenstände übertragen werden können, um den eigenen Balkon, die Terrasse oder den Garten persönlich zu gestalten.

Eiserner Gartentisch

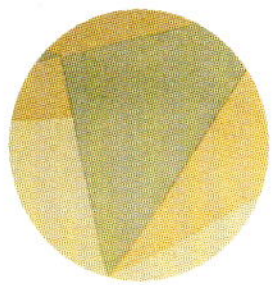

KLEINE, RUNDE EISENTISCHE findet man relativ leicht; sie sind im Allgemeinen preiswert, doch meist entweder dick mit Farbe gestrichen oder völlig verrostet. Dieser Tisch war in gutem Zustand und brauchte nur mit Drahtbürste und Stahlwolle abgeschliffen zu werden, um für den Grünspaneffekt auf dem Gestell und die Bemalung der Platte vorbereitet zu sein. Das Muster auf der Tischplatte ist ein achtstrahliger Stern, dessen Strahlen abwechselnd gemalt sind: in Ocker gemischt mit Umbra natur und in Minzgrün gemischt mit Kobaltblau.

❖ WERKZEUG UND MATERIAL ❖

- Brennspiritus
- Küchenpapier oder Lappen
- Drahtbürste und Stahlwolle
- Rostschutzgrundierung
- Malerpinsel
- Goldfarbe auf Wasserbasis
- Brauner Schellack oder Emaillack
- Lackpinsel
- Dispersionsfarbe in Blaugrün
- Stupfpinsel
- Dispersionsfarbe in Minzgrün
- Weiches Tuch
- Dispersionsfarbe in Cremeweiß
- Acrylfarbe (Ocker, Umbra natur, Minzgrün, Kobaltblau)
- Wasser
- Acryllasur
- Wasserlöslicher Stift
- Lineal und Tapezierschiene
- Abdeckband
- Seidenmatter Klarlack auf Wasserbasis

Dieser Eisentisch wurde mit Grünspaneffekt und einer bemalten Tischplatte verschönert.

1 Den ganzen Tisch mit Lappen oder Küchenpapier mit Brennspiritus abreiben, um Fettreste zu lösen. Mit Drahtbürste und mittelfeiner Stahlwolle abblätternde Farbreste und vor allem allen Rost gründlich entfernen. Gut abwischen und mit Rostschutzgrundierung streichen.

2 Sobald die Grundierung trocken ist, den Tisch mit Goldfarbe auf Wasserbasis streichen und trocknen lassen. Danach eine Schicht braunen Schellack auftragen, um das Gold abzutönen. Restlos trocknen lassen.

3 Auf das gesamte Gestänge mit dem Stupfpinsel sparsam blaugrüne Dispersionsfarbe auftragen. Trocknen lassen, dann in der gleichen Weise mit den harten, geraden Pinselborsten stupfend Minzgrün auftragen. Dabei großzügiger verfahren, aber die erste Farbe nicht zu stark überdecken.

4 Ein Tuch mit Brennspiritus befeuchten und damit die gestupfte Farbe abtupfen, um die Konturen ein wenig zu verwischen. (Möchte man die Farbe intensivieren, kann man auch mit Wasser verdünnte dunkelgrüne Acrylfarbe zum Abtupfen verwenden.)

5 Die Tischplatte mit drei Schichten Dispersionsfarbe in Cremeweiß streichen. Die Farbe vor dem Auftrag der nächsten Schicht jeweils trocknen lassen. Das leicht getönte Weiß passt besser als reines Weiß.

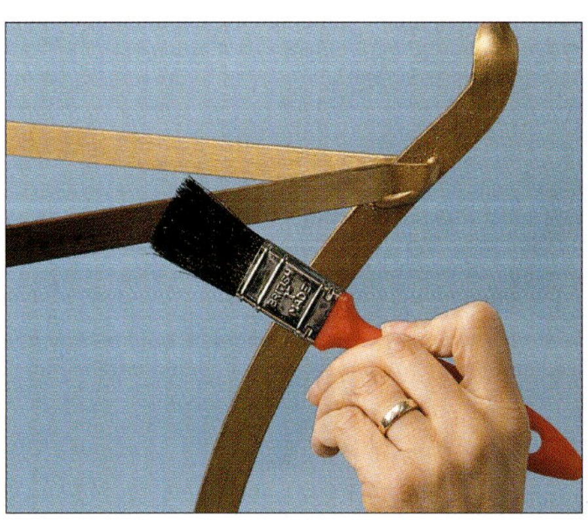

▲ Grundieren, dann mit Goldfarbe streichen.

▲ Blaugrüne Farbe aufstupfen.

▲ Minzgrün über das Blaugrün stupfen.

▲ Die Farben mit einem Tuch verwischen.

6 Zwei farblich harmonierende Lasuren anmischen: zum Beispiel Acrylfarben in Ocker und Umbra natur sowie Minzgrün und Kobaltblau, jeweils mit Acryllasur vermischt. Mit Wasser bis zur Konsistenz von flüssiger Sahne verdünnen. Mit der helleren Lasur die Tischplatte mit unregelmäßigen Pinselstrichen sehr dünn streichen, sodass man keine klaren Pinselspuren sehen kann. Alternativ streicht man gerade und tupft die ganze Fläche, solange sie feucht ist, mit einem fusselfreien Tuch ab. Die Lasur trocknen lassen.

7 Nach der Vorlage auf Seite 247 das Sternmuster mit abwischbarem Stift und Lineal oder Tapezierschiene auf die Tischplatte zeichnen. Zunächst waagrecht und senkrecht zwei Linien genau durch den Mittelpunkt ziehen. Durch zwei weitere Linien die vier Segmente genau halbieren. Dann die Außenpunkte wie gezeigt durch Segmentlinien verbinden. Wenn der Stern gezeichnet ist, Innenlinien, die nicht zum Muster gehören, wegwischen. Aus den schon verwendeten Acrylfarben und Acryllasur zwei

▲ Mehrere Schichten Dispersion auftragen.

dunklere Schattierungen anmischen und die Felder damit ausmalen. Dazu alle Ränder der hellen Felder mit Abdeckband akkurat umkleben und die Felder ausmalen. Die noch feuchte Farbe mit einem Tuch abtupfen, um Pinselspuren zu vertreiben. Trocknen lassen, Abdeckband lösen, für die dunkleren Felder aufkleben und diese wie beschrieben ausmalen. Den Tisch zum Schutz mit Klarlack streichen.

▲ Aufgetragene Farblasur mit einem Lappen abtupfen.

NÜTZLICHE TIPPS

• Obwohl der Tisch ideal ist für ein kleines Gartenfrühstück, sollte man ihn nicht im Freien stehen lassen: Die Witterungseinflüsse würden der empfindlichen Platte rasch schaden.

Weitere Farbeffektprojekte:
Durchbrochener Paravent, siehe Seiten 90–91; Bilderrahmen, siehe Seiten 100–105; Bedruckter Spiegelrahmen, siehe Seiten 110–111; Antikisierter Hängeschrank, siehe Seiten 158–160; Bemalter Eisentopf, siehe Seiten 164–165; Wäschekasten, siehe Seiten 200–201; Dekorative Blumentöpfe, siehe Seiten 236–238.

Mosaikvase

MIT MOSAIKSTEINEN, die es auf Papierfolie aufgezogen in Bastelläden und Baumärkten in genormten Größen und vielen Farben gibt, kann man viele Flächen dekorieren. Alte Tontöpfe sind ideal für Mosaikarbeiten, denn die bunten Steinchen verleihen alten Töpfen nicht nur Farbe, sondern kaschieren auch Stoßstellen und Risse.

Die dekorierten Töpfe können als Vasen für Trockenblumen oder als Übertöpfe dienen. Wenn sie, wie das hier gezeigte Gefäß, innen glasiert und ohne Bodenloch sind, kann man auch frische Blumen hineinstellen. Gipsfiguren zur zusätzlichen Dekoration gibt es vergoldet oder mit künstlichem Grünspan überzogen in Gartencentern, Bastelläden und auf Weihnachtsmärkten.

❖ WERKZEUG UND MATERIAL ❖

- Tonvase oder Blumentopf
- Feuchtes Tuch
- Grundierung zum Absperren der Poren
- Gipsfiguren (mit Grünspananstrich)
- Weißleim
- Bleistift
- Fliesenbrechzange
- Schutzbrille
- Handschuhe
- Klebepads
- Mosaiksteine
- Fugenmörtel
- Glassteine
- Sauberes, fusselfreies Tuch

Auch ein schlichter Tontopf, wie diese innen glasierte Vase, kann zu einem Zierstück werden.

▲ Die Gipsengel ankleben.

1 Alle Außenflächen müssen sauber, fett- und staubfrei sein. Falls die Tonvase oder der Blumentopf innen nicht glasiert ist, zwei Schichten Grundierung zum Absperren der Poren auftragen, damit kein Wasser durchdringt, das von innen den Fugenmörtel aufweicht.

2 Möchte man Gipsfiguren benutzen, klebt man sie zunächst mit Weißleim nahe am Rand auf die Vase. Möchte man die Mosaiksteine in einem bestimmten Muster aufkleben, malt man es mit Bleistift auf.

3 Muss man Mosaiksteine dafür mit der Fliesenbrechzange zerkleinern, sollte man Handschuhe und in jedem Fall eine Schutzbrille tragen, um sich vor herumfliegenden Splittern zu schützen. Die Steine sollten zur Probe vorab mit Klebepads befestigt werden.

▲ Mosaiksteinchen mit der Zange brechen.

▲ Mosaiksteine auf die Vase kleben.

4 Stein um Stein abnehmen, mit Weißleim bestreichen und an der vorgesehenen Stelle ankleben. Bis der Leim bindet, könnte es sein, dass die Steine abrutschen. Man hält die Vase deshalb schräg oder legt sie auf die Seite. Außerdem sollte man jeweils von oben nach unten arbeiten.

5 Sind alle Steine angeklebt, den Topf 24 Stunden stehen lassen, bis der Leim gebunden hat. Fugenmörtel anrühren und über die Mosaiksteine verstreichen. Alle Zwischenräume müssen bündig mit den Steinen gefüllt sein. Überschüssigen Mörtel mit einem feuchten Schwamm abwischen. Über Nacht trocknen lassen.

6 Ganz zum Schluss kann man mit Weißleim Glassteine auf den Rand der Vase kleben. Den Leim gut trocknen lassen. Das Mosaik mit einem fusselfreien Tuch polieren und dabei restlichen Fugenmörtel entfernen. Den Topf vor Gebrauch weitere 48 Stunden an einem warmen Ort gut trocknen lassen.

▲ Überschüssigen Fugenmörtel mit einem feuchten Schwamm oder Tuch wegwischen.

NÜTZLICHE TIPPS

- In Baumärkten und Bastelgeschäften gibt es 1 cm^2 große Mosaiksteine auf quadratischen Bögen von 30 cm Länge. Man kann die Steine von diesen Bögen ablösen oder mit der Papierfolie nach oben in Fugenmörtel drücken und das Papier, wenn der Fugenmörtel getrocknet ist, mit feuchten Tüchern ablösen.
- Statt fertiger Mosaiksteine kann man Porzellan- oder Glasscherben oder in Stücke gebrochene Fliesen verwenden.
- Wenn man den Fugenmörtel auf die Mosaiksteine verstreicht, den Überschuss rasch abwischen und die Steine, noch ehe der Mörtel fest wird, mit einem feuchten Tuch abwischen: Mörtel, der auf den Steinen fest wurde, lässt sich nur schwer entfernen.

Weitere Kleinprojekte:
Karaffe mit Gläsern, siehe Seiten 124–125; Emailkanne mit Découpage, siehe Seiten132–133; Besteckkasten, siehe Seiten 134–135; Bemalter Eisentopf, siehe Seiten 164–165; Hölzerne Obststeige, siehe Seiten 230–231; Picknickkorb, siehe Seiten 234–235.

Hölzerne Obststeige

DIESE MIT ihrer Découpagedekoration sehr elegant wirkende Holzsteige sah vor der Behandlung (als sie in einem alten Schuppen entdeckt wurde) mehr als unscheinbar aus. Altes Werkzeug lag darin, darunter ein ausgelaufenes Ölkännchen. Obwohl das Holz gründlich vorbehandelt werden musste, waren die Flecken nicht ganz zu entfernen. Eine Form der Découpage, bei der man möglichst großflächige Bilder verwendet, die nur im Umriss ausgeschnitten werden, schien geeignet, um die Mängel zu kaschieren.

❖ WERKZEUG UND MATERIAL ❖

- Weicher Lappen und warmes Seifenwasser
- Grob-, mittel- und feinkörniges Schleifpapier
- Staubbindetuch
- Acrylgrundierung
- Dispersionsfarbe
- Plakatfarbe in Gold
- Ausgeschnittene Papiermotive
- Klebepads
- Roller
- Matter Klarlack
- Hochglänzender Klarlack
- Lackpinsel
- Flacher Malerpinsel
- Weißleim
- Leimpinsel

1 Obwohl man altes Holz möglichst nicht mit Seifenwasser abwaschen sollte, kann der Einsatz nötig sein, wenn ein altes Stück sehr schmutzig und vor allem ölig ist. Nach dem Abwaschen trocknen lassen, dann nacheinander mit grob-, mittel- und feinkörnigem Schleifpapier bearbeiten und mit einem Staubbindetuch abwischen.

2 Außenflächen und Henkel der Steige mit einer Schicht Acrylgrundierung absperren, damit der Weißleim, mit dem die Bilder aufgeklebt werden, nicht in das Holz eindringt. Die Innenfläche der Steige mit drei Schichten dunkler Dispersionsfarbe streichen. Zwischen den Aufträgen trocknen lassen und leicht abschleifen.

3 Wenn die Dispersionsfarbe völlig getrocknet ist, die obere Kante der Steige sowie die Schmalkanten des Henkels mit unverdünnter, aber gut durchgerührter goldener Plakatfarbe streichen und die Farbe mit dem Finger verreiben, um einen leicht antikisierten Eindruck zu erzeugen. Die gesamte Steige (Innen- und Außenflächen und Henkel) mit einer weiteren Schicht Acrylgrundierung streichen und trocknen lassen.

4 Die Papiermotive ausschneiden und zunächst zur Probe mit Klebepads auf die Außenflächen und den Henkel der Steige kleben. Dabei die Bilder durchaus über die Ränder auf die Goldkante umknicken, sofern dadurch die Motive nicht zu sehr gestört werden. Die Bilder einzeln wieder abnehmen, mit Weißleim bestreichen und an der vorgesehenen Stelle ankleben. Mit den Fingern und dem Roller fest und völlig glatt andrücken. Seitlich ausquellenden Leim mit einem feuchten Tuch wegwischen. Besonders auf der Goldkante wird man ggf. nachkleben müssen. Alle Motive müssen rundum fest auf dem Untergrund kleben.

▲ Dunkle Dispersionsfarbe auftragen.

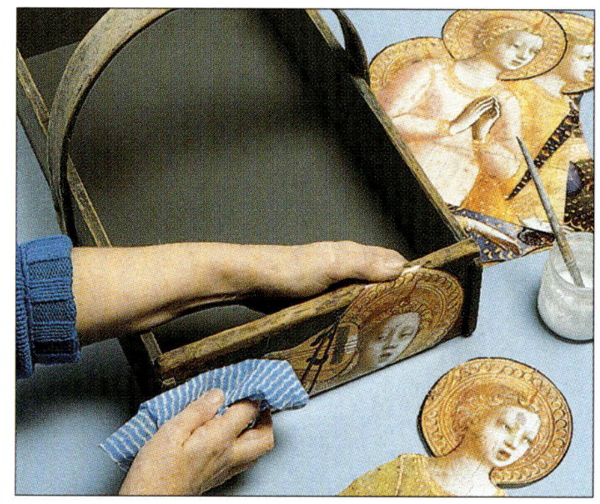

▲ Überschüssigen Leim wegwischen.

5 Die lediglich gestrichene Innenseite mit zwei bis drei Schichten mattem Klarlack schützen. Die Découpagemotive mit mindestens acht Schichten hochglänzendem Klarlack streichen, damit die Bilder von der Lackschicht bedeckt und geschützt sind.

NÜTZLICHE TIPPS

- Die Lackschichten immer erst restlos trocknen lassen, ehe man die nächste aufträgt. Den Lack über den Découpagemotiven nach dem dritten Auftrag zwischendurch zusätzlich mit feinkörnigem Schleifpapier abschleifen und gut abwischen.
- Man kann auch die Innenseite der Steige mit Découpagemotiven bekleben. Sie braucht dann allerdings mindestens acht Schichten Lack.

Weitere Découpageprojekte:
Nähschränkchen, siehe Seiten 98–99; Emailkanne mit Découpage, siehe Seiten132–133; Besteckkasten, siehe Seiten 134–135; Platzdecken mit Blumenmotiv, siehe Seiten 140–141; Nachtschränkchen, siehe Seiten 186–187; Potichomanie-Glas, siehe Seiten 188–189; Badezimmerschränkchen, siehe Seiten 192–194; Dekoriertes Kinderbett, siehe Seiten 207–209; Kinderzimmerspiegel, siehe Seiten 210–211; Puppenwiege, siehe Seiten 220–221.

Deckstuhl

Deck- oder Liegestühle, die wie dieses alte Modell einen Schatten spendenden Baldachin haben, müssen nicht nur frisch gestrichen, sondern meist auch neu bezogen werden. Das ist relativ einfach, wenn der alte Stoff noch vorhanden ist und direkt als Schnittmuster verwendet werden kann. Das sehr ramponiert wirkende, aber im Holz völlig gesunde Gestell wurde mit einem speziell für Zäune und Gartenmöbel ausgewiesenen dunklen Holzlack gestrichen, der transparent ist, also das Holz durchscheinen lässt und doch gegen Witterungseinflüsse Schutz bietet.

❖ WERKZEUG UND MATERIAL ❖

- Liegestuhlbezugsstoff
- Stecknadeln
- Schere
- Seifenwasser und Lappen
- Feinkörniges Schleifpapier
- Staubbindetuch
- Polyurethanklarlack, matt
- Marmeladenglas
- Eine Tube Universalbeize (Blau)
- Flacher Malerpinsel
- Polsternägel und Quastenborte
- Heißklebepistole oder farbloser starker Stoffkleber

▲ Der alte Stoff dient als Schnittmuster.

1 Den vorhandenen Bezugsstoff, sowohl den des Stuhls als auch den des Baldachins, ablösen und als Schnittmuster verwenden. Dafür muss der Baldachin an allen Nähten aufgetrennt und gebügelt werden, damit alle Teile, auch die Säume, flach ausgebreitet auf den neuen Stoff aufgelegt werden können.

2 Den alten Bezugsstoff mit Stecknadeln auf den neuen stecken und diesen entlang der Stoffkanten zuschneiden. Dann den neuen Stoff nach dem Vorbild des alten zusammenstecken. Darauf achten, dass der Stoff für den Liegestuhl nicht zu lang ist und nicht zu stark durchhängt, aber auch nicht zu straff wird. Mit genügend dicker Nadel die Teile mit der Nähmaschine zusammennähen (oder den alten Bezug in eine Polsterei bringen und dort nach diesem Muster neue Bezüge nähen lassen).

Der Holzrahmen dieses alten Deckstuhls war noch in Ordnung, lediglich der Bezug musste komplett ersetzt werden.

▲ Stoff mit Polsternägeln befestigen.

3 Den Holzrahmen gründlich von Staub und Schmutz säubern und dann mit Schleifpapier bearbeiten. Den Schleifstaub mit einem Staubbindetuch abwischen. Den gesamten Rahmen mit klarem Polyurethanlack streichen.

Man kann getönten Klarlack verwenden oder den Lack selber mit Beize so abtönen, dass der Farbton zu einer Farbe des neuen Bezugsstoffs passt. Dafür etwas Lack in ein Marmeladenglas gießen und mit Universalbeize aus der Tube abtönen. Das Gestell mit zwei Schichten Lack streichen, nach jedem Auftrag den Lack trocknen lassen und abschleifen.

4 Wenn die zweite Lackschicht vollständig getrocknet ist, den Sitzbezug mit Polsternägeln am Rahmen befestigen. Den Baldachin überziehen und ebenfalls mit ein paar Posternägeln befestigen.

Zuletzt mit einer Heißklebepistole eine passende Quastenborte an den Baldachin kleben.

Picknickkorb

Der recht verstaubte und leicht angesengte alte Weidenkorb wurde in einer dunklen Ecke eines Trödelladens entdeckt. Nachdem er gründlich geschrubbt worden war und ein paar Schichten Farbe erhalten hatte, sah er schon viel besser aus, doch es fehlte ihm noch der rechte Pfiff. Dafür wurde eine neue Technik gewählt: eine Découpage mit Stoff. Normalerweise verwendet man dafür ausgeschnittenes Papier, das aber auf dem Weidengeflecht leicht reißen könnte. Der Korb ist ideal für ein Picknick, könnte aber auch als Aufbewahrbehälter dienen.

❖ WERKZEUG UND MATERIAL ❖

- Heißes Seifenwasser und Bürste
- Seidenglanzlack auf Ölbasis
- Flache Malerpinsel
- Schere
- Nicht fransender bedruckter Stoff (zum Beispiel Chintz)
- Klebepads
- Weißleim
- Weiches, fusselfreies Tuch
- Acrylfarbe
- Künstlerpinsel
- Hochglänzender Polyurethanklarlack

1 Den Korb mit heißem Seifenwasser und einer Bürste schrubben, dann an einem warmen Ort trocknen lassen. Zwei Schichten Seidenglanzlack auf Ölbasis in einer Farbe nach Wahl auftragen. Zwischendurch trocknen lassen.

2 Mit einer feinen Schere geeignete Motive aus einem Stück Stoff wie für Découpagearbeiten ausschneiden. Die Stoffmotive zur Probe mit Klebepads auf den Korb kleben. Wenn das Arrangement gefällt, jedes Motiv einzeln abnehmen und auf der Rückseite großzügig mit Weißleim bestreichen.

3 Den Stoff an der vorgesehenen Stelle auf den Korb legen und mit einem Tuch fest andrücken, sodass er sich ganz an die Rillen des Geflechts anlegt. Genau prüfen, ob alle Details fest anhaften; eventuell nachkleben. Ausquellenden Leim mit einem feuchten Tuch abwischen.

Farbe und Stoffbilder beleben diesen Korb

4 Den Randwulst und den Henkel des Korbes mit einer Acrylfarbe nach Wahl mit einem Künstlerpinsel streichen. Sobald die Farbe getrocknet ist, den ganzen Korb zum Schutz der Farben und Stoffmuster mit mindestens drei Schichten hochglänzendem Polyurethanklarlack streichen oder entsprechenden Klarlack aus der Sprühdose verwenden.

▲ Weißleim auf den Stoff auftragen.

▲ Stoff mit einem feuchten Tuch andrücken.

▲ Den Henkel mit kräftiger Farbe streichen.

Dekorative Blumentöpfe

BILLIGE, NEUE BLUMENTÖPFE aus gebranntem Ton eignen sich gut zur Dekoration mit Farbeffekten. Zunächst sperrt man die poröse Oberfläche mit einer Grundierung ab, dann kann man die Töpfe in Farben nach Wahl mit leuchtenden Karos oder Punkten bemalen, mit Stempeln bedrucken oder mit Schleifen verzieren. So spart man sich Übertöpfe, oder man verwendet den dekorativ gestalteten Blumentopf selbst als Übertopf. Sollen die Töpfe im Freien stehen, muss man sie mit wasserabstoßendem Klarlack schützen.

Schachbrettmuster

❖ WERKZEUG UND MATERIAL ❖

- 24-cm-Tontopf
- Grundierung auf Wasserbasis
- Grundierpinsel mit harten Borsten
- Künstleracrylfarbe (zum Beispiel Altweiß und Ultramarinblau)
- Maßband
- Kreidestift
- Abdeckband
- Schmaler, flacher Malerpinsel (2 cm)
- Seidenmatter Klarlack auf Wasserbasis

1 Den Tontopf innen und außen mit Grundierung absperren und trocknen lassen. Mit dem Grundierpinsel den ganzen Topf innen und außen mit zwei Schichten Künstleracrylfarbe (Altweiß) streichen.

2 Die Farbe vollständig trocknen lassen. Dann mit Hilfe von Maßband und Kreidestift die Karos einzeichnen. Da der Topf nach unten schmaler wird, müssen auch die Karos kleiner werden. Unter dem Randwulst sind sie bei der angegebenen Topfgröße 7 cm, am Boden 4 cm breit und entsprechend hoch. Nun alle Felder, die weiß bleiben sollen, am Rand sorgfältig mit Abdeckband bedecken.

3 Mit einem schmalen, höchstens 2 cm breiten Flachpinsel alle blauen Felder ausmalen. (Künstleracrylfarben gibt es in vielen fertigen Mischungen; gefällt keine der angebotenen Farben, kann man sie problemlos mischen. Die Farben sind wasserlöslich, sollten aber zum Streichen nicht zu flüssig sein.) Farbe trocknen lassen, Abdeckband entfernen.

4 Den Topf 24 Stunden trocknen lassen. Dann zwei oder drei Schichten Klarlack auftragen. Jede Schicht vor dem Auftrag der nächsten trocknen lassen.

Stempeldruck mit Bienen

❖ WERKZEUG UND MATERIAL ❖

- 24-cm-Tontopf
- Grundierung auf Wasserbasis
- Grundierpinsel
- Künstleracrylfarbe nach Wahl (zum Beispiel Oxidgelb)
- Kreidestift
- Stempel mit Bienenmotiv
- Stempelkissen (schwarz)
- Lackpinsel von guter Qualität
- Seidenmatter Klarlack auf Wasserbasis

1 Den Tontopf innen und außen mit Grundierung absperren und trocknen lassen. Mit dem Grundierpinsel den ganzen Topf innen und außen mit zwei Schichten Künstleracrylfarbe (Oxidgelb) streichen. Die Schichten jeweils trocknen lassen.

2 Dann mit dem Kreidestift die Positionen der Stempelmotive auf dem Topf markieren. Der Kreidestift lässt sich leicht wieder abwischen. Es empfiehlt sich, relativ kleine Motivstempel zu wählen, die sich der Rundung des Topfes besser anpassen als große. Man kann die Motive entweder sehr gleichmäßig oder ohne besondere Ordnung verteilen. Man kann auch mehrere Motive wählen.

3 Man drückt den Motivstempel auf das schwarze Stempelkissen, wischt eine Kreidemarkierung weg und stempelt auf diese Stelle. So fährt man fort, bis alle markierten Stellen bestempelt sind. Den Topf 24 Stunden trocknen lassen. Dann zwei oder drei Schichten seidenmatten Klarlack auftragen. Jede Schicht vor dem Auftrag der nächsten trocknen lassen. (Hat man wasserlösliche Stempelfarbe verwendet, Sprühlack nehmen.)

Topf mit Schleife

❖ WERKZEUG UND MATERIAL ❖

- 24-cm-Tontopf
- Grundierung auf Wasserbasis
- Grundierpinsel
- Künstleracrylfarbe (zum Beispiel schillerndes Kupfer)
- Baumwollband
- Gummihandschuhe
- Plastikfolie
- Weißleim
- Lackpinsel von guter Qualität
- Seidenmatter Klarlack auf Wasserbasis

1 Den Tontopf innen und außen mit Grundierung absperren und trocknen lassen. Mit dem Grundierpinsel den ganzen Topf innen und außen mit zwei Schichten Künstleracrylfarbe (Kupfer) streichen. Die Schichten jeweils trocknen lassen.

2 Ein Stück Baumwollband abschneiden, das so eben um den Rand des Topfs passt. Dann so viel Band abschneiden, um damit eine Schleife mit langen Enden zu formen. Sodann ein Stück Band zum Zusammenfassen der Schleife abschneiden.

3 Auf der Plastikfolie arbeitend alle Baumwollbänder mit Weißleim bedecken. Wenn der Leim zu trocknen beginnt, das erste Band um den Topfrand legen und fest andrücken.

4 Die restlichen Bandstücke zur Schleife legen. Wenn sie fest genug ist, um die Form zu halten, an den Topf anleimen und die Schleifenenden fest an den Topf andrücken. Durchtrocknen lassen, dann mit Farbe streichen. Trocknen lassen und wie die anderen Töpfe lackieren.

▲ Die Schleife ankleben und bemalen.

Schablonierte Punkte

❖ WERKZEUG UND MATERIAL ❖

- 24-cm-Tontopf
- Grundierung auf Wasserbasis
- Grundierpinsel
- Künstleracrylfarbe (zum Beispiel dunkles Tannengrün und Zinnoberrot)
- Faserschreiber
- Schablonenmaterial
- Runde Gegenstände (Tasse, Glas, Münzen)
- Locher
- Skalpell und Schneidematte
- Abdeckband
- Stupfpinsel
- Küchenpapier
- Lackpinsel von guter Qualität
- Seidenmatter Klarlack auf Wasserbasis

1 Den Topf innen und außen grundieren, dann mit zwei Schichten Künstleracrylfarbe (Tannengrün) streichen. Mit runden Gegenständen (Tasse, Glas, Münzen) Kreise in gewünschter Größe auf Schablonenmaterial zeichnen und mit dem Skalpell auf der Schneidematte ausschneiden. Kleine Löcher mit dem Locher stanzen.

2 Die Schablone anlegen und mit Abdeckband am Topf fixieren. Die harten Borsten des Stupfpinsels in die Farbe nach Wahl (hier Zinnoberrot) tauchen. Den Pinsel erst auf Küchenpapier abwischen, um überschüssige Farbe zu entfernen, dann von innen nach außen stupfend den Kreis mit Farbe ausfüllen. Auf diese Weise fortfahren, bis der Topf mit Kreisen nach Wahl dekoriert ist. Den Topf 24 Stunden trocknen lassen. Dann zwei oder drei Schichten seidenmatten Klarlack auftragen. Jede Schicht vor dem Auftrag der nächsten trocknen lassen.

NÜTZLICHE TIPPS

- Vor dem Schablonieren immer erst mit Küchenpapier überschüssige Farbe aus dem Pinsel entfernen, damit keine Farbe unter die Schablone gerät.
- Blumentöpfe, die im Freien stehen sollen, müssen mit wasserabstoßendem Klarlack, am besten einem Lack auf Ölbasis, vor Witterungseinflüssen geschützt werden. Aber aufpassen, dass Anstrichfarbe und Lack nicht unerwünscht miteinander reagieren.

▲ Kontrastierende Farben wirken lebhaft.

Glossar

Die Bandbreite der Farben und anderen Materialien, die man für Reparaturen und dekorative Techniken verwenden kann, ist sehr groß. Welche Utensilien oder Produkte Sie auch wählen, beachten Sie dabei immer die Anweisungen des Herstellers. Beachten Sie außerdem alle Sicherheitshinweise während der Arbeit. Tagen Sie möglichst einen Mund-Nasen-Schutz oder agieren Sie in gut belüfteten Räumen.

ABBEIZMITTEL
Chemische Mittel zur Entfernung von alten Anstrichen aus Farben und Lacken sind in zahlreichen Arten im Handel. Bezüglich Eignung und Anwendung beachte man die Herstellerhinweise. Immer in gut belüfteten Räumen, am besten im Freien, arbeiten. Große Möbelstücke professionell abbeizen lassen.

ACRYLGRUNDIERUNG
Eine rasch trocknende Grundierung, mit der man unbehandeltes Holz absperren kann. Manche Sorten kann man auch für Metall und Mauerwerk verwenden.

ACRYLLACK
Ein Klarlack auf Wasserbasis, der lange hält, nicht vergilbt und rasch trocknet. Er ist als matt, seidenmatt und glänzend erhältlich, kann aber nur als Schutzlack für Farben und Anstriche auf Wasserbasis verwendet werden.
Man trägt ihn am besten mit einem Acrylpinsel mit Nylonborsten auf. Es gibt auch Acryllacke, die stumpf trocknen. Da sie jedoch Kreide enthalten, überziehen sie die Grundfarbe wie mit einem Nebelschleier, wenn man mehrere Schichten aufträgt. Für Découpagearbeiten mit mattem Erscheinungsbild sind sie deshalb nicht geeignet.

ACRYLLASUR
Eine geruchsneutrale, milchige Substanz auf Wasserbasis, durch die man die Farbe auf einer vorbehandelten glatten Oberfläche frei bewegen kann. Acryllasur kann man mit Dispersionsfarbe, Künstleracrylfarbe, Pigmentpulvern und anderen Farben auf Wasserbasis tönen. Auf dem Behälter wird die Verwendung genau erklärt. Meist mischt man Farbe und Lasur in einem Verhältnis von 1:4 bis 1:6. Der Anstrich wird seidenmatt, kann aber mit Acryllack glänzend gemacht werden. In Dosen abgefüllte Lasurfertigmischungen sind in vielen Farben erhältlich.

ANLEGEMITTEL
Leicht klebriger Haftgrund für Blattgold. Vergoldungspulver haftet auf ganz normalem Lack. Für Blattgold braucht man ein Anlegemittel auf Wasser- oder Ölbasis. Je nach Marke und Art benötigen Anlegemittel zum Trocknen 20 Minuten (Acrylhaftgrund) bis 24 Stunden (Anlegeöl).

ANTIKISIEREN
Verschiedene Techniken, um ein Objekt alt und viel benutzt erscheinen zu lassen. Dazu gehört auch die Verwendung von Reißlack, der den Effekt von abblätternder Farbe erzeugt.

AZETATFOLIE
Sehr strapazierfähiges, transparentes Schablonenmaterial, auf das man Motive direkt übertragen kann. Allerdings braucht man dafür einen Folienschreiber. Die Folie vorsichtig mit einem scharfen Skalpell schneiden, denn sie reißt leicht aus.

BEIZE
Wässrige Lösungen von Farbstoffen (so genannte Wasserbeizen) oder Farbstofflösungen auf der Grundlage organischer Lösungsmittel (Rustikalbeizen) zum Abdunkeln rohen Holzes. Es gibt die Beizen gebrauchsfertig in verschiedenen Farbtönen, die man miteinander mischen kann. Rohes Holz kann man damit dunkler färben, doch ein dunkles Holz kann man damit nicht aufhellen. Man kann mit Beize auch Farben und Lacke abtönen.

BIMSMEHL
Zu feinem Pulver gemahlener Bimsstein oder Tripel. Wird meist zum Polieren verwendet, doch kann man es auch wie Pigmentpulver Farben beimischen, mit denen man bestimmte Farbeffekte ausführen möchte, beispielsweise die Imitation von Grünspan.

BLACK-BISON-WACHS
Siehe Wachsfirnis.

BLATTGOLD
Nicht nur Gold, auch andere Metalle wie Silber und Platin sind als hauchfeine Blätter erhältlich. Es gibt Blattgold lose und zum Abziehen von transparenter Folie, auf der es durch eine Wachsschicht haftet. Man sollte nur dieses Blattgold verwenden, denn es ist sehr viel leichter zu handhaben. Der Fachhandel hält es in Bögen verschiedener Größen bereit. Professionelle Vergolder verwenden so genannte Vergolderkissen, um das Blattgold glatt aufzubringen. Für die Zwecke eines Hobbybastlers genügt ein weicher Pinsel oder ein Seidenschal. Die Metalloberfläche nicht berühren, sondern mit der Trägerfolie nach oben möglichst genau platzieren. Durch leichten Druck auf das Anlegemittel aufbringen, dann die Folie abziehen.

BLATTMETALLE
Bronze, Aluminium und Kupfer gibt es wie Blattgold als hauchdünne Schichten auf einer Folie aufgezogen. Diese auch als Transfermetalle bezeichneten Blattmetalle sind relativ preiswert und eine gute Alternative zu echtem Blattgold oder -silber. Blattmetalle werden meist in Heften zu je 25 Blatt angeboten und sind leicht zu handhaben, denn man kann sie samt der Trägerfolie schneiden. Man benötigt aber, wie für echtes Blattgold, ein Anlegemittel.

BOLUS
Bolus, auch Siegelerde genannt, ist eine spezielle braune Farbe, die sowohl als Grundierung als auch als eine Art Spachtelmasse dient, mit der kleine Risse, Unebenheiten und Fehlstellen gefüllt werden, wenn man Holz zum Vergolden vorbereitet. Bolus ist gebrauchsfertig im Handel erhältlich und lässt sich sehr fein abschleifen.

BRENNSPIRITUS
Lösungsmittel und Verdünner für bestimmte Farben. Mit feiner Stahlwolle verrieben, dient er zur Entfettung von Oberflächen und als Pinselreiniger, zum Beispiel wenn man Schellack oder andere nicht wasserlösliche Farben verstrichen hat.

DÉCOUPAGE
Das französische Wort Découpage bezeichnet eine Technik, bei der ausgeschnittene Bildmotive auf ein Werkstück geklebt und dann mit so vielen Lackschichten überstrichen werden, bis die Ränder des aufgeklebten Bildes vollständig überdeckt sind und das Bild wie ein aufgemaltes Original wirkt.

DISPERSIONSFARBE
Eine üblicherweise für Wandanstriche verwendete wasserlösliche Farbe. Man kann sie mit anderen wasserlöslichen Farben, darunter Acrylfarben, mischen und tönen. Auch Holz kann man mit Dispersionsfarben streichen. Damit die Farbe geschützt ist, streicht man Klarlack darüber.

DRAHTBÜRSTE
Mit Drahtbürsten, deren Borsten aus feinem Draht bestehen, befreit man große Metallgegenstände von abblätternder Farbe oder Rost. Obwohl für kleine Flächen Handbürsten am besten sind, gibt es, zumal für große Flächen, auch Bürsten, die man auf die Bohrmaschine aufsetzen kann. Außerdem verwendet man Drahtbürsten zum Öffnen der Holzmaserung, wenn man eine Pigmentpaste oder Kalkwachs aufbringen will, um den Effekt des Kalkens zu imitieren.

EMAILFARBE
Sehr glatte, rasch trocknende Farbe aus Metalloxiden. Besonders für die Bemalung von Metalloberflächen wie Emailtöpfen und -kannen geeignet. Zur Verdünnung braucht man spezielle Lösungsmittel, zum Beispiel Terpentinersatz.

FLÜSSIGHOLZ
Zum Ausbessern von Rissen und Vertiefungen in Holz gibt es flüssiges Holz in allen gängigen Holzarten fertig zu kaufen. Es lässt sich nach dem Trocknen sehr gut abschleifen.

GEBINDE
Fachsprachlicher Ausdruck für die Behälter, in denen Farben verkauft werden. Das können große Plastikeimer mit Dispersionsfarbe für den Wandanstrich, aber auch kleine Dosen mit Ölfarbe sein.

GESSO
Meist aus Lederleim und Vergolder-Schlämmkreide hergestellte Grundierung zur Absperrung der Poren von unbehandeltem Holz. Der von Künstlern zur Grundierung von Leinwänden vor der Ölmalerei verwendete Gesso ist im Künstlerbedarfshandel als Fertigprodukt zu haben.

GLASFARBEN
Transparente Farben auf Kunstharzbasis, die auf Glas und Kunststoffen haften. Bei Kunststoffen erst testen, wie sie mit der Farbe reagieren. Für Eisblumeneffekte gibt es auch Sprühfarben.

GOLDCREME
In kleinen Töpfchen erhältlich, wird sie von Vergoldern zur Ausbesserung von Fehlstellen verwendet. Da sie aber sehr leicht zu handhaben ist, kann man sie auch zum Vergolden kleiner Objekte verwenden, vor allem um Akzente zu setzen. Man trägt die Creme mit den Fingern auf und poliert mit einem Lappen nach, sobald sie trocken ist.

GOLDPULVER
Auch als Silber-, Bronze- oder Kupferpulver erhältlich, kann es auf Anlegemitteln aufgebracht werden, aber auch mit Medium zu Goldfarbe gemischt werden.

GRUNDIERUNG AUF ÖLBASIS
Eine langsam trocknende, strapazierfähige Grundierung, die man benutzt, wenn man Gegenstände aus Metall oder Plastik streichen möchte, auf denen wasserlösliche Farben nicht haften. Nach Auftrag der Grundierung muss man mit Produkten auf Ölbasis weiterarbeiten.

GRÜNSPAN
Eine grünblaue Patina, die sich unter Witterungseinflüssen auf Kupfer und Bronze bildet. Dieser so genannte Grünspan ist sehr leicht mit Farbe zu imitieren. Entsprechend einfach ist es, einen Gegenstand aus Holz oder anderem Material wie aus Kupfer oder Bronze erscheinen zu lassen.

HOLZVERSIEGLER
Diese Absperrung auf Spiritusbasis ist ideal zur Aufbringung auf neues, abgebeiztes, dunkles oder sehr astiges Holz. Für einzelne Astknoten kann man Mittel auf Ölbasis nehmen, aber nur wenn die Oberfläche später nicht mit wasserlöslicher Farbe gestrichen werden soll. Holzversiegler ist eine ideale Grundlage zum Wachsen.

JAPANSPACHTEL
Ein flexibler breitflächiger Spachtel, mit dem man Spachtel- und Kittmassen auftragen und nahtlos verstreichen kann.

KALKWACHS
Eine dicke Paste aus klarem Wachs und weißem Pigment, deshalb auch oft Pigmentpaste genannt, die man verwendet, um Holz wie gekalkt aussehen zu lassen.
Man öffnet die Holzporen mit einer Drahtbürste und reibt dann das Kalkwachs mit feiner Stahlwolle oder einem Lappen ein. Den Überschuss mit einem Tuch abwischen, dann die Oberfläche mit einem weichen Lappen mit neutralem Wachs polieren.

KOHLEPAPIER
Zum Durchpausen benutztes beschichtetes Papier, das zwischen das Papier mit dem Motiv und die Unterlage, auf die es übertragen werden soll, gelegt wird. Das Kohlepapier, das man früher verwendete, um beim Schreiben mit der Schreibmaschine mehrere Durchschläge zu erhalten, ist für diese Art der Übertragung gut geeignet, kann aber wegen seiner Beschichtung auch zu unerwünschten Verschmierungen führen.

KRAKELEE
Typisches Netzwerk feiner Risse auf einer Oberfläche. Zur künstlichen Nachahmung des Effekts braucht man zwei Lacke – einen Grundlack auf Ölbasis und einen schnell trocknenden Reißlack auf Wasserbasis. Sie sind in Fertigsets (Krakelürenlack) im Angebot.

KRAKELÜRENLACK
Siehe Krakelee.

KÜNSTLERACRYLFARBEN
Schnell trocknende, strapazierfähige, lange haltbare Farben auf Wasserbasis für viele Farbeffekte und zum Färben von Acryllasur. Sie werden in vielen unterschiedlichen Farbtönen angeboten.

KÜNSTLERÖLFARBEN
Sie trocknen langsamer als Acrylfarben und können nur mit Lösungsmittel verdünnt werden. Es gibt sie in Tuben in vielen Farben. Man kann sie untereinander mischen und zum Färben von Acryl- und Öllasur verwenden.

KÜNSTLERPINSEL
Rund- und Flachpinsel mit unterschiedlichen Tier- oder Synthetikhaaren, die sehr feines Malen erlauben. Sie sind empfindlicher und teurer als Malerpinsel, aber für manche Techniken, zum Beispiel das Freihandmalen, unerlässlich.

LACKFARBE
Sie ist in Sprühdosen und flüssig zum Vermalen mit dem Pinsel in Dosen erhältlich. Immer mehrere dünne Schichten auftragen und zwischendurch trocknen lassen. Trägt man zu dicke Schichten auf, kann es Laufnasen geben.

LACKMALSTIFT
In Läden für Künstlerbedarf, guten Papierwarengeschäften und ähnlichen Läden erhältlich, handelt es sich um Stifte, die mit Lackfarbe gefüllt sind. Damit die Kugel, über die die Farbe verteilt wird, nicht verklebt, muss man den Stift während der Arbeit immer wieder mit aufgesetzter Kappe kräftig durchschütteln.

LEDERLEIM
Der in Künstlerbedarfsgeschäften erhältliche Leim wird zur Herstellung von Gesso verwendet. Man kann ihn auch auf Leinwand und Papier auftragen, um das Eindringen von Farbe oder Wasser zu verhindern.
Der in Perlen oder Tafeln angebotene Leim muss zu-

nächst quellen und dann im Wasserbad erwärmt und dabei verflüssigt werden.

MALERFARBEN AUF ÖLBASIS

Ölfarben und -lacke gibt es als matt, seidenmatt, glänzend und hochglänzend trocknende Varianten. Sie sind strapazierfähiger als wasserlösliche Dispersionsfarben und können nicht mit diesen zusammen verwendet werden.
Ölfarben sind giftig und sollten deshalb nur in gut belüfteten Räumen verstrichen werden. Als Lösungsmittel braucht man Terpentinersatz, den man auch zum Reinigen der Pinsel benötigt.
Ölfarben trocknen langsam und sollten immer nur dünn, dafür aber in mehreren Schichten aufgetragen werden.

MALERPINSEL

Von Malern, Tapezierern und Anstreichern zum Streichen und Lackieren verwendete Pinsel in unterschiedlichsten Formen, zum Beispiel Flach- und Ringpinsel mit Naturhaar oder Kunstfaserborsten. Sie unterscheiden sich von den Künstlerpinseln durch ihre gröbere Machart.

MALSPACHTEL

Er dient vor allem dem Farbauftrag, kann aber auch als eine Art kleine Palette benutzt werden. Man gibt wenig Farbe darauf, die man dann mit dem Pinsel rasch vermalt. So kann man die restliche Farbe zugedeckt halten und verhindern, dass sie zu schnell austrocknet.

MANILAKARTON

Durch Leinöl oder Schellack wasserfest gemachter, fester und doch leicht schneidbarer Karton zur Herstellung von Schablonen. Es gibt ihn meist nur in den Größen DIN-A2 und DIN-A3, was ungünstig ist, wenn man größere Schablonen schneiden möchte. Da der Karton undurchsichtig ist, muss man das Motiv unter Umständen erst auf Transparentpapier und von dort im Abdruckverfahren auf den Karton übertragen.

MDF

Häufig verwendetes Kürzel für mitteldichte Faserplatten, die aus stark komprimierten Holzresten hergestellt werden. Da sie eine glatte Oberfläche haben, kann man sie sehr gut streichen. Sie lassen sich gut aussägen. Man bekommt die Platten in Baumärkten in verschiedenen Größen und Stärken und kann sie dort meist auch auf Bestellung zuschneiden lassen.

MEDIUM

Flüssigkeit, mit der eine Malfarbe verdünnt werden kann, ohne ihre Haftstärke oder Deckkraft zu vermindern; auch die Flüssigkeit, in der die Farbpigmente gelöst sind.

MÖBELWACHS

Klare Wachse werden meist über einer Lackgrundierung aufgetragen, um einen sanften Glanz herzustellen. Je mehr Schichten man aufträgt, desto höher wird der hervorgerufene Glanz. Mit Möbelwachs kann man auch sehr effektvoll den Eindruck einer gewissen Alterung erzielen.
Man kann das Wachs auf gestrichenen oder rohen Holzoberflächen an Stellen auftragen, wo die Farbe nicht haften soll. Klares Flüssigwachs ist dafür besonders gut geeignet, doch gibt es auch viele gefärbte Wachse. Siehe auch Wachsfirnis.

NATURSCHWÄMME

Sie haben eine größere Saugkraft und sind stärker strukturiert als synthetische Schwämme, deshalb können sie mehr Feuchtigkeit aufnehmen und lassen interessantere Muster entstehen, wenn man sie für bestimmte Techniken verwendet. Da Naturschwämme ziemlich teuer sind, sollte man sie pfleglich behandeln und nach dem Gebrauch immer sehr gut ausspülen.

ÖLLASUR

Öllasur wird aus Leinöl, Trocknungsmittel, Schlämmkreide und Ölen hergestellt und ist als Fertigprodukt im Handel. Mit Farben gemischt dient sie als Mittel für viele Farbeffekte, bei denen eine langsame Trocknung wünschenswert ist, wie zum Beispiel beim Marmorieren. Da die Farbe lange klebrig und nass bleibt, kann man sich mit der Bearbeitung mehr Zeit lassen als beim Arbeiten mit Acryllasur, die ziemlich schnell trocknet.

PALETTMESSER

Mit diesem Gerät aus biegsamem Stahl, das es in Geschäften für Künstlerbedarf gibt, wird die Malerpalette gereinigt, Farbe angemischt und auch aufgetragen.

PEELINGMEDIUM

Siehe Reißlack.

PERMANENTMARKER

Spezielle Faserschreiber, mit denen man Folien beschriftet oder Entwürfe zum Schablonieren auf Azetatfolie überträgt. Die Stifte schmieren und verlaufen nicht und lassen sich nicht abwischen.

PIGMENT

Farbpulver, die mit einem Bindemittel gemischt zu einem Mal- oder Zeichenmedium werden. Man unterscheidet organische Pigmente für Erdfarben wie Ocker, Umbra und Siena und anorganische Pigmente mineralischen und chemischen Ursprungs. Pigmente, die man in Gläschen in Pulverform kaufen kann, lassen sich mit Dispersionsfarben, Acryl-, Öl- und Weißleimmedium sowie mit Flüssigwachs mischen.

PLATTPINSEL

Schmale, flache Malerpinsel mit einem platten Stil, der auch als Lineal verwendet werden kann. Diese für feine Lackierarbeiten gedachten Pinsel haben gerade, abgewinkelt oder gekröpft angesetzte Borsten.

PORZELLANKITT

Ein Spezialkitt zum Ausbessern von Schadstellen, ausgeschlagenen Rändern oder Sprüngen in Porzellan, Steingut u. Ä.

REISSLACK

Eine auch Peelingmedium genannte milchige Substanz, die man zwischen zwei Farbschichten oder zwischen Holz und Farbe aufträgt. Sobald die Farbe zu trocknen und dabei zu schwinden beginnt, zeigen sich die erwünschten Risse auf der Oberfläche.

ROSTSCHUTZGRUNDIERUNG

Unabdingbar für Gegenstände aus Stahl oder Eisen, die sich im Freien befinden, die mit wasserlöslichen Farben gestrichen werden sollen oder die bereits angerostet waren.
Solche Gegenstände muss man sehr gründlich entrosten, ehe man die Grundierung aufträgt. Einfach ist der Auftrag von Zinkstaubgrund aus der Sprühdose.

SCHABLONENSTICKS

In Plastik eingeschweißte Farbstangen auf Ölbasis zum Ausstupfen von Schablonen. Die Farben sind untereinander mischbar. Vor Gebrauch unbedingt die Herstellerhinweise beachten.

SCHABLONIEREN

Eine Technik, bei der mit Hilfe einer Schablone ein Muster auf eine Fläche aufgebracht wird. Die Schablonen können aus Manilakarton, Azetatfolie oder Transparentpapier mit dem Skalpell oder Cutter selbst geschnitten werden, man kann aber auch Vorlagen für Schablonen oder bereits geschnittene Schablonen kaufen.
Geeignete Farben sind sowohl wasserlösliche Dispersions- und

Acrylfarben als auch Ölfarben. Man kann auch Schablonensticks benutzen.

SCHABLONENTUPFER
Siehe Stupfpinsel.

SCHELLACK
Ein von Schildläusen abgesondertes natürliches Harz, das mit Brennspiritus vermischt einen schnell trocknenden Lack ergibt. Dieses traditionelle Produkt wird noch heute in der Möbelrestaurierung und zur Herstellung von Möbelpolitur verwendet. Man trägt Schellack auf kleine Flächen mit dem Pinsel auf und verreibt ihn dann mit einem Ballen aus fusselfreiem Tuch. Schellack wird in verschiedenen Farben und auch unter unterschiedlichen Bezeichnungen angeboten. Klaren Schellack kann man zur Versiegelung von Holz, Papier und Farbe verwenden. Braune oder granatfarbene Möbelpolitur nimmt man zum Beizen und Antikisieren, zusätzlich zur Versiegelung. Emaillack ist transparenter Schellack, dem Farbe zugesetzt wurde.

SCHLEIFPAPIER
Es wird verwendet, um Oberflächen für den Farbauftrag vorzubereiten oder Anstriche zu antikisieren. Es besteht aus einer Unterlage aus Papier oder Leinwand und einer Schleifschicht aus mineralischem Material, zum Beispiel aus Glas-, Granat-, Schmirgel-, Flint- oder Siliziumkarbidkörnchen. Es gibt unterschiedlich feine Körnungen von grob bis sehr fein, wobei der Feinheitsgrad durch Zahlen angegeben ist: je höher die Zahl, desto feiner die Körnung. Man beginnt stets mit dem groben Papier und verwendet dann immer feinere Grade, bis der erwünschte Schliff erreicht ist. Zum Abschleifen glatter Flächen legt man das Papier um einen Schleifklotz aus Holz, Hartgummi oder Kork. So kann man das Papier besser halten und die Schleiffläche liegt völlig plan auf, greift also besser. In Baumärkten gibt es auch spezielle Kunststoffklötze mit Klemmvorrichtungen und besandete Schleifschwämme zum Abschleifen von Profilleisten. Siehe auch Siliziumkarbidpapier.

SCHLICHTPINSEL
Ein breiter Flachpinsel mit langen, weichen, biegsamen Borsten zum Vertreiben von Farbe bei bestimmten Techniken wie beispielsweise dem Marmorieren und anderen Effekten mit Lasurmitteln. Um wirklich gute Ergebnisse zu erzielen, sollte man einen Schlichtpinsel mit Dachshaar verwenden, der leider nicht billig ist. Man bekommt ihn in Geschäften für Künstlerbedarf und in vielen Baumärkten. Zur Not tut es auch ein Pinsel mit Schweinsborsten.

SCHNEIDERKOPIERPAPIER
Zum Durchpausen verwendetes Papier, das zwischen das Papier mit dem Motiv und die Unterlage, auf die es übertragen werden soll, gelegt wird. Dieses Kopierpapier schmiert nicht so leicht wie Kohlepapier.

SIKKATIV
Mittel zur Verkürzung der Trocknungszeit. Trocknungsbeschleuniger können allen Farben beigemischt werden; wegen ihrer Nebenwirkungen sind sie jedoch umstritten. Bei wasserlöslichen Farben sind sie kaum nötig, doch bei der Verarbeitung von Öllasuren, die mit Künstlerölfarben getönt wurden, sind sie nahezu unverzichtbar.

SILIZIUMKARBIDPAPIER
Dieses Schleifpapier kann man trocken und feucht (nicht nass) verwenden, weshalb es auch Nass-Trocken-Papier genannt wird. Sehr feinkörniges Papier dieser Sorte ist ideal zum Polieren von handbemalten oder schablonierten Holzflächen. In diesem Fall verwendet man das Papier trocken, damit sich kein schmierender Farbbrei bildet.

SKALPELL
Ein besonders scharfes Schneidemesser zum Schneiden von Schablonen mit feinen Details und zum Ausschneiden von Bildern für Découpagearbeiten. Als Unterlage immer eine Schneidematte verwenden.

SPRÜHFARBEN
In Spraydosen abgefüllte Farben, die man einfach auf die Oberfläche sprüht, gibt es in allen Farben und Arten. Wasserlösliche Acrylfarbe, speziell für die Innendekoration entwickelt, ist für nahezu alle Oberflächen geeignet, darunter Holz, Metall, Gips, Kunststoff und Glas. Man kann sie zum Schablonieren kleiner Gegenstände nehmen, aber auch als Grundfarbe für große Flächen wie für Türblätter und Schränke. Für Metall und Glas gibt es auch spezielle Emailfarben und Polyurethanlacke. Man sprüht mehrere dünne Schichten auf, denn so verhindert man, dass die Farbe zu dick wird und tropft.
Beim Arbeiten mit Sprühfarben entsteht unweigerlich Farbnebel, der sich weit verteilt. Man muss also den Arbeitsraum großflächig abdecken. Gegenstände von überschaubarer Größe kann man in einen aufgeschnittenen Pappkarton stellen. Um größere Gegenstände sollte man eine Art Paravent aus Pappe errichten, wenn man Farbe aufsprüht. Bei Verwendung von Sprühfarben immer einen Mund-Nasen-Schutz tragen.

STAHLWOLLE
Es gibt sie in verschiedenen Feinheitsgraden – von sehr fein (0000) bis rau (00), und man verwendet sie zum Schleifen von Holz, Glas und Metall, aber auch zum Auftragen von Wachs oder Kalkwachs sowie zur Entfernung oder Dämpfung von Farben. Mit Terpentinersatz getränkt, dient Stahlwolle zur Reinigung von Holzmöbeln. Bei sanfter Anwendung verursacht feine Stahlwolle keine Kratzer und hinterlässt sehr saubere, glatte Oberflächen. Da die Wolle aus feinsten Stahlfäden besteht, die sich bei der Arbeit lösen können, sollte man unbedingt einen Mund-Nasen-Schutz und Gummihandschuhe tragen.

STAUBBINDETUCH
Vielseitige, lange haltbare, ölige Tücher, die ideal sind zum Reinigen von Holz, Metall und anderen frisch abgeschliffenen Oberflächen (außer Glas). Sie nehmen Staub und Schmutz im Tuch haftend auf und hinterlassen für die folgende Arbeit völlig saubere Flächen. Wer sie in Baumärkten oder ähnlichen Geschäften nicht bekommt, kann sie auch selbst herstellen, indem man ein sauberes gesäumtes, fusselfreies Stück Baumwolltuch oder eine Stoffwindel mit warmem Wasser befeuchtet und dann gründlich mit Terpentin tränkt. Spritzen Sie 1–2 Esslöffel Firnis darüber, walken Sie das Tuch kräftig durch, um den Firnis zu verteilen.
Bewahren Sie das leicht klebrige Tuch in einem Glas mit Schraubverschluss auf und befeuchten Sie es gelegentlich mit Wasser oder Terpentin, damit es klebrig bleibt.

STAUBPINSEL
Ein sehr weicher, buschiger Pinsel, meist aus Eichhorn- oder Kamelhaar. Dieser runde Pinsel wird vor allem zum Auftragen von Goldpulver verwendet oder zum Entfernen überschüssigen Blattgolds beim Vergolden. Ein normaler Make-up-Pinsel ist ein brauchbarer Ersatz.

STUPFPINSEL
Runde Pinsel mit harten, dichten, gerade abgeschnittenen

Borsten, die es in verschiedenen Größen gibt. Man benutzt sie für die Stupfen oder Tüpfeln genannte Technik, bei der zwei Farben in winzigen Pünktchen ineinander gesetzt werden oder auf unifarbenem Grund eine feine Struktur erzeugt werden soll. Für große Flächen verwendet man handtellergroße Bürsten. Ein normaler Ringpinsel kann als preiswerter Ersatz verwendet werden. Stupfpinsel sind auch für bestimmte Arten des Schablonierens geeignet, man nennt sie deshalb auch Schablonentupfer.

TERPENTINERSATZ
Dient als Verdünner für Farben auf Ölbasis und transparente Öllasuren, als Pinselreiniger und zum Entfernen von Ölfarbenflecken.

TRADITIONELLE FARBEN
Diese Farben sind eine Abart der üblichen Dispersionsfarben, die statt der künstlichen natürliche Pigmente und Kreide enthalten. Nach dem Trocknen sind diese Farben völlig matt und deutlich heller als die nasse Farbe in der Dose. Die meisten traditionellen Farben enthalten moderne Bindemittel, verkratzen allerdings leicht und müssen mit Wachs oder Lack geschützt werden. Das wiederum lässt die Farbe nachdunkeln und nimmt ihr das kalkig matte Aussehen.

TRANSPARENTPAPIER
Ein haltbares, durchsichtiges, leicht schneidbares Papier, das man zum Übertragen von Motiven und zum Schablonieren verwenden kann. Die billigste Variante ist das so genannte Butterbrotpapier. In guten Papierwarengeschäften gibt es starkes Transparentpapier in Blöcken oder Rollen.

TROCKNUNGSBESCHLEUNIGER
Siehe Sikkativ.

VERGOLDEN
Eine Dekorationstechnik, bei der Blattgold oder andere Blattmetalle, Metallpulver oder Metallcreme dauerhaft auf eine vorbereitete Oberfläche aufgebracht werden.

VERTREIBEN
Fachausdruck, der besagt, dass man eine Farbe nach dem Pinselauftrag mit einem speziellen Schlichtpinsel so behandelt, dass die Streichspuren des Pinsels verschwinden.

WACHSFIRNIS
Eine Mischung aus verschiedenen Wachsen, die resistent ist gegen Wasser und Fingerabdrücke. Sie eignet sich also gut als Schutzanstrich. Man kann den Firnis auf gestrichene Möbel auftragen, vor allem zur Versiegelung krakelierter und antikisierter Anstriche. Es gibt das Wachs in diversen Farben – doch einige können Vergilbungen verursachen!

WEISSLEIM
Der auch PVAC-Leim genannte Leim hat die traditionellen Glutin- oder Knochenleime, die vor Gebrauch erwärmt werden müssen, nahezu abgelöst.
Als Leim kann man ihn kalt verwenden, muss die verleimten Werkstücke aber spannen, bis der Leim bindet. Der Leim kann auch als Lack, und mit Wasser verdünnt, als Farbmedium und -binder verwendet werden. Man kann ihn dann mit Acrylfarben, Gouache, wasserlöslichen Beizen und Pigmenten mischen.

ZUGPINSEL
Dieser Pinsel, der fast wie ein normaler Flachpinsel zum Streichen aussieht, unterscheidet sich von diesem durch etwas längere, härtere und gröbere Borsten. Er wird durch feuchte Lasur gezogen, um beispielsweise falsche Holzmaserung zu imitieren.

Vorlagen

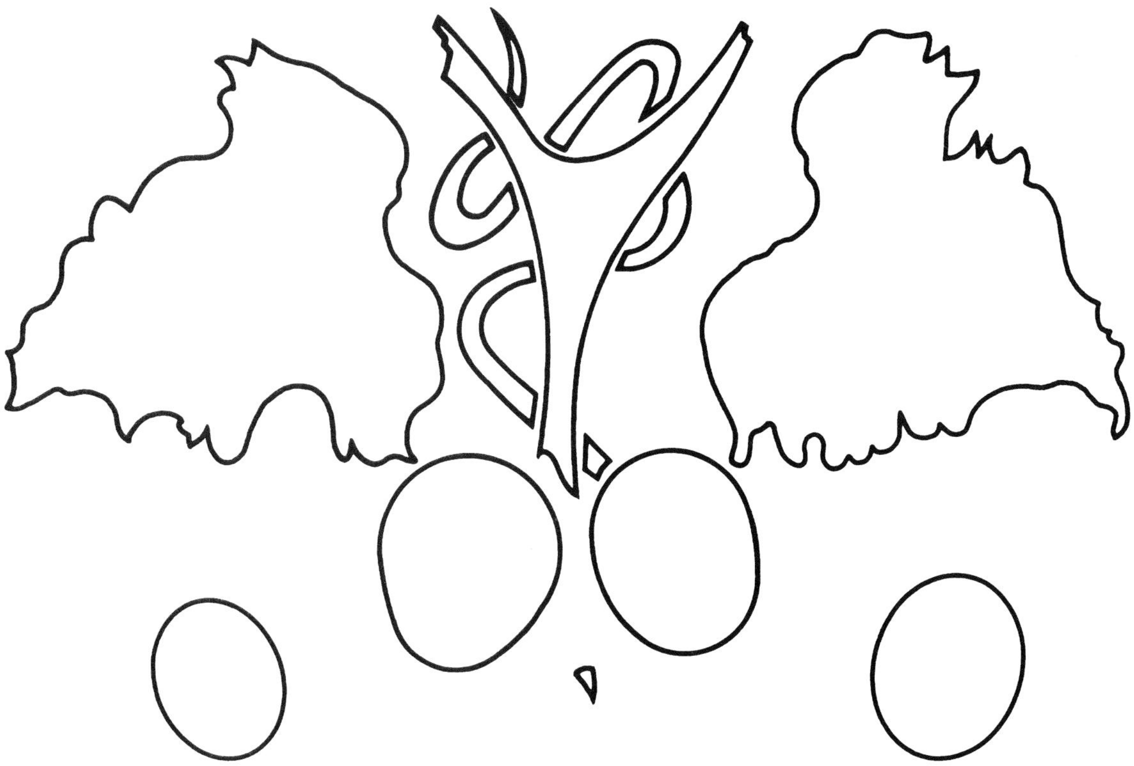

Tisch mit Traubenmotiv
siehe Seiten 114–117

Tisch mit Traubenmotiv
siehe Seiten 114–117

Karaffe mit Gläsern
siehe Seiten 124–125

Stuhl mit Freihandbemalung
siehe Seiten 147–149

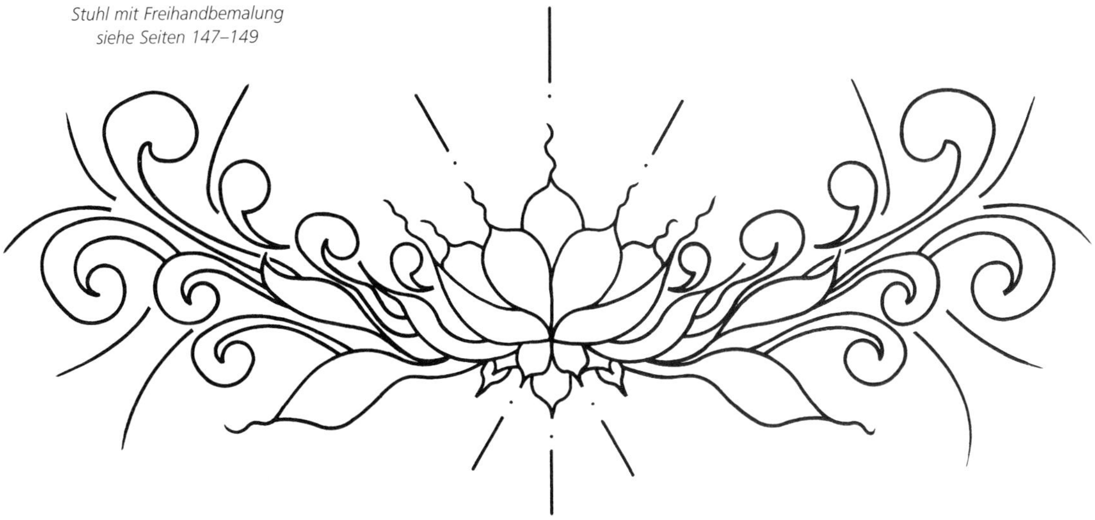

Schrank mit Putten 1
siehe Seiten 182–185

Schrank mit Putten 2
siehe Seiten 182–185

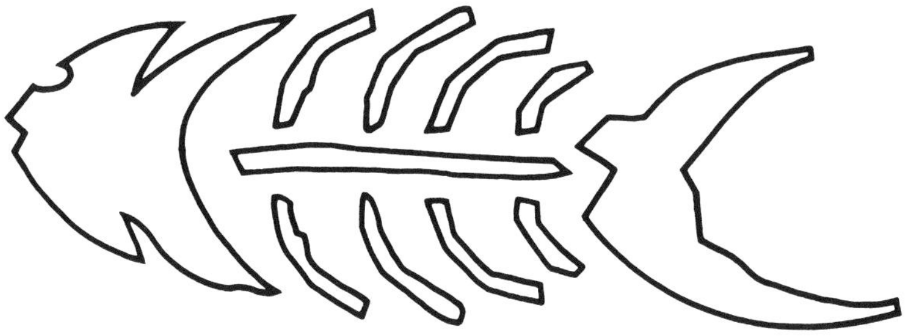

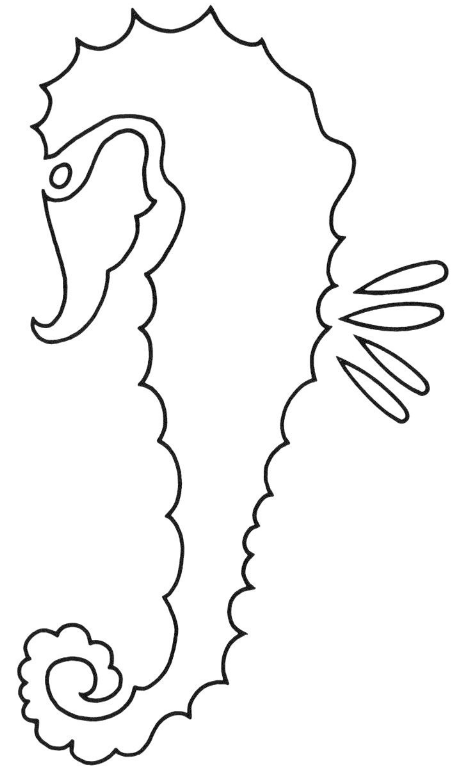

Badezimmerschränkchen
siehe Seiten 192–194

Chinesischer Lackstuhl
siehe Seiten 121–123

Eiserner Gartentisch
siehe Seiten 224–226

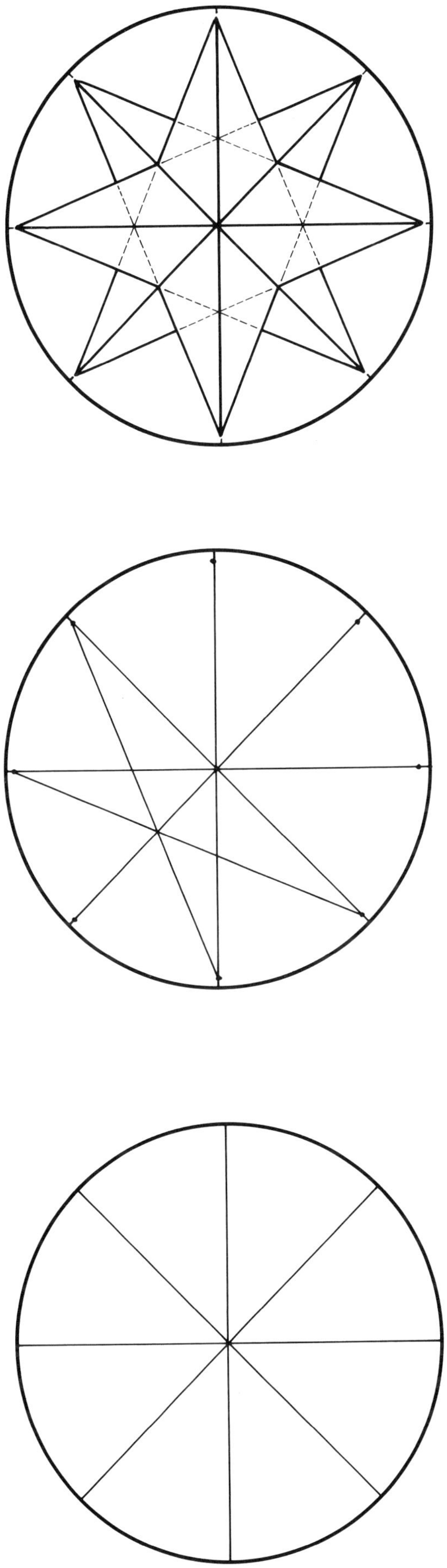

Kleiner Nachttisch
siehe Seiten 175–177

Kleiner Nachttisch
siehe Seiten 175–177

Lackiertes Butler Tray
siehe Seiten 129–131

Auf den folgenden Seiten finden sich verschiedene Vorlagen, die für eine Reihe von Projekten mit Schablonen oder Stempeln verwendet werden können.

AABBCDDEEFFGG
HHIJJKKLLMM
NNOPPQQRRSSTT
ThUVVWWXYZZ

abcdeefghijkklm
nopqrstuvwxyz

1234567890

(&$$¢¢/.,:;?!-'''"*)

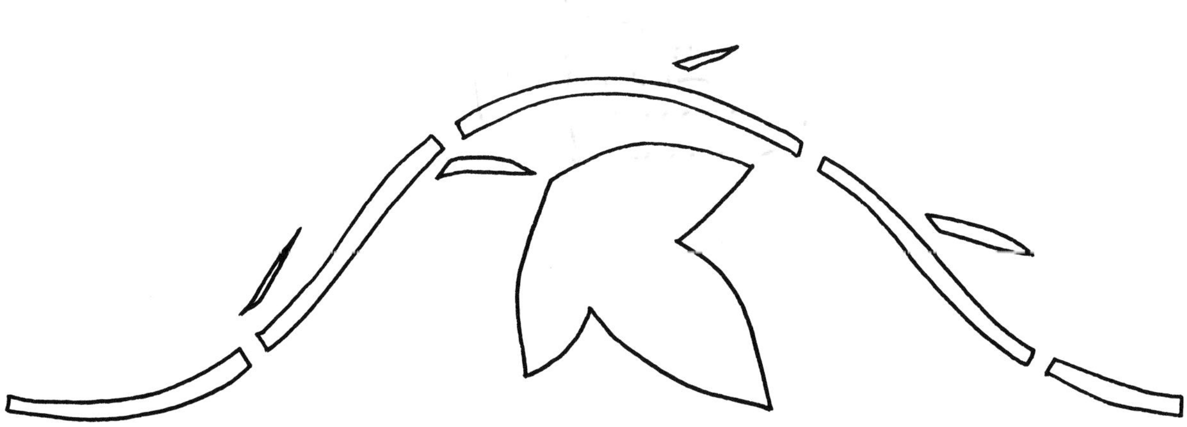

Quellennachweis

Einige Projekte dieses Buchs stammen aus folgenden, bereits veröffentlichten Publikationen:

New Style for Old Junk von Julie Collins
(Fotos von Graeme Ainscough)

Decorative Decoupage von Joanna Jones
(Fotos von Jon Bouchier)

Doing up Old Junk von Joanna Jones
(Fotos von Jon Bouchier)

Decorative Painted Furniture von Maggie Philo
(Fotos von Jon Bouchier und Anna Hodgson)

Decorative Stencilling von Katrina Hall und Lawrence Llewelyn Bowen (Fotos von Jon Bouchier)

Furniture Makeovers in a Weekend von Alice Hamilton
(Fotos von William Douglas)

The Nursery in a Weekend von Roo Ryde
(Fotos von Dominic Blackmore)

Making Beautiful Trims, Edges & Finisihing Touches
Projekte von Sabina Robba (siehe Seite 105 unten), Frances Robinson (siehe Seiten 103, 105 oben, 139, 237) und Tony Robinson (siehe Seite 213)

Illustrationen der Seiten 16–29 von Stephen Pollitt

Text der Seiten 32–41, 72–73, 129–131, 158–160,192–194, 204–206, 224–226 von Maggie Philo

Text der Seiten 90–97, 114–128, 136–137, 144–149, 161–163, 168–169,182–185,195–199, 207–209, 227–229 von Julie Collins

Text der Seiten 42–47, 98–99, 134–135, 154–157, 164–165, 170–171, 175–177, 186–189, 210–211, 220–221, 230–235 von Joanna Jones

Text der Seiten 58–59, 60–65, 106–107, 110–111, 140–141, 200–201 von Salli Brand

Text der Seiten 48–56 von Katrina Hall und Lawrence Llewelyn Bowen

Text der Seiten 108–109, 150–153, 178–181, 218–219 von Alice Hamilton

Text der Seiten 214–217 von Roo Ryde

Register

L

M

N

O

P

Q

R

S

T

U

V

W

Z